中央财政支持地方高校发展专项资金项目

贵州省区域内一流学科建设项目

贵州省特色重点学科建设项目

国家自然科学基金项目"建构侗族传统知识在森林可持续经营中的作用及政策涵义"（71163006）

21世纪中国地方公共治理现代化研究

侗族村寨土地资源
管理研究

袁涓文 等著

中国社会科学出版社

图书在版编目（CIP）数据

侗族村寨土地资源管理研究/袁涓文等著. —北京：中国社会
科学出版社，2018.6

（21世纪中国地方公共治理现代化研究）

ISBN 978 - 7 - 5203 - 2383 - 3

Ⅰ.①侗…　Ⅱ.①袁…　Ⅲ.①侗族—土地资源—资源管理—
研究—黎平县　Ⅳ.①F327.734

中国版本图书馆 CIP 数据核字 (2018) 第 076147 号

出 版 人	赵剑英	
责任编辑	刘晓红	
责任校对	夏慧萍	
责任印制	戴　宽	

出　　版	中国社会科学出版社	
社　　址	北京鼓楼西大街甲 158 号	
邮　　编	100720	
网　　址	http://www.csspw.cn	
发 行 部	010 - 84083685	
门 市 部	010 - 84029450	
经　　销	新华书店及其他书店	

印　　刷	北京明恒达印务有限公司	
装　　订	廊坊市广阳区广增装订厂	
版　　次	2018 年 6 月第 1 版	
印　　次	2018 年 6 月第 1 次印刷	

开　　本	710 × 1000　1/16	
印　　张	17.5	
插　　页	2	
字　　数	253 千字	
定　　价	78.00 元	

凡购买中国社会科学出版社图书，如有质量问题请与本社营销中心联系调换
电话：010 - 84083683

目　录

导　　论

一　研究背景

少数民族群众在长期的农业生产活动中，有着丰富的可持续利用土地资源的地方知识，传统知识是数代人集体智慧的结晶，是现代知识体系的源泉，研究这些地方（传统）知识对于可持续地利用和管理土地资源具有重要的意义。

传统知识与土地资源可持续管理是一个新兴的研究主题。随着全球化、现代化的深入，许多传统知识都面临着失传的窘境，传统知识研究刻不容缓。研究初期，学者关注的焦点主要是传统知识如何应对气候变化，传统知识如何保护生物多样性等。近年来，土地资源学科的学者也逐渐将传统知识融于土地资源可持续管理的研究中。传统知识是社区群众与当地自然环境、社会经济环境长期动态磨合所总结出的经验技术，符合区域实际情况。这些传统知识能有效帮助社区维护土地生态系统稳定，防治生态灾变、解决土地冲突，促进土地资源的可持续利用管理，增强人们保护土地资源意识。因此，挖掘可持续管理土地资源的传统知识，并记录和传承是十分必要的。长期以来，土地资源作为当地人构成生计、生活和文化的基础对象，形成的传统知识、宗教、村规民约等千差万别的内容，对当地土地资源的管理研究，理解我国少数民族地区群众治理土地资源管理的逻辑，对可持续管理发挥着至关重要的作用，也是中华民族土地资源得以持续发展的基础。通过田野调查对当地土地管理知识进行挖掘，并探索侗族群众是如何运用这些传统知识可持续管理土地资源及其他自然资源的，这对传统知识的传承与发展、解决土地冲突、实现土地资源的可持续管理、为国土部门政策制定及乡村振兴提供参考等都具有现实意义。

本书主要是通过对贵州省黔东南侗族聚居的黎平县侗族村寨土地资源管理知识的挖掘和分析，重点包括可持续土地利用传统知识、社会性别视角下土地资源利用、土地冲突管理以及集体林权制度改革背景下社区内部对于林地资源的管理与国家政策的相互作用，研究这些对于侗族村寨土地资源管理的影响。研究目的在于忠实记录这些知识，从而有利于它的传承和发扬。这些传统知识传承和发扬有利于生态文明建设、乡村振兴和中华文化的复兴。同时，希望在此基础上关注传承方式，进一步探索传统知识传承方式，拓展传承媒介形式，使更多的人有机会、有能力传承传统的地方管理知识。

二　相关概念界定

本部分将对本书使用的相关概念进行定义，具体的文献综述内容将在相关章节详细介绍。

（一）土地

本书所说的土地是 1976 年联合国粮农组织（FAO）中所规定：土地地表的一个区域，包括大气、土壤、下伏地质、植被及过去和现在人类活动的结果①，笔者认为，土地是陆地表层由矿藏、植被、土壤、气候、生物等组成的自然综合体，同时也是通过人类过去和现在长期活动而形成的社会历史综合体。

（二）土地资源利用与管理

土地资源是一个动态的概念，是人类在一定经济技术支撑下，可以使用的未利用地和已利用地。由于经济技术在不断发展进步，因此，现在不是资源的土地可能随着技术进步逐渐能被人们开垦利用。因此，土地资源是一个动态概念。

土地资源管理是国家根据本国的经济、社会环境综合运用经济、行政、法律等手段及科学技术方法，为了提高土地利用的生态、经济和社会效益而进行的土地分配、土地用途管制、土地利用方式监督等

---

① 陈百明、周小萍、胡业翠、王秀芬：《土地资源学》，北京师范大学出版社 2008 年版。

一系列活动①。笔者认为这种定义在一定程度上缩小了土地资源管理的范围，将土地资源管理的主体定为国家，然而国家对土地资源的管理更多的是宏观整体的布局，日常进行土地管理的主体更多的是土地的使用者，如农户、土地承包户等。因此，笔者认为土地资源管理的主体应该是国家及土地使用者（如农户），而土地资源管理是国家根据国情、社会、经济、生态环境，综合运用经济、行政、法律手段进行宏观的管理；土地使用者充分运用本土技能、传统知识及科学技术进行的为保护土地生态环境，提高土地质量和增加效益的一切微观活动。根据土地资源管理的内容，土地资源管理主要分为土地的权籍管理、土地资源利用管理、土地资产经营管理和土地行政管理这四大主要内容②。本书主要涉及的是土地资源利用管理。

（三）可持续发展

可持续发展是既满足当代人的需求，又不损害后代人利益的发展。该词自 1972 年提出就一直是世界各国关注的热点，它所指的发展包括经济、社会和生态三个方面的内容。

（四）传统（地方）知识

对于传统知识很多学者及组织都有他们自己的定义。世界知识产权组织（WIPO）将传统知识定义为基于传统产生的文学、艺术或科学作品、表演、发明、科学发现、外观设计、标志、名称及符号、未披露信息及一切其他工业、科学、文学或艺术领域内的智力活动所产生的基于传统的革新与创造③。柏贵喜认为，传统知识也可以称为本土知识、民间知识和地方性知识，这种传统知识是一个综合的知识集合体，它来自于传统社区进行生产、生活中总结或创造的一切实践认知、经验及技能④。尹仑认为，根据不同的研究重点和背景传统知识

---

①　张正峰：《土地资源管理学》，中国人民大学出版社 2008 年版

②　刘卫东、彭俊：《土地资源管理学》，复旦大学出版社 2005 年版。

③　WIPO，The ninth meeting of Intergovernmental Committee on Intellectual Property and Genetic Resources，Traditional Knowledge and Folklore. 知识产权、遗传资源、传统知识和民间文艺的政府间委员会第九届会议，2006 年。

④　柏贵喜：《乡土知识及其现代利用与保护》，《中南民族大学学报》2006 年第 1 期。

有着不同的名称，如"传统知识""乡土知识"和"土著知识"这种名称研究的侧重点多为经验技术，而"土著遗产"和"非物质文化遗产"等名称的研究更多地偏向于文化①。笔者认为，本土知识、乡土知识、土著知识、地方性知识都属于传统知识，这些知识是原住地居民或地方社区群众在与当地社会、自然、经济环境中长期动态磨合总结出的各方经验及创新技艺，这些传统知识与现代科学知识相比较可能更符合当地社区实际情况，能更有效地在当地社区发挥指导作用。

（五）社会性别

社会性别是指社会对男女两性及两性关系的期盼、要求和评价，社会性别理论就是从社会构建和社会文化的角度，为更加动态、全面地研究土地资源管理的传统知识提供了方法论的指导。对于许多生活在山区的侗族群众来说，土地特别是林地成为他们获得生计的重要资源，关系到他们的生活和生存，男性和女性在长期的土地资源利用和管理中拥有丰富的传统知识，在土地资源利用和管理以及可持续发展方面都发挥了重要的作用，但由于各种原因，男性和女性拥有的知识会有所不同，因此所起的作用也是不同的。如何在政策的制定和执行中充分考虑性别因素，是实现土地资源生态管理、美丽乡村建设与可持续发展的一个重要方面。

（六）土地冲突

农村土地冲突是指各主体之间围绕农村土地的各种权益产生了巨大矛盾，通过采取间接（诋毁、谩骂、威胁）或者直接的方式（示威、暴力对抗）来行使、捍卫、争夺土地利益，由此导致的不同程度影响的过激行为和不和谐状态。

三 研究地点

根据可进入性原则，本书主要在贵州省黔东南黎平县茅贡乡登岑侗寨和地扪侗寨进行。选择这些村寨作为调研点主要是因为：①常住

---

① 尹仑：《传统知识的传承、创新和运用——对云南德钦红坡村的应用人类学研究》，《云南民族大学学报》（哲学社会科学版）2011年第1期。

居民均为侗族，由于交通、经济等原因，传统文化和传统知识保存相
对较好，被国家住建部、财政部、文化部、国家文物局等部门公布为
中国传统村落之一。②村寨传统知识通过各种方式保存着，在建筑、
文化、传统手工艺等方面都具有代表性。例如鼓楼、风雨桥、省级重
点文化景点百年禾仓群等木建筑，古法造纸、天然植物染饭、蓝靛染
布、侗族大歌、琵琶歌等传统技艺。③林地资源丰富，森林覆盖率
达 80%。

　　侗族祖祖辈辈生活在依山傍水的地方，森林与他们的生活息息相
关，也形成了特有的土地资源管理模式和土地资源管理的传统知识。
几个世纪以来，侗族在与自然界长期的适应过程中，形成了一套与所
处自然生态系统相适应的体系，其所蕴含的智慧对于林区的经济发展
和生态建设都具有重要的启发，体现了可持续发展的理念。我国的侗
族主要分布在贵州、湖南、广西三省交界地带，以及湖北省西南部，
其中贵州为侗族人口第一大省份，有侗族 160 多万人，占侗族人口的
55% 左右，占贵州少数民族人口的 12% 以上，占全省人口的 4.62%，
是次于汉、苗与布依族的第四大民族。因此，在贵州研究侗族土地资
源管理，具有一定的代表性和普遍性。同时，贵州的经济发展相对滞
后，其传统文化保存得较好。侗族人敬畏自然，他们在长期发展的过
程中，逐渐形成了自己系统的土地资源管理的传统知识。这些知识注
重对土地、山、水、树木以及生活在森林中动物的保护。走进侗寨，
第一印象就是那里郁郁葱葱的森林，处处鸟语花香。侗族人在运用传
统知识管理林地资源的过程中，很好地与自然融为一体，在生产生活
中长期维持着生态的平衡，实现了土地资源的可持续利用和发展。本
书进行田野调查的调研点位于贵州省黔东南苗族侗族自治州的黎
平县。

　　（一）贵州省及黔东南苗族侗族自治州简介

　　贵州省位于我国西南部，属于高原山地地形，地势由西向东逐渐
降低，全省主要有高原、山地、丘陵和盆地这四种地貌，平均海拔约
1100 米；属于亚热带湿润季风气候，雨热同期，适宜作物生长，有
69 个县属于长江防护林保护区，是长江、珠江地区的重要生态屏障。

贵州是全国唯一没有平原支撑的省份，境内土地资源较稀缺，山地面积约占全省面积的62%，被称为"八山一水一分田"。根据贵州省第二次土地调查数据显示，境内耕地面积约456.25万公顷，人均耕地面积约1.67亩，稍高于全国人均耕地面积1.52亩；但耕地资源质量不高，境内有326.52万公顷的耕地是无灌溉设施耕地，占全省耕地面积的72%；根据国家划分的15个耕地质量自然等级标准，1等为最优质的耕地，15等为质量最差的耕地，而贵州省最优质的耕地质量为八九等，面积不足43.52万公顷。贵州是多民族聚居的省份，少数民族人口占全省总人口的2/5，管辖有黔西南布依族苗族自治州、黔东南苗族侗族自治州、黔南布依族苗族自治州。境内有17个世居少数民族，各民族相互融合，造就了多彩民族文化，积累了丰富的传统知识。

黔东南苗族侗族自治州位于贵州省东南方，全州总面积30330平方公里，占全省总面积的17.20%，境内山地多，丘陵少，仅有零星盆地。州内多数百姓以土地为生，所以土地崇拜信仰浓厚，对土地资源重视，不少地方还保留着传统耕作方式。该州少数民族人口占全州人口的76%，其中苗族占39.72%，侗族占29%，其他少数民族如水族、布依族等人口占7.28%，是全国最大的苗族、侗族聚居区。由于州内有各少数民族聚居，一年有200多个节日，如苗族最为重视的"苗年"、侗族过的"侗年"、瑶族的"盘王节"等，因此，该州又被称为"百节之乡"。州内有舞阳河、云台山等自然风光；有剑河温泉等休闲场所；有肇兴堂安侗寨与挪威国际合作的生态博物馆和地扪侗寨与香港合作的地扪生态博物馆这两大博物馆，还有被纳入吉尼斯纪录的述洞独柱鼓楼。由于州内交通闭塞、多民族聚居、农耕文化历史悠久等原因，州内保留着许多传统知识、款约文书、民族节日等。

（二）黎平县概况

1. 自然情况

黎平县地处东经108°37′至109°31′，北纬25°44′至26°31′，位于贵州省的东南方。黎平县是湖南、贵州、广西三省区的交界地带，东接湖南、南连广西。黎平县境内主要以中低山地为主，平均海拔约

690 米，西北的地势较高，最高海拔 1589 米；东南的地势较低，最低海拔 137 米。境内溪流众多，受地势影响为西北至东南走向。黎平县位于亚热带季风湿润气候带控制区，冬无严寒，夏无酷暑，四季分明，年平均无霜期约为 275 天，年平均气温约为 15.5℃，平均降水量约为 1320 毫米，一般 4 月至 10 月为雨季，虽然雨季时间长、降雨丰沛，但受季风气候影响旱、涝等灾害也时有发生。

黎平县境内植被繁茂，森林覆盖率高达 75%，是国家重点林业县，享有"国家级森林公园"的美称。县内常见的木本植物大约有 520 种，其中国家重点保护的植物有 25 种。林业是黎平的传统产业，早在清朝乾隆四年（1739），黎平开始人工造林，乾隆四十二年（1777），黎平境内森林资源丰富，有"两岸杉木映印，一江巨筏长流"的美誉。木材畅销江淮两广。260 多年营林的风风雨雨，黎平人民积累了丰富的林地资源管理知识和营林经验，创造了无比巨大的精神财富和物质财富。以产杉木为主，故有"杉木之乡"之称，属贵州省十大林区县之一，主要树种有：杉木、马尾松、油茶、山核桃、油桐、麻栎、楠竹。[①]

2. 社会经济情况

黎平县有 25 个乡镇，截至 2016 年末，全县有 56 万人，侗族人口占全县的 71%[②]，是侗族人口聚居最多的县份，同时，还杂居着苗族、汉族、水族、瑶族等 20 多个民族。一般汉族分布在较为平坦的大坝上，苗族、瑶族及其他民族则多居住于大山中，而侗族主要生活在依山傍水的地方，是一个"靠山吃山"的民族。近年来，黎平县启动大交通模式建设以突破交通障碍。目前，境内已有榕江到黎平的 S308 省道、从江到黎平的 S202 省道、黎平到湖南靖州的 S222 省道以及黎平到湖南通道的 S221 省道。同时，厦蓉高速公路、松从高速公路和黎靖高速公路都在黎平境内设有多个收费站。黎平支线机场于 2006 年开始运营，目前已开通了前往贵阳、重庆、广州、上海和长沙

---

① 参见《黎平县林业志》。
② 资料来源：http://www.lp.gov.cn/zjlp/LPGK/201610/TZO161026-12347P2.html.

等地的航线。2014 年底贵广高铁的正式开通极大地方便了黎平与外界的联系。

2015 年，黎平县的生产总值达到 67.27 亿元，并明确了实施工业强县、旅游兴县、城镇带县的发展战略。黎平县的第一产业中油茶发展比较好，并获得全国十大生态产茶县的称号，同时，中潮山核桃、黎平茯苓等产业也在逐步发展。2015 年，黎平县的第二产业也在稳步发展，黎平工业园区升级为省级经济开发区，发展宏宇芳香药业和裕丰米业等加工当地特色资源的企业。对经济发展贡献较大的是第三产业，这得益于旅游产业和电商产业的迅猛发展，2015 年全县旅游人数达到 263 万人，获得旅游收入 16.7 万元，同时，建成黎平电子商务产业园和 10 个电商综合示范村，引导地扪村建成"互联网＋博物馆"。

3. 民俗文化情况

黎平是多民族大杂居的地区，其中侗族人口最多，占了总人口的 71% 左右，苗族人口排第二，约占 15%，黎平作为全国最大的侗族聚居地、侗族文化发祥地最引人注目的还是其流传下来的侗族原生态文化，如侗族大歌、侗族鼓楼、侗族风雨桥等都是侗族文化中的瑰宝。侗族大歌在整个演唱过程中没有伴奏、没有指挥，却能各声部和谐，这样的天籁之音已蜚声海内外，在巴黎表演时被誉为"清泉般闪光的音乐"已成功申报世界非物质文化遗产。

4. 土地资源情况

黎平县的土地面积为 6666299.2 亩，约 4441 平方公里。其中，林地面积为 4615061.8 亩，占全县土地面积的 69.23%；牧草地面积为 989500 亩，占土地面积的 14.84%；耕地面积为 524537.1 亩，占土地面积的 7.87%；其余用地面积为 537200.3 亩，占土地面积的 8.06%。该县属于人多耕地少的县份，人均占有耕地 1.28 亩，其中稻田 1.14 亩、旱地 0.1 亩、菜地 0.04 亩，境内的耕地零星分布于海拔 400—1000 米的冲沟坡垱间，以 6°至 15°、15°至 25°这两个坡度级的面较大。全县土壤有 5 个土类、16 个亚类、40 个土属、97 个土种，自然土土质深厚，质地适中，土壤肥力以中等肥力居多，占总土壤面积的 56.31%，上等肥力土壤占 4.31%，该县的土壤类型适宜水稻、玉米、薯类、豆类、茶叶、中药材、食用菌等作物的生长①。

5. 旅游资源情况

黎平县境内景观各异，溶洞众多，旅游资源丰富，被联合国乡土文化组织评定为"回归自然、返璞归真"的十大胜地之一，称其为"人类疲惫心灵最后的家园"。国务院也将其命名为"黎平侗乡国家重点风景名胜区"，是全国唯一以民族风情命名的国家级风景名胜区。长征路上的黎平会议就在黎平境内召开，黎平保留着许多革命文物、红色历史遗迹，红色旅游资源丰富，红色气息浓厚。黎平境内有最大的肇兴侗寨、被评为"云上堂安"的侗寨、有地扪活生态博物馆，保留着"侗族大歌""侗戏""侗寨刺绣"及"侗寨节日"等原生态传统文化，十分适合发展人文旅游。同时，黎平县森林覆盖率高、含氧量高，适合发展乡村旅游、休闲旅游和养生旅游。

（三）村庄概况

本书主要调研村庄为登岑村，其中第四章的内容涉及登岑村与地扪村和罗大村合并为新的地扪村的内容，下面对登岑村进行简单介绍，具体的内容将在各章节详细介绍。

登岑村位于贵州省黔东南苗族侗族自治州黎平县茅贡乡，而调研点登岑隶属的贵州省黎平县茅贡乡，坐落在黎平县西部，距黎平县城 42 千米，距榕江县城 56 千米，东与坝寨乡接壤，南与岩洞镇交界，西与九潮镇为邻，北与孟彦镇毗连。全乡面积为 172 平方千米，处于长江和珠江水系分水岭，最高海拔 1122 米，最低海拔 510 米，境内居住侗、苗、汉等民族。登岑村位于黎平县城的西部，且坐落在茅贡乡驻地北部，上与地扪侗寨相望，下与罗大村相连，东与寨母村、北与樟洞村接壤，距离黎平县 48 千米，距离茅贡乡 6 千米。区域面积 210 公顷，耕地面积 23.9 公顷，是一个典型的侗族村寨，全村依山而建，森林资源丰富，森林覆盖率约为 80%，平均海拔 730 米。

①　资料来源：《黎平县县志》（2006 年）。

四 研究方法

笔者从 2010 年 7 月第一次到侗族村寨调研集体林权制度改革，就对侗族丰富的土地资源管理知识有了浓厚的兴趣。在 2011 年获国家自然科学基金资助项目"构建侗族林业传统知识在森林可持续经营中的政策含义"后，笔者就从 2012 年 6 月开始长期在侗族村寨驻村进行人类学、社会学调研，调研一直延续到 2016 年 7 月，其间积累了丰富的侗族村寨土地资源管理资料。本书采用定性与定量相结合的方法，既可以对传统知识有更加完善的描述，又使分析和结论更加客观和科学。具体研究方法如下：

（一）文献研究法

通过阅读中外文献，了解中外对传统知识与土地资源可持续管理的研究前沿。

收集的文献主要集中在集体林权制度改革、传统文化、社区林地资源管理知识、林地资源管理现状、社会性别、可持续土地资源管理、土地冲突管理等相关的论述。另外，在国家大的政策方面还参考了许多政府官方网站的数据，而对于社区当地土地资源管理的传统知识运用则参考了一些学者在其他村寨的研究成果作为参考。

（二）实地调研法

由于本书以黔东南州黎平县登岑村为例进行实证分析，因此笔者对于该村寨进行了长达近四年的调研走访工作，收集有关登岑侗寨当地的土地资源管理资料。在村庄人类学调研中结合参与式农村快速评估（PRA）调查方法进行调研，主要就是需要外来者与当地人进行沟通，并根据该参与式评估得到相关数据及结果分析传统土地资源管理知识的现状，目前所遇到的困境以及之后的相关解决方法。由于 PRA 的方法更多地强调农户直接参与到外来者的调查中，因此运用农户的积极参与，让他们积极表达自己的意见和想法，对于研究来说是较为真实的，同时也具有较高的参考价值。

（三）参与式观察

通过多年来与侗家人的"同吃""同活动""同生活"，深入田野，通过观察和感受去发现更多的传统知识，丰富写作视角。

（四）问卷调查

本书在预调研的基础上，针对该村的基本情况设计了问卷，主要包括对农户基本情况的调查、土地质量的变化情况、男女在林地资源管理中的不同、土地冲突管理、对土地资源管理传统知识的传承情况及传承传统知识的认知。

（五）访谈法

本书主要运用半结构式访谈法和关键人物访谈法，了解村民对管理土地资源的知识经验、社会性别视角下的土地资源管理、土地冲突管理传统知识与国家政策的互动。关键人物访谈对象信息归纳将在下列各章节中详细描述。主要包括知识较丰富的中老年人，有思想、有创意的年轻人及村干部。通过半结构式访谈和关键人物访谈深入挖掘当地关于土地资源管理的传统知识，也能更深入了解群众想法。

（六）数据分析方法

本书通过 SPSS 19.0 软件对问卷数据进行统计与分析。定性研究资料的分析通过扎根理论和归纳法进行总结、归纳和提炼，总结登岑侗寨传统土地资源管理现状，为我国土地资源可持续管理提供对策及建议。

本书具体的、详细的研究方法因为各章具体使用方法略有不同，因此在具体研究章节中会有详细的介绍。

五　本书内容

本书包括六章。导论部分介绍了本书的研究背景、研究地点和研究方法，以及研究目的和意义。第一章侗族村寨传统土地资源管理知识。第二章介绍社会性别视角下的土地资源管理。第三章研究了林地资源管理中国家政策与当地社区林地资源管理的互动。第四章研究了农户视角下的土地冲突管理。结语部分对研究进行总结和讨论，分析和总结登岑侗寨土地资源可持续管理中的传统知识，社会性别与土地资源管理、土地冲突管理以及林地管理中社区和国家政策的互动，并提出相关政策建议。

第一章 可持续土地利用和管理的传统知识

本章主要通过田野调查来研究侗族社区群众拥有的传统知识如何对土地资源进行可持续利用和管理，主要研究四个部分内容。第一部分，梳理目前研究的现状，整理相关概念和理论支撑。第二部分，挖掘登岑侗寨在可持续管理土地资源方面的相关传统知识，包括村民土地资源的管理安排（除草、造林）、稻鱼鸭复合循环耕作系统、有机肥的使用、村规民约对土地资源的管理等。第三部分，分析登岑侗寨土地资源管理传统知识受到的影响，以及传承传统知识过程中遇到的问题。第四部分，针对上述问题提出解决办法。

第一节 绪 论

"可持续发展"一词在 1972 年斯德哥尔摩举行的联合国人类环境研讨会上提出来后就成为现阶段发展的方向。中国是一个人口大国，以不足世界 10% 的土地养活着世界 20% 以上人口，这足以显示我国极其紧张的人地矛盾关系，因此，可持续管理和利用土地资源亟须落实。我国土地资源有着耕地资源所占比重小、后备资源存量不足、土地开发利用难度大等特点，国家对此提出了"十分珍惜、合理利用土地和切实保护耕地"的基本国策。[①] 作为承载人们一切经济及生产活动的土地资源，因为人们不合理的利用管理正面临着破坏、污染和退

---

① 吴次芳、鲍海君：《土地资源安全研究的理论与方法》，气象出版社 2004 年版，第 89 页。

化等问题。联合国环境规划署的报告指出，为了养活日益增长的人口，1961—2007 年，农田总面积扩展了 11%；该报告还预测，如果人们继续不可持续地利用土地资源，到 2050 年，全球有 8. 49 亿公顷的土地将会退化。[①] 中国面临着同样的问题，国土资源部发布的《土地整治蓝皮书》指出，我国耕地受到中、重度污染的面积约有 5000 万亩，污染严重的区域主要是过去经济发展较快的中东部地区[②]；而我国西部地区则面临着较为严重的土地退化，几乎有 50% 的地区发生中、重度的土地退化，约有 27% 的土地遭受风蚀、16% 的土地遭受水蚀及 10% 的土地发生了荒漠化。[③]

　　中国是一个历史悠久的多民族统一国家，五千年生生不息的繁衍造就了博大精深的传统文化。人们与当地的自然环境共同进化，在这种动态、长期的相互适应中人们总结自然规律，融合自身生活生计、宗教信仰等形成了一系列传统知识指导当地百姓与资源环境和谐共生，尤其是对土地资源及其他自然资源的管理利用，例如，滇、黔、桂地区的侗家人一直沿用的稻、鱼、鸭循环共生模式就是一种集约用地、保护土地质量的生态模式。不同社区在不同的历史时期，根据其不同的自然、生态环境差异，运用不同的文化建立起来的有效保护、利用和管理资源的地方性知识被生态学者罗康隆称为"生存智慧"，这些生存智慧可以有效地帮助社区应对、防治生态灾变，如石漠化、土地退化。[④] 有关研究显示传统知识，如习惯法、宗教、护林公约等对自然资源的保护和管理作用仅次于政策因素，有效保证了土地生态系统的稳定性。[⑤]

　　现代化发展和经济增速的要求打破了原本和谐共生的系统，良田

---

　　① 资料来源：http：//www. mlr. gov. cn/xwdt/jrxw/201401/t20140129_ 1303144. htm。

　　② 资料来源：http：//www. mlr. gov. cn/xwdt/mtsy/people/201405/t20140526_ 1318348. htm。

　　③ 资料来源：http：//www. mlr. gov. cn/xwdt/jrxw/200411/t20041125_ 613742. htm。

　　④ 罗康隆：《地方性知识与生存安全——以贵州麻山苗族治理石漠化灾变为例》，《西南民族大学学报》（人文社会科学版）2011 年第 7 期。

　　⑤ 刘珊、闵庆文、徐远涛、张灿强、程传周、石有权、吴老成：《传统知识在民族地区森林资源保护中的作用——以贵州省从江县小黄村为例》，《资源科学》2011 年第 6 期。

变成高楼，农民变为居民，无数传统文化正逐渐消失。因此，挖掘和记录传统知识文化并根据各地的实际情况进行传承、发展和创新十分必要。同时，将这些与环境长期动态磨合得出的传统知识应用在土地资源可持续管理中也能事半功倍。

本章通过大量文献阅读、田野调查等方法记录当地土地可持续管理方面的传统知识，并对如何传承传统知识进行探讨，从而提出有针对性的政策建议。通过调研，对侗族社区土地资源管理的传统知识进行记录，对保护传统知识、民族学研究等都具有理论意义。此外，通过田野调查对当地传统知识进行挖掘，并探索侗家人是如何运用这些传统知识可持续管理土地资源及其他自然资源的，这对传统知识的传承与发展、土地资源的可持续管理、国土部门政策制定提供参考等都具有现实意义。

一　国内外研究综述

（一）国外研究综述

在 20 世纪 60 年代以前人们一直相信"人定胜天"，直至 1962 年美国海洋生物学家蕾切儿·卡逊夫人的著作《寂静的春天》问世才唤醒了人们保护环境的意识，催生可持续思想的萌芽。1972 年联合国人类环境研讨会在斯德哥尔摩举行，大会上人们第一次讨论了可持续发展这一概念。1980 年"可持续发展"一词正式出现在《世界自然保护大纲》的国际文件中，应用于林业和渔业的管理。由于土地承载生产活动，学者们很快便关注到土地资源的可持续问题。目前，较公认的土地资源可持续利用思想正式提出是 1990 年在新德里召开的土地持续利用系统研讨会上。[1] 1991 年"发展中国家可持续土地利用评价国际研讨会"在泰国清迈召开，这次大会首次提出了土地持续管理的概念[2]，土地资源可持续管理是可持续发展思想在土地学科中的深化和具体化。1993 年联合国粮农组织颁布了《持续土地管理评价大

---

① 吴次芳：《土地资源调查与评价》，中国农业出版社 2008 年版。
② 连纲、郭旭东、王静、傅伯杰、程烨：《土壤质量与可持续土地利用管理》，《生态学杂志》2005 年第 2 期。

纲》，大纲中对持续土地管理做出了较权威的定义，指出可持续土地管理是融合了技术、经济、政策、环境等因素为一体的管理行为，以便能够实现保护或提高土地的生产能力和抗风险能力、满足经济上的可行性、达到社会公众的可接受度及保护土地资源的潜力防止其退化等。①

国际专家学者自 1993 年《生物多样性公约》（CBD）的生效开始对传统知识便有广泛关注，1998 年世界知识产权组织召开了一系列关于传统知识、民间文化艺术及传统技艺的国际研讨会议，2000 年世界知识产权组织成立了"知识产权与遗传资源、传统知识及民间文学艺术表达政府间委员会"②。随后，传统知识及其保护的研究逐渐成为国际热点。经过几十年的研究与调查，菲律宾、印度、泰国等国家都开始着手制定本国传统知识保护方面的法律法规及政策。③ 许多国家通过研究也取得了一定成果，例如泰国颁布了《传统泰药知识促进和保护法》；印度成为近年来最为倡导传统资源保护和传统知识保护的国家之一，并成立了印度传统知识国家数字图书馆。④

随着传统知识研究领域日益扩大，不少学者将传统知识应用于可持续管理土地资源，治理土地退化的活动中。学者 Ranjan Datta 在构建土地与自然可持续性框架的研究中运用本土经验建立了土地资源可持续性的日常管理框架，他认为土著传统经验是在适应无数代人的文化、生活关系、生物（包括人类）和环境过程中累积的知识、实践与信念，这种土著文化和经验是土地资源管理的一个本体。⑤ 新西兰岛的北奥塔哥气候极端，常受到干旱与洪水灾害，当地农户自发建立了

① 吴次芳：《土地资源调查与评价》，中国农业出版社 2008 年版。
② 杨振宁：《传统资源保护模式新探》，贵州师范大学出版社 2007 年版。
③ 朱雪忠：《传统知识的法律保护初探》，《华中师范大学学报》（人文社会科学版）2004 年第 3 期。
④ 滕飞：《传统知识的知识产权保护战略思考》，《国际技术经济研究》2005 年第 2期。梅智胜、肖诗鹰、黄璐琦：《印度对传统医药知识保护的立法和实践及其对我国的启示》，《国际中医中药杂志》2007 年第 2 期。张华敏、唐丹丽、高红杰：《印度传统知识保护现状及其启示》，《中国医药导报》2008 年第 32 期。
⑤ Ranjan Datta, "A relational theoretical framework and meanings of land, nature, and sustainability for research with Indigenous communities", *Local Environment*, No. 20, 2015.

可持续土地管理小组，运用他们的本土知识来治理当地土壤侵蚀问题，该文作者指出农户是最大的环保主义者，他们的目标是让下一代能使用更好状态的土地，所以在对土地可持续管理过程中不能忽视农户的力量。[1] 同样，运用传统知识解决土壤侵蚀、土壤肥力下降等问题的还有埃塞俄比亚、坦桑尼亚等很多地区。[2]

（二）国内研究综述

1. 土地资源可持续管理相关研究

国内土地学科的专家学者对土地资源可持续利用和管理的研究有很多，笔者将其大致分为以下四个方面：

（1）土地资源可持续利用与管理评估。学者们对我国不同气候、地形及自然环境的大部分地区都做了土地资源可持续利用管理的相关评估。[3] 张凤荣等学者赞成运用 FAO5 项评价标准（生产性、稳定性、保护性、经济可行性及社会接受性）来建立评价指标。[4] 傅伯杰等则从生态、经济和社会这三个方面建立指标体系来评价土地资源可持续性。[5] 随着研究的深入，有很多学者还运用生态足迹、循环经济、PSR（压力—状态—响应）、模糊综合评价、灰色关联、层次分析等

---

① G. Ludemann, D. C. Hewson, R. Green, "North Otago Sustainable Land Management Group: Assisting the North Otago community to move towards the goal of sustainable land use", Proceedings of the New Zealand Grassland Association, No. 56, 1996.

② Engdawork Assefa1, Bork Hans – Rudolfl, "Farmers' perception of land degradation and traditional knowledge in Southern Ethiopia—Resilience and stability", Land degradation & development Land Degrad, No. 27, 2016. Richard Y. M. Kangalawe, Christine Noe, Felician S. K. Tungaraza, Godwin Naimani, Martin Mlele, "Understanding of Traditional Knowledge and Indigenous Institutions on Sustainable Land Management in Kilimanjaro Region, Tanzania", Open Journal of Soil Science, No. 4, 2014.

③ 陈浮、彭补拙、濮励杰、周寅康：《区域土地可持续管理评估及实践研究》，《土壤学报》2001 年第 4 期。王莉、陈浮：《区域土地可持续管理评价与对比差异研究》，《安徽农业科学》2011 年第 11 期。韩斌、邹晓明、付永能、陈爱国：《山地社区土地资源可持续管理评估》，《生态学报》2004 年第 12 期。王良健、陈浮、包浩生：《区域土地资源可持续管理评估研究——以广西梧州市为例》，《自然资源学报》1999 年第 3 期。

④ 张凤荣、孔祥斌、徐艳：《开展农地利用方式变化规律研究，探讨土地可持续利用模式》，《中国农业科技导报》2002 年第 3 期。

⑤ 傅伯杰、陈利顶、马诚：《土地可持续利用评价的指标体系与方法》，《自然资源学报》1997 年第 2 期。

理论及模型进行研究。①

（2）土地资源可持续利用管理的概念和内涵研究。路晓霞认为，土地可持续管理是将先进技术、合理政策等作为保障以保证土地资源满足当代和后代的生存及发展需求，同时将生态保护、经济发展、社会承载等多因素加以综合考虑，使社会经济发展与保护生态平衡。②曲福田和谭仲春认为土地可持续管理可定义为：通过考虑自然（生态）、社会、经济三个方面因素在一定空间及可预见的较长时间内的变化和稳定性，调整和转变区域内土地利用系统结构及效益，保证土地资源的生产潜力并防止土地退化，实现土地生产力的持续增长和稳定，达到生态持续、经济可行和社会接受的土地利用方式。③ 吴次芳、方芳、谢花林等众多学者都对土地资源可持续利用、管理进行了定义。④ 综上所述，土地资源可持续应该包含以下内涵：①土地资源应该保证代际间的公平，既满足当代人的需要又不妨碍后代人的需要。②由于土地资源的稀缺性，在利用的过程中就要不断提高相关技术方法，如高效、清洁等。③需要政策、经济、社会、科技等因素配合才能保持或提高土地资源的生产力、抗风险能力等。

（3）土地整理与土地可持续研究。土地整理是保证土地资源可持续的管理办法之一，土地整理主要是通过调整土地结构，合并零散破碎地块，平整土地及改良土壤来提高土地使用率，土地整理使土地可

---

① 周炳中、杨浩、包浩生、赵其国、周生路：《PSR 模型及在土地可持续利用评价中的应用》，《自然资源学学报》2004 年第 12 期。唐潇：《于生态足迹理论的长沙县土地资源可持续利用研究》，湖南师范大学出版社 2013 年版。袁磊、雷国平、张小虎：《基于循环经济理念的黑龙江土地可持续利用评价》，《水土保持研究》2010 年第 1 期。吕世勇：《基于模糊综合评价法的贵州土地可持续利用评价》，《贵州农业科学》2015 年第 5 期。鄢然、雷国平、孙丽娜、徐珊：《基于灰色关联法的哈尔滨市土地可持续利用评价研究》，《水土保持研究》2012 年第 1 期。
② 路晓霞：《加强土地资源可持续管理的思考》，《资源节约与环保》2014 年第 11 期。
③ 曲福田、谭仲春：《土地可持续利用决策模式及基本原则初探》，《经济地理》2002 年第 2 期。
④ 吴次芳：《土地资源调查与评价》，中国农业出版社 2008 年版。方芳：《土地资源管理》，上海财经大学出版社 2006 年版。谢花林、刘曲、姚冠荣、谈明洪：《基于 PSR 模型的区域土地利用可持续性水平测度——以鄱阳湖生态经济区为例》，《资源科学》2015 年第 3 期。

持续利用成为可能。杨君指出应通过市场手段,引入淘汰竞争机制推动土地整治产业化,但需要健全法规政策及合理分配机制作为保障。① 张正峰建立土地整理可持续评估模型对山东省东明县小井村土地整治项目进行个案分析,得出土地整理对增加耕地面积、增强土地抗灾能力、改善生态、增加经济效益及获得社区认同性这五方面都有积极作用。②

（4）其他方面。连纲等认为土壤质量是评价可持续的必要指标,不同土壤采取不同种植模式才能更好地实现土地资源可持续管理。③ 也有学者将土地用途管制与土地资源可持续管理相联系,认为通过土地用途管制可以在一定程度上引导土地利用方向以保证可持续。④ 倪绍祥等从土地资源优化配置的角度进行探讨,指出土地资源优化配置的根本目的是优化配置强化土地系统功能,使土地资源在各行业及部门中优化配置,从而为土地资源保证当代人与后代人之间的可持续利用提供可能。⑤ 也有一些学者从城市化进程及城市边缘地区的土地管理问题入手,探讨土地资源可持续管理对策。⑥

2. 传统知识相关研究

随着国家对传统知识文化的重视,传统知识逐渐引起了学者们广泛关注。民族学、生态人类学、植物学、中药学等领域的学者对传统知识研究比较早,主要包含以下几方面内容:

（1）传统知识资源与药用植物资源。我国著名的植物学家裴盛基指出,我国药用野生植物资源严重短缺,传统的药用植物知识也在逐

---

① 杨君:《土地整理与土地资源可持续利用》,《内蒙古农业科技》2010 年第 6 期。

② 张正峰:《土地整治可持续性的标准与评估》,《农业工程学报》2012 年第 7 期。

③ 连纲、郭旭东、王静、傅伯杰、程烨:《土壤质量与可持续土地利用管理》,《生态学杂志》2005 年第 2 期。

④ 许彦曦、彭补拙、李春华:《土地用途管制与区域土地资源可持续利用研究》,《土壤》1998 年第 3 期。

⑤ 倪绍祥、刘彦随:《区域土地资源优化配置及其可持续利用》,《农村生态环境》1999 年第 2 期。

⑥ 程效东、李瑞华:《城市化进程中的可持续土地利用研究》,《江西农业大学学报》（社会科学版）2004 年第 1 期。罗康隆、王秀:《论侗族民间生态智慧对维护区域生态安全的价值》,《广西民族研究》2008 年第 4 期。

渐消失。每个地方的当地居民都有使用、种植植物资源的独特方法，尽快建立药用植物资源和种植、利用药物植物传统知识的大数据库是十分有必要的。①

（2）传统知识与防灾减灾。自然灾害的发生具有难预测、伤害性、时空分布上的不均衡等特点，不同民族对不同自然灾害的感知度和预防能力也各不相同。学者罗康隆将不同民族长期适应自然、社会环境差异而构建的系统来应对灾害的传统知识和措施技能称为生存智慧，并且深入研究了苗族、侗族预防和应对自然灾害的系列传统知识。②

（3）传统知识与农业。人类学、农学等领域的学者十分重视农业传统知识，并认为农业传统知识是整个传统文化中不可或缺的一部分，是一个社区甚至人类得以延续发展的文化灵魂。陈娟通过定量分析得出结论：适度运用农业传统知识可以增加农户的家庭年收入从而促进农户保护自然资源的意识。③ 不少学者研究各地传统稻作文化并获得丰硕成果，如侗族地区传统的"稻—鱼—鸭"共生循环系统，民间传统的虫害防治办法等。④

（4）传统知识与自然环境保护。学者们调查发现许多偏远地区少数民族社区能够保持长期稳定发展与他们为适应生态环境而代代相传

---

① 王雨华、裴盛基、许建初：《中国药用植物资源可持续管理的实践与建议》，《资源科学》2002 年第 4 期。

② 罗康隆：《地方性知识与生存安全——以贵州麻山苗族治理石漠化灾变为例》，《西南民族大学学报》（人文社会科学版）2011 年第 7 期。罗康隆、王秀：《论侗族民间生态智慧对维护区域生态安全的价值》，《广西民族研究》2008 年第 4 期。罗康隆：《论苗族传统生态知识在区域生态维护中的价值——以贵州麻山为例》，《思想战线》2010 年第 2 期。罗康隆：《论地方性生态知识对区域生态资源维护与利用的价值》，《中南民族大学学报》2010 年第 3 期。叶宏：《地方性知识与民族地区的防灾减灾——人类学语境中的凉山彝族灾害文化和当代实践》，西南民族大学出版社 2012 年版。

③ 陈娟：《林农乡土知识的影响因素定量分析》，中国林业科学研究院，2009 年。

④ 龙初凡、孔蓓：《侗族糯禾种植的传统知识研究——以贵州省从江县高仟侗寨糯禾种植为例》，《原生态民族文化学刊》2012 年第 4 期。崔海洋：《论侗族制度文化对传统生计的维护》，《广西民族大学学报》（哲学社会科学版）2009 年第 5 期。石庭明：《生态人类学视野下的侗族稻作文化研究——以贵州省榕江县宰章村为例》，中央民族大学出版社 2013 年版。刘二明、朱有勇、肖放华、罗敏、叶华智：《水稻品种多样性混栽持续控制稻瘟病研究》，《中国农业科学》2003 年第 2 期。

的文化是密不可分的。① 这些传统知识在维护生物多样性、减缓和适应气候变化、对自然资源的保护和生态环境的保护等方面都做出了巨大贡献。②

（5）传统文化的传承与发展。李技文对近十年关于少数民族传统知识的文献进行梳理后指出，目前研究虽然对传统知识保护的关注比较多（特别是传统知识产权保护），但对如何挖掘利用少数民族传统知识及传统知识现代价值的研究不多。③ 卢之遥分别从苗族习惯法、侗族鼓楼及建筑技术遗传及锡利贡米这三个不同传统知识流失案例中看到了当地少数民族对保护传统知识的薄弱意识，认为应该从法规政策方面进行完善。④ 袁涓文对贵州苗族、侗族、布依族这三个少数民族地区森林管理传统知识的传承研究中指出年青一代对传统知识已失去了学习兴趣，如何做到传承与创新相结合应该是研究的新课题。⑤ 尹仑通过对云南省德钦县红坡村对藏医学进行传统知识保护和传承研究，通过田野调查总结出一套传统知识传承三部曲：首先，深入调查传统知识；其次，建立社区传承传统知识的组织和运行机制；最后，创建社区传统知识数据库。⑥

3. 传统知识与土地资源可持续管理的相关研究

学者赵庆玲将本土知识运用于对山西省河曲县沙坪村的土地评价中，并与科学的土地评价进行对比，结果表明运用本土知识进行的土地评价更符合地方社区的社会、自然及经济情况，对土地利用规划、

---

① 罗康隆、杨曾辉：《生计资源配置与生态环境保护——以贵州黎平黄岗侗族社区为例》，《民族研究》2011 年第 5 期。
② 尹仑：《云南省德钦县藏族传统知识与气候变化研究》，中央民族大学出版社 2013 年版。刘珊、闵庆文、徐远涛、张灿强、程传周、石有权、吴老成：《传统知识在民族地区森林资源保护中的作用——以贵州省从江县小黄村为例》，《资源科学》2011 年第 6 期。
③ 李技文：《近十年来我国少数民族传统知识研究述评》，《贵州师范大学学报》（社会科学版）2010 年第 1 期。
④ 卢之遥：《贵州省黔东南传统知识保护案例研究》，中央民族大学出版社 2011 年版。
⑤ 袁涓文：《贵州传统森林管理知识的传承研究——以苗族、侗族和布依族为例》，《农业考古》2012 年第 4 期。
⑥ 尹仑：《传统知识的传承、创新和运用——对云南德钦红坡村的应用人类学研究》，《云南民族大学学报》（哲学社会科学版）2011 年第 1 期。

土地资源管理方面的指导作用更有针对性。[①] 彭建超研究了土地利用与地域性认同的关系，并指出将地域性认同与土地利用、土地规划、土地政策相联系更容易获得百姓认可，更能建立法律、政策的权威性。[②] 所谓地域性认同就是某一社区的人们在与区域社会、经济和环境的长期相互交织中形成的对区域的认识。还有不少学者从其他层面对传统知识及土地资源可持续管理进行了研究，主要分为以下方面：

（1）村规民约与土地资源可持续管理。唐永甜和袁翔珠研究生活在西南石灰岩地区的少数民族保护土地资源的习惯法，指出居住于西南石灰岩地区的壮族、瑶族、苗族、侗族等少数民族在长期生产生活中形成了一套具有民族特色的保持水土、保护土壤、节约土地的习惯法，认为应将习惯法与国家法律融合以便更好地保护土地资源。[③] 袁涓文认为布依族的村规民约对林地资源具有一定保护作用，云南基诺族的村规民约对林地资源具有保护作用。怒族村寨的村规民约中规定：若将好田好土丢荒两年以上，村集体有权将其土地收回交由他人耕作；四川省成都市前锋村的村规民约中就规定对不精心照料土地和丢荒的农户，村集体将进行警告并要求其在规定时间内复耕，否则集体将有权收回土地并对其丢荒的行为处以 400 元/亩的罚款。[④] 再如，湖北省浠水县倒旗河村的村规民约规定，建新房后需将原有宅基地交回村集体，对不退出原宅基地的会根据新房的面积大小进行罚款。

（2）风俗、信仰与土地资源可持续管理。许多民族社区或农村地区普遍有土地信仰，神山、神树信仰及宗教信仰。学者殷雅娟指出，彝族人对土地十分感激，插花节是他们农事活动开始的信号，他们要向土地神祈求丰收，丰收后他们又会对土地神表示谢意，若收成不好，他们会认为自己对土地不善，来年会更加悉心照料土地。吴秋林

---

①　赵庆玲：《基于乡土知识的土地评价》，山西大学出版社 2012 年版。

②　彭建超：《土地利用的地域性认同研究：理论与方法》，南京农业大学出版社 2011 年版。

③　唐永甜、袁翔珠：《论西南石灰岩地区少数民族保护土地资源习惯法》，《生态经济》（学术版）2010 年第 2 期。

④　唐浩：《村规民约视角下的农地制度：文本解读》，《中国农业大学学报》（社会科学版）2011 年第 4 期。

通过调查指出贵州有土地信仰几乎是全省性、多民族性的。[①] 除了土地信仰外，在很多地方还有着神山、神树信仰。

（3）农谚、音乐与土地资源可持续管理。中国自古以来就是农业大国，祖辈们将他们管理、利用土地资源的经验方法编成了农谚、农谣、顺口溜等生动形象地传给下一代。许多村寨至今还流传着祖辈们管理土地资源的谚语，这些谚语仍承担着指导村民管理土地资源、合理耕作的角色。学者袁涓文指出农谚是中国的一种农业生产传承方式。[②] 如"水土不下坡，谷子打得多；水土不出田，粮食出不完""保土必先保水，治土必先治山""秧田能除三次草，种出米来分外好""农家两大宝猪粪、红花草（紫云英）"等。[③] 除了农谚，农谣也是他们传承知识的另一种途径，如土家族的梯玛神歌，是土家人世代心口相传的一种吟唱式诗歌，神歌中记录了他们渔猎农耕、衣食住行、民族迁徙等各个方面；再如，侗族大歌中也有对土地资源的管理，"先开田坝，后开坡上一点的田，然后开榜上的田，最后再开冲里的田。"[④]

综上所述，我国有着丰富多样的传统知识，经学者实践研究证明传统知识对指导当地实践十分有效，但与国外相比，我国进行土地资源可持续管理的研究起步略晚，从传统知识视角进行研究的成果较少。然而，对土地资源的可持续管理是一个复杂的工程，需要融入社区的自然条件、历史因素、民族信仰、生活习惯、社区制度等多方面因素。同时，这些传统知识随着社会发展正逐渐消失，但我国学者对传承土地资源管理传统知识的研究还较欠缺。因此，本章将从传统知识的视角研究侗族地区土地资源的可持续管理。

二 研究地点和研究方法

（一）研究地点

1. 登岑侗寨概述

登岑的名字在侗话中意为"高山山脚下"的意思，全村有 160

① 吴秋林：《中国土地信仰的文化人类学研究》，《宗教研究》2013 年第 3 期。
② 袁涓文：《贵州传统森林管理知识的传承研究——以苗族、侗族和布依族为例》，《农业考古》2012 年第 4 期。
③ 资料来源：http：//baike. so. com/doc/232027 - 245480. html。
④ 资料来源：http：//baike. so. com/doc/6309025 - 6522612. html。

户，687 人，劳动力有 310 人，占全村人口的 45.12%，其中女性劳
动力 185 人，占劳动力人数的 59.68%①，村寨壮劳力相对缺乏。登
岑侗寨共有三个村民小组和三个房族，侗族人口接近 100%，仅有个
别外来媳妇为非侗族人口。据村主任介绍，登岑侗寨是由地扪村搬迁
而来的，约在清朝年间，由于地扪村人口繁衍，用地紧张，为了缓解
人口压力，便从地扪迁出 100 户至登岑侗寨。② 2012 年年底，登岑侗
寨被列入中国传统村落名录的第一批名单中，2014 年，政府将登岑、
地扪、罗大三个侗寨合并为一个行政村，但本章调研点的选择仍然是
登岑侗寨。登岑侗家人以土地为生，农作物以水稻为主，少量种植蔬
菜、薯类、玉米、豆类、辣椒等作物，在长期的农耕活动中他们积累
了丰富的管理土地资源的经验，并代代相传。工资性收入是登岑侗家
人的主要经济收入，村里的年轻壮劳力几乎都在贵阳、广东、浙江等
地打工，而有技术的中年男性劳动力主要在附近做短期的建筑工和木
工，留在村里的多为老人、小孩和妇女。

登岑侗寨上与地扪侗寨相望，下与罗大侗寨相连，东与寨母村、
北与樟洞村接壤，距离黎平县城 48 千米、距离乡政府驻地 6 千米。
该村气候属于亚热带季风气候，年平均气温 15℃，地势相对平缓，为
低山丘陵地形，海拔约为 730 米。境内有一条地扪河从猛洞东流经地
扪、登岑、罗大注入乌下江。

2. 登岑侗寨自然资源情况

登岑侗寨气候良好，水热同期，生态环境优质，境内自然资源丰
富，其中以森林资源最为丰富，林农混作是常见的生产模式，全村森
林覆盖率高达 85%，已挂牌的珍贵红豆杉 10 株、古楠木 20 多株，经
济林以杉木、马尾松、楠竹为主。林下资源有着野生蕨菜、茶叶、中
药材（滇白珠、金樱子）、野生菌（蘑菇、灵芝）等。村内水资源丰
富，地扪河贯穿村寨，寨内还有几处清泉，其中以红豆杉泉最为甘

---

① 资料来源：根据调研资料整理。
② 尤小菊：《民族文化村落的研究：以贵州省黎平县地扪村为例》，知识产权出版社
2013 年版。

甜，且四季不断。山林中也时常有野兔、野鸡等野生生物活动。如表
1 - 1 所示，侗寨的土地资源以林地最为丰富，约有 7000 亩，人均占
有林地 10 多亩；而耕地资源相对紧缺，仅有 450 亩，人均占有耕地
不足 0.66 亩，群众甚至在田坎上也种上庄稼，很多水稻田在山间，
两边都是森林，水稻田获得阳光很有限。

表 1 - 1   登岑侗寨土地资源情况

土地类型	面积（亩）	备注
林地	7000	含责任山、自留山、风水林
耕地	450	原来约 380 亩地，现在全种楠竹
居住用地	30 亩	
风景名胜占地	2	禾仓群、鼓楼、花桥、树根门、红豆杉泉
坑塘水面	8	
殡葬用地	3	将零星坟地占地加总而得
交通用地	150	全程长 30 公里，宽度约 3.5 公里

资料来源：根据 2014—2016 年调研资料整理。

3. 传统文化情况

登岑侗寨的传统文化保留得十分完整，将从衣、食、住、劳、娱
及信仰方面进行介绍。

侗寨中，侗衣是每人必备的服饰，从头饰、腰带到绑腿都要齐
全，甚至许多人家盛装、便装各有多套。侗衣都是家中妇女亲手缝制
的，一套衣服需要花上几年的时间才能成品，在缝制的过程中，染
布、刺绣等技艺都得到了较好的传承。

侗家人的佳肴中稻花鱼①是他们不可或缺的美味，一般稻花鱼收
获的时候村民就去山林间摘取一些香料来做烧鱼、煲鱼汤等，剩余的
稻花鱼他们就会经过腌制发酵等工艺，将稻花鱼做成腌鱼，腌鱼可以
放置很长时间。此外，登岑侗家人擅长在山林田间找食材，例如山林
中的野生菌、竹笋、炸蜂蛹、"dang"（干净水田中的水藻）等。

_____

① 稻花鱼是插秧之后放入稻田的鱼苗，鱼苗以稻田中的微生物和掉落的稻穗为食。

　　登岑侗家人喜住木质房屋，是用山林中的杉木修建而成。鼓楼的建筑是侗族传统文化中的瑰宝，鼓楼层高一般为单数，鼓楼的建造过程中不需要使用一钉一铆（如图 1 - 2 所示）。风雨桥是侗族文化的又一象征，一般建在寨头或是寨尾，被认为是为村寨消灾减难，保护村寨风水的桥。

图 1 - 1　寨中鼓楼

　　登岑侗寨最核心的稻作文化是稻、鱼、鸭的循环耕作模式，此外，登岑侗家人一直延续着祖辈管理农地、林地的技艺。

　　在娱乐活动方面，登岑侗家人对侗歌、侗戏十分钟爱，在农闲的晚上村民们就会聚集排练侗戏，每逢节假日都会有侗歌、侗戏的表演。

　　登岑侗家人有祭"萨"的信仰，每逢村寨中有大事及过节时全村人都要祭"萨"，平时有专人负责管理萨坛。此外，他们还有崇拜神山、神树的信仰，登岑侗寨有一片后龙山，也是他们的风水林，据村民说，后龙山保佑村寨风水，任何人都不能去破坏，若家中有小孩身体不好，大人会去请先生在风水林中找一棵古树，让孩子将古树认作干爹干妈，这样能保佑小孩健康成长。

　　除了上述传统文化外，侗寨还保留着古老的制作构皮纸技艺、编织藤筐技艺等，目前，登岑侗寨有歌师、侗戏师傅、鼓楼建筑师、鼓楼掌墨师、造纸师傅、刺绣师傅等著名的民间工艺师傅22人。登岑侗寨的传统节日有春节、农历三月三、四月八、六月六、十月平安节等。另外，当地群众有设立指路牌的传统，有利于其他村寨群众过路时不会迷失方向（如图1-2所示）。

图1-2　村中指路牌

（二）具体研究方法

1. 文献分析法

通过阅读中外文献，了解中外对传统知识与土地资源可持续管理的研究前沿。相关理论和调查方法为本书写作提供了思路和理论基础。本章主要参阅了关于土地资源管理、少数民族文化、社区传统知识等相关文献。

2. 参与式农村评估法（PRA）

这是一种快速收集农村基本信息、农户心声、农村发展优势的方法体系，其特点是全过程强调农户参与，学习地方经验，尊重当地人意愿，外来调查者只作为推动者或记录者，不干预社区居民行为。这种方法对了解当地传统知识，推动当地传统知识传承的内在机制更具客观性。本章采用以下方法进行调查：

（1）访谈法。本章主要运用半结构式访谈法和关键人物访谈法，了解村民对管理土地资源的知识经验，并将关键人物访谈对象信息归纳为表1－2。主要包括知识较丰富的中老年人，有思想、有创意的年轻人及村干部。通过半结构式访谈和关键人物访谈深入挖掘当地关于土地可持续管理的传统知识，也能更深入了解群众想法。

表1－2　　　　　　　　　访谈关键人物介绍

村民编号	姓名	性别	年龄	简介
村民1	吴×军	男	57	村现任村主任，对村子总体情况比较了解
村民2	吴×妹	女	54	前登岑妇女主任
村民3	吴×辉	男	48	偶尔出去做散工，家里一直用传统的耕作方式劳作
村民4	吴×兵	男	52	村小组一组组长，至今还采用稻鱼鸭复合耕作系统
村民5	吴×科	男	61	村寨老之一，负责管理萨坛
村民6	吴×金	男	67	有名气的鼓楼师傅，对传统知识比较了解
村民7	吴×贵	男	27	南昌某大学的毕业生，计划回家创业，是该村种养殖专业合作社的社员，对传承传统知识很有自己的想法
村民8	吴×开	男	48	在1999—2002年做该村村支书，对村子田土分等的情况比较了解
村民9	吴×开	男	53	地扪小学的老师，对传统知识比较了解

续表

村民编号	姓名	性别	年龄	简介
村民 10	吴×丽	女	18	目前为大一学生，是年轻人当中对土地管理知识比较了解，对传统文化也很感兴趣的年轻人
村民 11	吴×英	女	62	对侗戏懂得比较多，经常参加排练，曾担任过妇女主任
村民 12	吴×好	女	22	大学生，对侗寨大歌十分有兴趣，经常参加表演，担任学校原生态民族研究协会的会长，对家乡传统文化充满自豪感
村民 13	吴×真	男	28	在茅贡乡镇政府工作，对村子未来的发展规划比较清楚
村民 14	吴×花	女	78	留守老人

资料来源：根据 2014—2016 年调研资料整理。

（2）参与式观察法。通过多次与侗家人的"同吃""同活动""同生活"，深入田野，通过观察和感受去发现更多的传统知识，丰富写作视角。

3. 问卷调查法

本章在预调研的基础上，针对该村的基本情况设计了问卷，主要包括对农户基本情况的调查、土地质量的变化情况、对土地资源管理传统知识的传承情况及传承传统知识的认知。笔者共发放了 38 份问卷，其中有效问卷 34 份，现将问卷调查对象的基本情况按性别、文化程度、年龄及打工经历归纳为表 1 - 3。

表 1 - 3　　　　　　　　问卷受访人基本信息情况

受访对象性别情况		
	男性	女性
人数（人）	22	12
百分比（%）	64.7	35.3
受访对象文化程度情况				
	文盲	小学	初中	高中	大学及以上
人数（人）	7	12	9	1	5
百分比（%）	20.6	35.3	26.5	2.9	14.7

续表

受访对象年龄情况		
	青年（16—39 岁）	中年（40—59 岁）	老年（60 岁及以上）
人数（人）	7	13	14
百分比（%）	20.6	38.2	41.2

受访对象是否有过打工经历情况	
	是	否
人数（人）	26	8
百分比（%）	76.5	23.5

资料来源：根据 2014—2016 年调研资料整理。

4. 定性与定量相结合的分析方法

本章通过 SPSS 19.0 软件进行了定量研究，对问卷数据进行统计与分析，再通过定性研究法对研究进行"质"的总结和归纳。

（三）技术路线

本章的技术路线如图 1 - 3 所示：

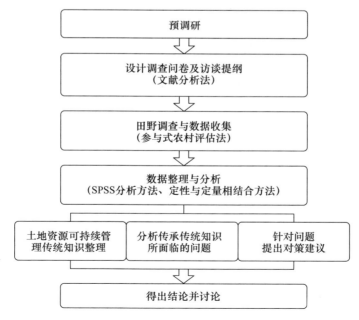

图 1 - 3　技术路线

三 相关概念及理论基础

（一）相关概念

1. 传统知识

对于传统知识很多学者及组织都有他们自己的定义。世界知识产权组织（WIPO）将传统知识定义为基于传统产生的文学、艺术或科学作品、表演、发明、科学发现、外观设计、标志、名称及符号、未披露信息及一切其他工业、科学、文学或艺术领域内的智力活动所产生的基于传统的革新与创造。① 《生物多样性公约》则定义传统知识为原住地居民或者地方社区经过长期积累和发展、世代相传的与生物遗传资源有关且具有现实或者潜在价值的认识、经验、创新或者实践。② 薛达元等在《生物多样性公约》的基础上综合考虑我国国情将传统知识分为五类：传统利用农业生物及遗传资源的知识、传统利用药用生物资源的知识、生物资源利用传统技术创新与传统生产生活方式、与生物资源保护与利用相关的传统文化与习俗、传统地理标志产品。③ 柏贵喜认为传统知识也可以称为本土知识、民间知识和地方性知识，这种传统知识是一个综合的知识集合体，它来自于传统社区进行生产、生活中总结或创造的一切实践认知、经验及技能。④ 袁涓文认为传统知识是来自于群众的一种地方性的知识，这种知识对群众的生产生活有着重要的意义，并且这种知识与现代主流科学相比有其独有的特征。⑤ 尹仑认为根据不同的研究重点和背景传统知识有着不同的名称，如"传统知识""乡土知识"和"土著知识"这种名称研究的侧重点多为经验技术，而"土著遗产"和"非物质文化遗产"等

---

① WIPO, The ninth meeting of Intergovernmental Committee on Intellectual Property and Genetic Resources, Traditional Knowledge and Folklore. 知识产权、遗传资源、传统知识和民间文艺的政府间委员会第九届会议，2006 年。

② CBD. Convention on Biological Diversity（with annexes）《生物多样性公约》正文和附件，1993 年。

③ 薛达元、郭泺：《论传统知识的概念与保护》，《生物多样性》2009 年第 2 期。

④ 柏贵喜：《乡土知识及其现代利用与保护》，《中南民族大学学报》2006 年第 1 期。

⑤ 袁涓文：《贵州传统森林管理知识的传承研究——以苗族、侗族和布依族为例》，《农业考古》2012 年第 4 期。

名称的研究更多偏向于文化。① 还有很多学者研究了土著知识、地方性知识等的概念②，通过综合上述学者对传统知识的定义及本书的研究内容，笔者认为本土知识、乡土知识、土著知识、地方性知识都属于传统知识，这些知识是原住地居民或地方社区群众在与当地社会、自然、经济环境中长期动态磨合总结出的各方经验及创新技艺，这些传统知识与现代科学知识相比较可能更为符合当地社区实际情况，能更有效地在当地社区发挥指导作用。

2. 土地及土地资源

马克思曾说："土地是一切生产和一切存在的源泉。"③ 土地涉及的研究领域十分广泛，不同领域的学者对土地的概念有不同的理解，经济学家马歇尔认为土地是大自然无偿赠予人类的陆地、水、空气、光和热等物质；法学家肯特认为土地包括地面、土壤以及附着在土地上的任何自然或人工的东西；政治学家认为的土地是国家领土，是一个国家主权管辖范围内的特定部分。④ 在土地资源学领域比较通用的是 1976 年联合国粮农组织发表的《土地评价纲要》中所规定的：土地地表的一个区域，包括大气、土壤、下伏地质、植被及过去和现在人类活动的结果。⑤ 也有学者认为土地的概念有广义与狭义之分：狭义的土地仅指土壤，即植物能够生长的陆地部分；广义的土地是指土地的水平（地球表面）和垂直（岩石层至地球表层）范围。⑥

土地资源是一个动态的概念，是人类在一定经济技术支撑下，可以使用的未利用地和已利用地。由于经济技术在不断发展进步，因

---

① 尹仑：《传统知识的传承、创新和运用——对云南德钦红坡村的应用人类学研究》，《云南民族大学学报》（哲学社会科学版）2011 年第 1 期。

② 张敦宇：《土布朗族土著知识对地方稻种资源多样性影响研究》，云南农业大学出版社 2009 年版。孙九霞、刘相军：《地方性知识视角下的传统文化传承与自然环境保护研究——以雨崩藏族旅游村寨为例》，《中南民族大学学报》（人文社会科学版）2014 年第 6 期。

③ 马克思：《资本论》第三卷，人民出版社 1972 年版。

④ 张正峰：《土地资源管理学》，中国人民大学出版社 2008 年版。

⑤ 陈百明、周小萍、胡业翠、王秀芬：《土地资源学》，北京师范大学出版社 2008 年版。

⑥ 马期茂：《民族地区城镇化进程中的土地利用研究——以恩施自治州为例》，中南民族出版社 2008 年版。

此，现在不是资源的土地可能随着技术进步逐渐能被人们开垦利用。因此，土地资源是一个动态概念。例如，一些石漠化的土地，过去人们不具备治理和利用的技术，不能称其为土地资源，而随着技术和经济的发展，人们可以通过一些办法和措施对其进行开发利用，将石漠化的土地变为土地资源。在一定程度上，土地资源与土地的关系可以总结为部分与整体的关系，土地资源的范畴小于土地的范畴，但随着社会科学的进步，能利用的土地资源越来越多，两者的范畴会逐渐趋于扩大。

3. 土地资源管理与土地资源可持续管理

学者张正峰指出土地资源管理是国家根据本国的经济、社会环境综合运用经济、行政、法律等手段及科学技术方法，为了提高土地利用的生态、经济和社会效益而进行的土地分配、土地用途管制、土地利用方式监督等一系列活动。[1] 笔者认为这种定义在一定程度上缩小了土地资源管理的范围，将土地资源管理的主体定为国家，然而国家对土地资源的管理更多是宏观整体的布局，日常进行土地管理的主体更多是土地的使用者，如农户、土地承包户等。因此，笔者认为土地资源管理的主体应该是国家及土地使用者（如农户），而土地资源管理是国家根据国情、社会、经济、生态环境，综合运用经济、行政、法律手段进行宏观的管理；土地使用者充分运用本土技能、传统知识及科学技术进行的为保护土地生态环境，提高土地质量和增加效益的一切微观活动。根据土地资源管理的内容，土地资源管理主要分为土地的权籍管理、土地资源利用管理、土地资产经营管理和土地行政管理这四大主要内容。[2] 本书主要涉及的是土地资源利用管理。

学者蒙吉军认为土地资源可持续管理与利用是社会、经济可持续发展的必要前提。[3] 关于土地资源可持续管理的内涵，比较有权威性的是由 FAO 提出的，将技术、政策、社会经济规划和环境等因素结合在一起，同时达到以下五个方面：第一，土地利用需要满足生产的

---

[1]　张正峰：《土地资源管理学》，中国人民大学出版社 2008 年版。

[2]　刘卫东、彭俊：《土地资源管理学》，复旦大学出版社 2005 年版。

[3]　蒙吉军：《土地评价与管理》，科学出版社 2005 年版。

功能；第二，土地生产的稳定及一定的抗风险能力；第三，对自然资源及生态的保护性；第四，经济方面的可行性；第五，社会的可接受性和认可度。[①] 也有很多学者对土地资源可持续管理有着不同理解，陈建林认为土地可持续管理主要是指国土资源局的相关土地管理部门对土地资源利用情况进行科学的调查和分析后采取行政、经济等手段来对土地资源进行宏观、长期、持续的分配、布局和管理。[②] 路晓霞认为土地资源可持续管理就是不断探索经济、社会、技术及生态环境间动态平衡的政策和方法，在保证土地生产力的基础上满足代际间的公平使用。[③] 高洁认为土地资源可持续管理就是在空间上提高土地资源的使用效率，在时间上合理调节管理土地。[④] 笔者认为，土地资源可持续管理就是在土地资源管理的过程中融入可持续的思想，即国家及土地使用者在对土地资源进行利用和管理的过程中需要保证土地资源的质与量，以保证代际公平地使用，同时寻求生产、抗风险、保护生态、经济发展和社会认同这五方面的动态平衡。

（二）相关理论

1. 土地资源稀缺理论

土地资源稀缺理论揭示了土地资源的有限性，即土地资源不是取之不尽、用之不竭的。土地资源的稀缺性分为相对稀缺和绝对稀缺，土地资源的相对稀缺是指土地资源的供给相对于人们现实和未来潜在对土地资源的无穷需求欲望来说是稀缺的，土地资源的绝对稀缺是指人类总是绝对地面临着土地资源稀缺问题。[⑤] 土地资源的稀缺既包含了土地资源总面积的稀缺，也包含了提供给不同用途的各类土地的供给稀缺。正是因为土地资源的稀缺性，才使节约、集约和高效利用土地资源成为必要；也正是由于土地资源的稀缺性，本章才要研究土地

<hr />

① 陈浮、彭补拙、濮励杰、周寅康：《区域土地可持续管理评估及实践研究》，《土壤学报》2001 年第 4 期。

② 陈建林：《土地管理的可持续性发展战略研究》，《建筑科技与管理学术交流会论文集》2016 年 3 月。

③ 路晓霞：《加强土地资源可持续管理的思考》，《资源节约与环保》2014 年第 11 期。

④ 高洁：《土地资源可持续管理的有效措施》，《现代经济信息》2012 年第 1 期。

⑤ 吴次芳、鲍海君：《土地资源安全研究的理论与方法》，气象出版社 2004 年版。

资源的可持续利用管理。

2. 人地关系系统理论

人地关系系统是指人类与其赖以生存的土地环境之间相互影响、相互作用所构成的一个复杂、开放的系统。① 在这个系统中，人类既是生产者又是消费者；既依赖土地资源，又改变着土地资源。人地关系系统理论告诉我们，如果人类对土地资源的利用管理符合客观规律就能保持系统的平衡；反之，就会受到惩罚和报复。而本书研究的侗族社区一直与其所处的生态环境和谐共存，登岑侗家人也一直把自己当作大自然中的一分子，人地关系比较协调。因此，侗家人对土地资源保护的意识、可持续管理土地资源的传统知识，对土地等自然资源崇拜的文化信仰就很值得我们去学习和借鉴。

3. 土地可持续利用理论

我们祖先曾使用的土地，至今我们还在周而复始地使用，这就证明了土地资源具有可持续利用性。② 但土地资源的可持续利用并非是无条件的，如果人们不合理或过度地利用就会导致土壤的退化、土壤肥力下降甚至丧失等问题。因此，土地可持续利用也是相对的。土地资源的可持续利用性为可持续利用理论研究奠定了基础。土地的可持续利用理论要求我们做到以下三点：第一，对土地资源的开发利用不能超过土地的承载力；第二，要做到土地资源的合理优化配置；第三，对土地资源的利用要尊重各地实际，尊重客观规律，做到因地制宜，土地可持续利用理论指导着本章的研究。

4. 土地资源地域分异理论

土地资源地域分异是指不同区域的地块利用模式、生产水平会受到区域的限制，地块的特性与区域的气候、地形、地质、社会、经济和生产环境密不可分，这些因素导致了土地在肥力、区位优势、利用模式等方面存在着地域性差异。③ 土地资源地域分异规律的揭示，提

---

① 吴次芳、鲍海君：《土地资源安全研究的理论与方法》，气象出版社 2004 年版。
② 张占录、张正峰：《土地利用规划学》，中国人民大学出版社 2006 年版。
③ 吴次芳、鲍海君：《土地资源安全研究的理论与方法》，气象出版社 2004 年版。

醒了人们对土地资源的管理和利用应该做到符合当地实际情况、因地制宜。所以本章认为社区居民更了解社区情况，他们经过长期实践总结的传统知识对土地资源可持续管理和利用是很有帮助的。

第二节　登岑侗寨传统知识与土地资源可持续利用和管理

登岑侗寨有着丰富的传统知识，很多都与土地资源的可持续利用、管理息息相关。登岑侗家人在不同时节有自己的农事管理安排，他们沿用着稻、鸭、鱼的循环种养殖模式，使用有机肥等，一直延续的知识技能在很大程度上指导人们可持续地管理土地资源、保护土地资源。

一　传统农事安排

登岑侗家人对耕地、林地的利用和管理有他们自己的时间安排如表1－4所示。

表1－4　　　　　　　　登岑侗寨日常农事活动安排

	时间	农事活动
农闲	一月	栽树、护林
	二月	割绿肥、浇粪肥、清理田土、管理水渠
农忙	三月	耙田、泡谷子、搭秧棚、育秧、
	四月	第二次耙田、插秧、放鱼、照看田水、种辣椒
	五月	放鸭、施肥、照看田水、种红薯、土豆
	六月	薅秧、割田埂、照看田水
	七月	薅秧、照看田水、开田、抓鱼、撒绿肥
	八月、九月	收稻谷
农闲	十月至十二月	种萝卜、白菜

资料来源：根据2014—2016年调研资料整理。

农历一月为农闲时节，大家会上坡栽树、护林，当地人称一月为

"休眠期"，是他们总结出最适宜栽种，树木最容易存活的季节。登岑侗家人通过长期实践证明了栽树可以固坡，能有效避免泥石流灾害的发生，大家都会很自觉地植树造林。侗家人重视森林保护，森林守护村寨风水并带来经济收入，是他们生活的重要物质保障。

农历二月也是农闲月份，植树护林工作已基本完成，侗家人便要做耕种准备，如割绿肥①、浇粪肥、清理田中石子、管理水渠，对漏水处进行修理等。

农历三月侗家人开始进入农忙季节，此月开始第一次耙田（一般需要反复2—3次），搭秧棚及育秧。育秧是培育秧苗的过程：在清明节前后上种（泡谷子），泡3—4天谷子就会开始发芽；随后，将发芽的种子集中撒入一块田中（约0.5亩），在田中注入约1厘米高的水并追肥；几天后待种子长成两叶型就将田水放至约4厘米高，中间需要时刻保持田水的高度；再经过一段时间种子就会长至四叶型，育秧工作结束。

农历四月侗家人将进行第二次耙田，这样田土才能松软，大约在小满或芒种时将四叶型的秧苗移栽到稻田中，不同位置的稻田插秧间距会有所不同，一般向阳的田插秧间距为20—30厘米，而不向阳的田间距就稍微小一些，为18—20厘米，田水依然保持4厘米高，8天左右，随着秧苗长高将田水放至10厘米高并放入鱼。农妇会在菜地里种一些辣椒自用。

农历五月待秧苗定根就可将鸭子放入稻田，并施肥。绝大多数农户都会施用粪肥，由于现在粪肥量少，也会用一定化肥。五月同样需要常去检查田水的高度，农妇会种上红薯和马铃薯。

插秧后的40天左右便进入农历六月，此时，需要进行蒿秧（除杂草）、除草（田埂上的杂草），以便水稻获得充足阳光，依旧需要照看田水。

农历七月底开始开田（晒田），这其实是将田水排出，放水后将田里的鱼捉出，一般大鱼会自用一部分，拿去就近的市场卖一部

---

① 这是一种叫紫云英的植物，种植后可以有利于肥土、增产。

分，而较小的鱼就会养在一块小稻田中，到来年插秧后再次放进稻田，称为"保细鱼"。开田之后需在田中撒入绿肥种子，来年作为肥料。

农历八月，侗家人在白露、秋分时节开始收谷，农户要开始收稻谷，而缺少阳光的田收获会晚一些，一般在八月底。

收谷后又进入了农闲阶段，农妇此时会种上萝卜、白菜，男人则会外出打零工。登岑侗寨的传统农事安排是他们遵循自然规律、因地制宜的体现，在一定程度上保证了土地资源的可持续性。

二　稻、鱼、鸭土地可持续利用模式

登岑侗寨延续着"稻、鱼、鸭共生共育"的自然耕作法和可持续管理方式，这种共生复合系统是目前世界上遗存的五种传统农作模式之一，被联合国粮农组织列为全球首批重要农业文化遗产。这种"稻、鱼、鸭共生"系统对土地资源利用管理的可持续性主要体现在以下两方面：

一方面，稻、鱼、鸭耕作模式保护土地资源，促进土地资源可持续利用。稻、鱼、鸭是一个互育共生的循环系统，循环过程如图1－4所示，稻田会滋生出杂草，引来害虫；鱼、鸭以害虫及微生物为食；

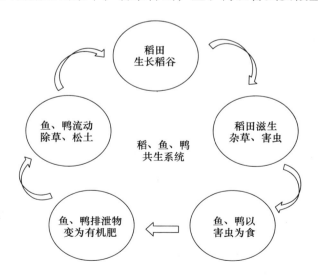

图1－4　稻鱼鸭共生系统循环

通过消化排出的排泄物变为有机肥滋养稻田；同时，鱼、鸭游动起到松土、抑制杂草滋生的作用，在这个过程中大大减少了化肥、除草剂、杀虫剂的使用，在很大程度上保护并滋养土地。

鱼、鸭的放入需要在秧苗定根后，同时，放入的数量也有要求，否则会使循环系统失衡。一亩田约放入 60 条鱼和 6 只鸭子，如果鱼、鸭少了翻土、肥土、除虫的效果会减弱；若是鱼、鸭过量，鱼很难长大，甚至会缺氧死亡，鸭子过多也会因频繁游动影响稻谷生长。村民 4 表示"一亩田放进 6 只鸭子就不需要使用杀虫剂了"。鱼、鸭一旦养入稻田后，若农户使用过量农药、化肥就会导致鱼、鸭的死亡，这在很大程度上起到报警器的作用，有效减少农户对农药、化肥的依赖，降低化学制品对土壤的负效应。同时，鱼、鸭在水中觅食和游动会把水搅浑，这样可以增加水里的氧气，同时还能松土，抑制水草生长，促进稻谷吸收养分，减轻农户薅秧的烦琐工作。地扪小学的老师（村民 9）介绍除了稻、鱼、鸭外稻田里还共生着很多生物，如泥鳅、黄鳝、田螺、水蜈蚣等几十种或上百种。稻鱼鸭复合共生系统很好地维护了土地系统的生物多样性和生态平衡，同时，也增强了土地抗风险能力。

另一方面，这种耕作方式有效地集约利用了土地资源。侗族主要聚居在贵州、湖南、广西的交界处，这里多为低山地带，红壤、黄壤居多，耕地资源并不丰富。侗家人的这一复合耕作系统，直接将鱼、鸭放入稻田中养殖，不需要占用土地重新开挖鱼塘，这样一地两用的做法极大地节约了土地资源，有的农户甚至在稻田中搭的鱼窝上都会铺上土，栽种少量葱、蒜用来供日常使用。此外，这种种养殖业有机结合的利用方式极大地降低了生产成本，提高单位土地面积的效益，这对面临土地资源稀缺问题的山区民族有着十分重要的意义，有效保证了土地资源的可持续。

三 有机肥使用的传统智慧

登岑侗家人使用的有机肥种类多，包括了畜禽粪尿、人粪尿、堆肥、草木灰、石灰、秸秆、绿肥等。同时，对肥料的使用也有一定讲究，例如，畜禽粪尿就是他们的主要肥源，通过一定的加工处理工序后可减少肥料养分损失，一般多用于稻田和菜地中。再如，作物桔梗也是他们使用的重要农肥，秸秆中含有大量的有机质、营养要素全面且能保证产量的稳定。

（一）人畜粪尿使用智慧

通过登岑侗寨饲养牲畜情况如表 1 - 5 所示及饲养家禽情况（见表 1 - 6）的统计，可以发现只有 8 人（23.5%）没有饲养牲畜，其余 26 人（76.5%）饲养了牲畜，其中，最多的农户饲养三头，其余农户饲养 1 头或 2 头，平均拥有牲畜量为 1.12 头。饲养家禽的农户不多，仅有 10 户，占比 29.4%，其余 24 户（70.6%）都不饲养家禽，受访人的平均拥有家禽量为 2.35 只。

表 1 - 5　　　　　　　登岑侗寨牲畜饲养情况

牲畜饲养	人数（户）	百分比（%）
不饲养牲畜	8	23.5
饲养 1 头牲畜	15	44.2
饲养 2 头牲畜	10	29.4
饲养 3 头牲畜	1	2.9
平均拥有牲畜量：1.12（头）		

资料来源：根据 2014—2016 年调研资料整理。

表 1 - 6　　　　　　　登岑侗寨家禽饲养情况

家禽饲养	人数（户）	百分比（%）
不饲养家禽	24	70.6
饲养 1—9 只家禽	8	23.6
饲养 >10 只家禽	2	5.8
平均拥有家禽数量：2.35（只）		

资料来源：根据 2014—2016 年调研资料整理。

饲养牲畜和家禽的情况说明农户能使用的畜禽粪尿并不充足，尽管如此，绝大多数侗家人都会使用农家肥，有的没有养牲畜的农户甚至还会向亲戚朋友要农家肥来进行耕作。如表 1 - 7 所示，受访的 34 户中，仅有 1 户不使用农家肥，其余的 33 人（占比 97.1%）或多或少地都会使用农家肥。

表 1 - 7 　　　　　　　　　　登岑侗寨农家肥使用情况

农家肥使用	人数（人）	百分比（%）
使用农家肥	33	97.1
不使用农家肥	1	2.9

资料来源：根据 2014—2016 年调研资料整理。

究其原因，主要是农户的意识问题，大家普遍认为农家肥对土质好，担心过度使用化肥会引起"化肥依赖症"，用农户的话来说就是"放肥一年比一年多、土肥一年比一年低，还带来了病虫害和土壤板结等一系列问题"。甚至还有村民担心化肥长期使用可能会导致未来作物减产。虽然使用农家肥见效慢，但可以使土质变得松软、方便耕作。村民 9 还说"如果连续十年使用农家肥，可以使土层厚度增加 1 厘米"。

登岑侗寨不仅保护土地质量意识强，还有很多施用农家肥的传统知识，例如村民 10 说"保细鱼的田不好，会酸，需要使用草木灰进行酸碱中和"。登岑侗寨开田后会用一块小田养小鱼，而养小鱼的稻田由于排泄物的作用，会使土壤偏酸性，农户就会放入草木灰来改善。

（二）绿肥使用智慧

登岑侗寨的有机肥中最值得一提的就是绿肥，这实际是一种叫紫云英的豆科草本植物。绿肥约是农户 20 世纪 70 年代由政府推广种植的，经过 50 年的延续，绿肥已经成为登岑侗寨传统耕作知识的一部分。村里年轻人（如村民 10、村居 12）认为，绿肥是祖辈们延传下来的，他们不知道绿肥是紫云英，只知道村里一直种植绿肥，知道绿肥可以增加土壤肥力，使土质松软，防止野草生长，保持土壤水分，提高产量等。

采访时村民 6 表示，他们家的田不种绿肥的收成一亩田为 800—1000 斤谷子，而种上绿肥后产量可提高到 1200—1500 斤。农户七月开田后撒下绿肥种子到来年二月绿肥就能长到约 20 厘米高，此时翻土将绿肥埋在土壤下面，经过一段时间的发酵便转化为肥料。在调查的 34 户中如表 1-8 所示，仅有 1 人不种植绿肥，占访问人数的 2.9%；其余 94.1%（33 人）的农户都会种植绿肥，其中一户由于家中缺乏劳动力，只在村子周边的一、二等田中种了少量绿肥。当笔者问他为什么没有劳动力还要种绿肥时，村民表示："种了绿肥，田土肥，田里养的鱼也大，不种绿肥可惜了自己的好田。"

表 1-8　　　　　　　　　　登岑侗寨绿肥种植情况

绿肥种植	人数（户）	百分比（%）
种植绿肥	32	94.1
不种绿肥	1	2.9
村寨附近的一等田少量种植	1	2.9

资料来源：根据 2014—2016 年调研资料整理。

四　村规民约对土地资源可持续的管理

村规民约一般是社区村民在长期的发展、繁衍中与社会、经济、环境长期适应所形成的约束村民行为、维护社区秩序、保护村寨环境及民风民俗等方面的规章制度及约定；前者通常被称为习惯法①，后者则是在长期发展中村民们所达成共识的约定。村规民约较符合当地社区实际情况，也易获得村民认同感，有较强的约束力和权威性。村规民约无论是从字面意思还是从实质内涵来看都可以将其理解为"村规"和"民约"两个方面，下文将从这两个方面进行研究。

（一）"村规"对土地资源可持续的管理

登岑侗家人重视土地资源，他们有不少管理利用土地资源的相关

---

① 陈建林：《土地管理的可持续性发展战略研究》，《建筑科技与管理学术交流会论文集》2016 年 3 月。

规定。例如"凡在退耕地复耕的农户，通过退耕补苗后，处200—300元的罚款"；"凡放牧、畜糟蹋、破坏退耕还林地块中的竹、树（苗）的，按每株罚款50—200元，人为故意破坏的按每株200—500元进行赔偿"。

　　除村规民约中的土地管理条约外，登岑侗寨还有专门的登岑护林公约如图1–5所示和防火公约。如禁止在防火线内堆放柴及其他易燃物，一经发现进行罚款；再如，禁止随意移动防火线道旁的界碑，一经发现进行罚款。

图1–5　护林公约

　　从登岑侗寨的村规民约、护林公约和防火公约中可以看出，规定符合本村实际情况。村民对此较有认同感，这较好约束了村民行为，有效保护了土地资源。

　　（二）"民约"对土地资源可持续的管理

　　登岑侗寨是一个和谐的侗族村寨，但土地资源作为登岑侗家人的重要财产之一，在利用和分配上还是会引起一些摩擦，在解决这些摩擦的过程中，登岑侗家人形成了一些管理土地资源的"民约"，如土地分等、田埂管理等。

1. 土地分等

土地分等是1982年联产承包责任制时施行的，由三个村小组的群众代表15人、三位寨老、三个组的正、副组长6人及村民委员会开会讨论共同决定的。将村里的田分为三个等别，并按每户的人口划分到户。进行土地分等的目的是保证村民能公平享用土地资源，人少地少、人多地多，以保证土地资源的合理分配和有效利用。

具体施行流程如图1-6所示，分别将一、二、三等田按人数进行划分，写在纸条上，村民们通过抓阄分田。例如，全村有500人，一等田有100亩，就将一等田分为0.2亩/块，将标号写在纸上，农户通过抓阄选自己的田。

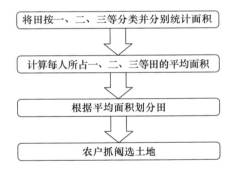

图1-6 土地分等流程

其间每三年会根据人口变化情况，进行小调整。小调整执行了三次，直至1991年，大家认为三年时间人口变动较小，就将调整的期限定为五年，五年小调整在登岑侗寨执行了两次，村里最后一次调整为2001年。耕地划分的原则为：好的搭坏的、远的搭近的、干的搭水的。划分一等、二等、三等田主要是依据以下方面，如表1-9所示。

表 1－9　　　　　　　　　登岑侗寨土地分等因素

等级	距离（公里）	土地质量	自然条件	收成
一等田	2	平坦、黑土、土层厚	雨水充足阳光充足	高产
二等田	2—5	缓坡、黑红壤、土层厚度一般	季节性缺水部分遮阴	一般
三等田	>5	坡度大、黄泥土、土层薄	旱地、涝地阳光不足	低产

资料来源：根据 2014—2016 年调研资料整理。

（1）以田与村子的距离来划分。一般距离村子两公里以内的为一等田，两公里至五公里的为二等田，五公里以上的则为三等田。

（2）以土地的质量来划分。一般一等田多在坝子上，地形平坦，土壤为黑壤，土层较厚；二等田会稍有坡度，土壤为红壤，土层厚度一般；三等田一般坡度比较大，土壤为黄泥土，土层厚度比较薄。

（3）以自然条件来划分。一等田靠近水源，不会缺水且有充足的日晒；二等田偶尔遇到干旱天气会缺水，有部分被遮阴；三等田是旱田或者一直被水浸泡的田，得不到充足的阳光。

（4）以收成来进行划分。一等田是收成较好的田，二等田是收成一般的田，三等田是几乎没有收成的田。

登岑侗寨的土地分等主要有两方面好处。一方面有利于土地资源的合理使用，村民们对一等田、二等田会精心耕作，不会造成好田好土的浪费。如表 1－10 所示，在访问的 34 人中，仅有 6 人家中存在丢荒的现象，约占问卷总人数的 17.6%，其中 5 人仅仅是极小部分偏远且收成低的三等田存在部分丢荒现象。可见，一、二、三等田的划分在极大程度上保证了好田好土的合理利用。另一方面也保证了村民的公平使用，合理分配。

表 1－10　　　　　　　　　登岑侗寨丢荒情况

是否丢荒	人数（人）	百分比（%）
有丢荒土地	1	2.9
无丢荒土地	28	82.4
有极小部分三等田丢荒	5	14.7

资料来源：根据 2014—2016 年调研资料整理。

2. "上四下三" 田埂管理

由于田埂旁生长的林木时常会挡住耕地的光照，导致了作物减产，邻村一位村民砍掉了遮阴的林木而和坡上林地主人发生摩擦，后进行调解，村民们都来参加讨论，决定将耕地周围上面四丈下面三丈的田埂和土地归耕地主人所有，主人可以对田埂上的林木自行处理。

"上四下三" 的田埂管理办法是村民较认可的，村民 8 很自豪地说："这是根据我们的传统经验而得出的合理办法。" 这一办法减少了社区纠纷，同时，解决了林木遮阴导致的减产问题，提高对土地资源的利用，促进土地资源可持续利用。

3. 其他 "民约"

登岑侗寨还有很多约定俗成的 "民约"，如村民内部会对土地资源进行协调，有的农户家田地多，家里面的孩子进城读大学，外出打工，家中缺少劳力，他们就会自愿将自己的田土让给壮劳力多，而田土少的人家。这保证了土地资源得到合理使用，提高了土地资源的效率。

登岑侗寨的这些村规民约，一方面，约束了村民的行为；另一方面，增强了村民对土地资源的保护意识，这对保护土地的完整性、增强土地的涵养能力、保证土地资源的充分利用有很大贡献。

五　其他传统知识

（一）信仰对土地资源的管理

侗族是一个拥有信仰的民族，登岑侗家人有后龙山信仰和土地崇拜。后龙山对登岑侗家人来说神圣不可侵犯，后龙山保佑着村寨的风水，任何人在后龙山乱砍树、私自占地都是破坏村寨风水的行为。登岑的后龙山崇拜成了登岑侗寨天然的 "林地红线"，防止了破坏林地、乱占、随意开荒等行为，同时，保护土地的完整性，维护生态环境和物种多样性，保证了土地资源的可持续性。

登岑侗家人还保留着祭拜土地庙的信仰，因为土地是登岑侗家人生存和繁衍的物质保障，土地为他们提供粮食，提供生产地，村民对土地充满感激和崇敬。这种崇拜、感激之情使登岑侗族的土地资源得到了较好的保护和合理利用。

（二）侗族大歌及侗戏中的土地资源可持续管理智慧

侗族常常被人称为"诗的家乡，歌的海洋"，他们有丰富多彩的少数民族文化和传统技艺。如侗族大歌、侗戏、侗族建筑、侗族刺绣等都是侗族文化中的瑰宝。由于侗族自古以来都是靠山傍水的农耕民族，因此，他们对土地有着深厚的感情，也将他们管理利用土地的经验融入了民风民俗中。

1. 侗族大歌中对土地资源的管理

侗族是一个善于歌唱的民族，侗歌是侗族文化中不可或缺的组成部分。侗族小孩学唱侗歌、庆祝节日合唱侗歌、歌师传承侗歌等。总之，侗族是一个离不开歌声的民族。老一辈将耕作、管理土地的经验唱入侗歌中，并一代代地传唱下去。登岑侗寨的老人小孩都会唱侗歌，例如，他们所唱的十二月歌，就是描述他们一年劳作和管理土地的日长活动，歌词大意是"正月砍柴高山上、二月弯腰挖田地、三月挑肥浇秧苗、四月赶牛去犁田、五月插秧莫停歇、六月割完上丘割下丘、七月扛锄去割草、八月禾稻忙收割、九月丰收堆满仓、十月农闲坐地吃、十一月入冬进山林、十二月拿起锄头去开荒"①。歌声中唱出了他们十二个月份的农事活动，同时二月、三月、四月、六月、十一月及十二月还分别唱出了他们挖地，使用农家肥肥土，使用牛耕劳作，管理田埂，管理林地及充分使用土地资源开荒的一些管理方法和经验。

2. 侗戏大歌中对土地资源的管理

侗戏也是侗寨传统文化中的一颗明珠。侗戏是侗族民间的一种戏曲剧种，采用了适合本民族演唱的唱腔，深受侗家人的喜爱。登岑侗寨也有自己的侗戏老师，会将生活中或村寨中的故事改编为侗戏进行表演，侗戏具有传承文化、弘扬美德、惩恶扬善等作用。曾经罗大（邻村）的村民喜欢在登岑村偷树、破坏林地，由于都是深夜很难抓到，登岑村干也与罗大村干屡次沟通，但效果不佳，后来登岑的村支书就将这个故事编入侗戏中并在春节全乡的文娱演出中获奖。大家都

---

① 资料来源于调研记录，由村民 12 提供。

纷纷谴责罗大到登岑村头砍树、破坏山林的行为，罗大村民觉得脸上无光，阻止本村人再到登岑进行偷树。

（三）稻作节日中的土地资源可持续管理智慧

登岑侗寨是一个传统的稻作村寨，他们会过自己的传统农耕节日如表1–11所示。

表1–11　　　　　　　　登岑侗寨传统稻作节日

稻作节日	别称	含义
三月三		提醒人们开始农耕
四月八	谢牛节	感谢牛的辛劳耕作
六月六	过半节	一年农事活动接近尾声
十月平安节		感恩和丰收的节日

资料来源：根据2014—2016年调研资料整理。

三月三：登岑侗家人在三月三是会做"三月粑"来庆祝节日。过了三月三就意味着农事活动开始，村民们要开始泡谷种、搭秧棚、清理稻田等。

四月八：登岑侗家人也称四月八为"谢牛节"，意为感谢牛的辛勤耕耘，这一天牛不能上坡劳作。四月八以后也就意味着牛耕田、耙田的使命告一段落。

六月六：登岑人称为"过半节"，六月六意味着最繁忙的农事活动结束，此后，农户除了需要照看田水外，没有重要的农事活动。

十月平安节：是登岑侗家人感谢丰收的节日。

登岑侗家人的农事活动和农事节日，提醒他们在不同的时节，对土地资源进行不同的管理和利用活动。他们遵循着祖辈们总结的经验，年复一年地按照自然规律进行耕作。同时，登岑侗寨的传统节日不仅使登岑侗家人心怀感恩，还提醒村民要善待自己的土地，不要随意抛荒，这也是保障登岑侗家人一直可持续发展、可持续耕作的一大原因。

六　认知对土地资源可持续管理的影响

登岑侗寨的农户对土地资源及土地资源管理的传统知识十分重

视。通过问卷调查如表 1 - 12 所示，在 34 人中，有 27 人（79.4%）
表示年轻人应该传承祖辈们土地资源管理及耕作的传统知识，还有 5
人（14.7%）表示对于年轻人要不要传承要看年轻人自己的兴趣，他
们持无所谓的态度，仅有 2 人（5.9%）表示没有必要传承土地资源
传统知识。

表 1 - 12　　　登岑侗寨对传承土地资源管理传统知识的认知

传承土地资源管理传统知识认知	人数（人）	百分比（%）
应该传承	27	79.4
不该传承	2	5.9
无所谓是否传承	5	14.7

资料来源：根据 2014—2016 年调研资料整理。

在农村空心化、土地抛荒严重的大背景下，登岑侗寨的农户如此
重视土地资源实属不易，村民都表示他们是一个"坐山、靠山、吃
山"的民族，他们对自己的土地有感情。登岑侗家人对土地资源的重
视及对土地的深厚感情是他们长期可持续发展繁衍的重要原因。

通过对土地资源质量变化情况如表 1 - 13 所示和作物产量变化情
况进行调查如表 1 - 14 所示，其中有 41.2% 的人表示土地资源质量和
以前相比没有区别，有 35.3% 的人表示土地资源的质量比以前好，
91.2% 的人表示作物产量较以前有所增高。这个数据虽然不够全面并
带有村民一定主观性，但还是能在一定程度上说明登岑侗寨这么多年
对土地资源的管理是可持续的。

表 1 - 13　　　　　　登岑侗寨土质变化情况

土质变化情况	人数（人）	百分比（%）
无变化	14	41.2
比以前差	7	20.6
比以前好	12	35.3
不清楚	1	2.9

资料来源：根据 2014—2016 年调研资料整理。

表 1 – 14　　　　　　　　登岑侗寨作物产量变化情况

作物产量变化	人数（人）	百分比（％）
无变化	3	8.8
比以前多	31	91.2
比以前少	0	0

资料来源：根据 2014—2016 年调研资料整理。

登岑侗寨的可持续可以体现在土地资源管理及土地资源管理传统知识的方方面面。登岑侗家人对土地资源的日常管理，充分体现了尊重自然规律，因地制宜的思想；稻、鱼、鸭复合生态系统，高效、集约、可持续地管理和利用了土地资源，有机肥的使用也同样是对土地资源的可持续管理；登岑侗寨的村规民约、传统文化、传统节日、信仰及意识形态等也充分体现了和谐的人地关系。

登岑侗寨在可持续管理和利用土地资源这一长期活动中积累了丰富的传统知识。第一，他们日常的农事生产活动，稻、鱼、鸭复合循环耕作系统，有机肥的使用及村规民约都是他们土地资源管理传统知识的体现。第二，这些传统知识也与他们的传统文化有了完美融合，例如农事节日、侗歌、侗戏等。第三，保护土地资源、传承土地资源可持续管理的传统知识的思想已深深植根于登岑侗家人的脑海中。

第三节　登岑侗寨土地资源可持续利用和管理的问题

一　稻、鱼、鸭系统向稻鱼系统转变

稻、鸭、鱼模式是一种有机的循环种养殖模式，鱼在水中以浮游生物为食，鸭子以稻田中的杂草、浮萍、害虫及其虫卵等为食，鱼和鸭进食后所排出的粪便可以经过微生物降解转换为肥料，滋养土地又防虫害。学者崔海洋指出，这种模式具有多种功效，可以抗稻瘟病，可以减少因土壤腐殖质降解慢而引发的缺肥现象，也可以减少水稻根部缺氧所导致的烂根现象，还可以抗滥用化肥、农药、催生素等导致的"人类造作症"①。稻、鱼、鸭复合系统有助于土地资源的可持续利用管理，但登岑村现在采用稻、鱼、鸭复合系统的农户却寥寥无几，大部分农户都不养鸭子，仅采用稻、鱼模式。从表 1 – 15 可以看出 34 户中，仅有 4 户（11.8%）还采用着稻、鱼、鸭种养殖复合模式，有 50% 的农户曾经采用过稻、鱼、鸭复合模式。

表 1 – 15　　　　　登岑侗寨采用稻、鸭、鱼种养殖模式情况

养殖模式	人数（人）	百分比（%）
稻、鱼、鸭模式	4	11.8
稻鱼模式	13	38.2
以前采用稻、鱼、鸭模式	17	50

资料来源：根据 2014—2016 年调研资料整理。

为了扩大稻、鱼、鸭的复合生态模式的种植规模，政府 2016 年春耕时向村民免费发放约 150 只鸭子来鼓励村民采用稻、鱼、鸭复合生态模式，由于发放数量有限，只有稻田在公路旁的农户分到鸭子。其中，有部分农户认为养鸭烦琐，领取后将鸭子圈养，并不采用稻、鱼、鸭耕作模式，因此，该措施效果并不理想。稻、鱼、鸭种养殖循环模式有着这么多的好处为什么仍然不能调动农户们延续的积极性呢？通过调研，农户不采用该模式主要是因为存在以下两个方面的问题：

（一）生计方面

学者尤小菊在对地扪村进行研究时表示，对农户进行物质补助和生计帮扶是鼓励农户采用稻、鱼、鸭模式的根本办法。② 登岑侗寨劳

---

① 崔海洋：《人与稻田——贵州黎平黄岗侗族传统生计研究》，云南人民出版社 2009 年版。

② 尤小菊：《民族文化村落的研究：以贵州省黎平县地扪村为例》，知识产权出版社 2013 年版。

动力外出务工的根本原因在于生计，外出务工的收入远大于务农收入，为了生计村民们纷纷外出挣钱。在缺乏劳动力的情况下，登岑侗家人逐渐放弃了需要花费较多劳力的稻、鱼、鸭种养模式，村民 1 表示："现在打工有钱，我们每年种地只够自己吃，用钱都得出去赚，哪里有人来养鸭勒？"

根据政治经济学价值论的观点，商品价值决定价格，价格围绕价值上下波动，商品价值又由社会比较劳动时间所决定，但稻、鱼、鸭的价值并不符合这一规律。无论农户采用全稻模式，稻、鱼模式或是稻、鱼、鸭模式，他们的稻谷卖价都在 1.2—1.5 元/斤，他们种植生态稻米的商品价值与大规模生产稻米的商品价值画上等号，而稻、鱼、鸭模式生产的稻谷的社会必要生产时间远远大于大规模生产稻谷所花费的社会必要生产时间。

登岑侗寨的稻谷价格远低于他们所花费的劳动和时间价值，稻花鱼、生态鸭也面临同样的问题，农户不得已丢下传统生计外出打工。崔海洋也指出若能使侗家人手中的优质农产品有公平的售出价格，他们便可不再为生计外出。[1]

（二）技术方面

影响登岑农户改变稻、鱼、鸭复合模式的技术方面主要是由于杂交稻代替传统水稻种植引起，有以下两种情况：

1. 秧苗间距不合理

秧苗间距过小，鸭子在稻田中活动会影响水稻生长，而间距过大，水稻产量则会降低。一般秧苗间距在 10 厘米左右最好，但不同地理位置和土地质量的稻田间距会有稍许区别。例如，向阳、土肥的稻田，水稻就会长得比较好，谷穗较饱满，插秧时的间距应略大于十厘米；若稻田背阴或贫瘠，秧苗就可密集些。有的农户掌握不好秧苗的间距会导致鸭子游动破坏秧苗，甚至折断秧苗而减产。

2. 牧鸭时间不恰当

有的农户放鸭进田的时间过早，秧苗在稻田中未扎根，鸭子的活

---

[1]　崔海洋：《人与稻田——贵州黎平黄冈侗族传统生计研究》，云南人民出版社 2009年版。

动毁坏了秧苗；有的农户收鸭时间较晚，鸭子会在稻谷抽穗时以稻穗为食，破坏稻谷生长。牧鸭的正确时间一般是栽秧后的 20 天左右，这样秧苗已在稻田中扎根，待稻谷抽穗时，将鸭子赶回。这一过程为40—50 天，鸭子也完成了生长周期，这样的做法既能保证稻谷产量，鸭子也完成了杀虫、肥土的使命。

二 劳动力缺乏

登岑侗寨多数青壮劳力进城务工，村庄缺乏劳动力已是普遍现象，因缺乏劳力，他们的传统耕作方式在悄然变化，具体表现在以下几个方面：

（1）绿肥种植面积减少。例如，吴女花奶奶（村民 14）家就并非每亩田都种绿肥，因为孩子都不在家，自己一人没有劳动力种植绿肥，也不知道在哪买绿肥种，所以只能在离家近的一等田内少量种植。

（2）有机肥使用量减少。虽然使用有机肥有很多优势，但却要耗费大量劳力，如养家禽牲畜、砍秸秆等，而缺乏劳力的现状使农户难有足够的有机肥去浇灌农田，加之化肥方便使用且见效快，村民们便减少了有机肥的使用量。

（3）机械耕作代替农耕技术。通过表 1 - 16 我们可以看出，采用传统牛耕作方式的农户仅有 11 人，占比 32.4%，而采用机械耕作的农户则有 23 人，占比 67.6%。

表 1 - 16   登岑侗寨农户耕作方式情况

耕作方式	人数（人）	百分比（%）
采用牛、马耕作	11	32.4
机械耕作	23	67.6

资料来源：根据 2014—2016 年调研资料整理。

问及耕作方式对土地质量的影响时，回答却呈现出不同的结果，如表 1 - 17 所示，在 34 人中有 24 人，超过 70% 比例的农户认为传统耕作方式（牛、马耕作）对土地质量比较好；有 6 人表示现代耕作方式（机械耕作）对土地质量好；其余 4 人则表示不懂或是区别不大。虽然，有 70% 的农户认为传统耕作方式对土地质量好，却仅有 30% 的农户采用传统耕作方式，究其主要原因还是缺乏劳动力和追求安逸劳作的心理。采用机耕的农户表示："其实牛耕、马耕的土地更保水土也更泡（松软），但是麻烦，老人家哪里还耕得动。"因此，在缺乏劳动力的情况下，尽管机械耕作会因农机重压使土壤板结，或因操作不当导致土壤渗水，但农户大多还是愿意选择节力和快捷的机械耕作方式。此外，还有的农户表示用机械耕种更为方便，"牛耕是耕，机耕也是耕，虽然机耕的不如牛耕保水，但也能种（水稻）啊，所以还是用机子喽"。

表 1-17　　　登岑农户关于耕作方式对土地质量影响的认知

对传统耕作方式的认知	人数（人）	百分比（%）
认为传统耕作方式对土质好	24	70.6
认为现代耕作方式对土质好	6	17.6
认为区别不大	2	5.9
对该问题不清楚	2	5.9

资料来源：根据 2014—2016 年调研资料整理。

随着城乡一体化发展的不断深化，也有很多年轻人表示愿意回乡发展，却面临着缺乏资金、技术、政策支持等难题。毕业于南昌某高校的村民 7，曾在外省工作几年后，现返乡创业。他与村里几个年轻人共同筹资在村里修建了占地约 200 平方米的登岑侗寨服务中心大楼用来接待前来旅游的游客。他还打算着手生猪养殖业，用玉米、猪草等作为饲料，通过他的合作伙伴将生态猪肉销往上海、广州等地，同时他还在村里租地种植生态红米，猪粪便能提供充足农家肥。村民 7 表示："我看好生态农产品市场，回乡创业也能带动更多年轻人回家，有助于传统农耕技术传承，但无论是资金、技术还是政策方面都需要政府的大力支持。"

三　土地信仰弱化

随着现代科学技术进步与现代科学知识普及，登岑侗寨群众，特别是年轻人对人与自然和谐的理解，对土地崇拜和土地信仰已逐渐被弱化。这种土地信仰弱化就会削减人们对土地、对自然的崇拜与畏惧，可能会减弱对土地资源的保护作用。

根据对问卷进行分析（见表1-18），尽管有64.7%（22人）的农户表示他们祭拜土地庙，但其中5.9%（2人）的农户只会在家中遇到大灾大病的时候才去祭拜土地庙；而另外35.3%的农户已经没有了祭拜土地庙的习惯。

表1-18　　　　　　　　　登岑侗寨祭拜土地庙情况

祭拜土地庙情况	人数（人）	百分比（%）
每年祭拜土地庙	20	58.8
家中遇大事才祭拜土地庙	2	5.9
不祭拜土地庙	12	35.3

资料来源：根据2014—2016年调研资料整理。

通过进一步调查，还发现祭拜土地庙农户所祈求的内容和以前也有所不同。过去，在祭拜土地庙时，农户多是祈求风调雨顺、虫害少、收成好；而如今多半是祈求子孙健康平安、希望家中一切顺利或是发财富贵，土地崇拜、土地信仰的弱化对土地资源的可持续管理带来了一定挑战。

四　土地细碎化

在上一节中介绍了登岑侗寨的土地分等制度，土地分等相对保证了农户间用地的公平和土地资源的合理分配，但也带来了一些问题。通过表1-19我们可以看出，在34人中有12人对土地分等的这种分配方式是比较满意的，约占35%的比例；有10人对这种分配方式表示不满意，约占30%；由于土地分等距离现在时间比较久远，加上登岑侗寨对于管理土地有着较为明确的分工，一般男人管田地、女人管菜地，所以也有12位稍年轻的群众及女性表示对土地分等制度并不太清楚，约占35%。

表 1 - 19　　　　　　　　　登岑侗寨农户对土地分等的满意度

满意度	人数（人）	百分比（%）
对该划分方式满意	12	35.3
对该划分方式不满意	10	29.4
不清楚该划分方式	12	35.3

资料来源：根据 2014—2016 年调研资料整理。

　　表示满意的农户认为根据土地等级分配土地资源比较公平；表示不满意的农户则认为这样的分配方式导致了田地太过分散，对他们日常管理带来很多不便，他们的土地七零八落，照看土地太费劲，这在很大程度上造成了土地的细碎化。通过调查，登岑侗寨每户约有三亩田，却分散在了十多处地方，有的农户的田土稍微集中一些，但也有七八处；而田较零碎的农户，三亩田则被划分了二十处，一个上午的时间才能走到最远处的田。

　　登岑侗寨已有十多年没有开展过土地调整工作，存在少数新增劳动力家中缺少田的情况。一些家庭虽会因为人口减少而退出土地，但退出的大多为三等地，质量不高且收成不好，这对缺少土地的家庭来说，帮助甚微。

第四节　土地资源可持续利用和管理对策建议

一　政府引导传承传统稻、鱼、鸭模式

　　农户长期采用稻、鱼、鸭养殖模式能帮助改善土壤质量，保护生物多样性，但是传承传统稻、鱼、鸭复合模式离不开政府的引导作用，政府需采取措施调动农户积极性。首先，加强农民职业技能培训，为传承传统稻、鱼、鸭模式提供技术支持。政府可以组织那些缺乏经验的农户学习稻、鱼、鸭种养殖的经验技术，如举办农户稻、鱼、鸭种养殖经验交流会；还可以在村寨举办稻、鱼、鸭种养殖能手等评比活动，对获胜的农户可以给予一定奖金作为鼓励。其次，政府

加大补贴力度，为传承传统稻、鱼、鸭模式提供资金保障。由于养鸭需要耗费大量的劳力，政府可以对采用稻、鱼、鸭模式的农户发放一定的劳动补贴来提高农户的积极性。最后，适当增加投入，为传承传统稻、鱼、鸭模式提供基本条件，政府可增加发放鸭子的数量，保证每户农户家都有进行稻、鱼、鸭复合耕作的基本条件。

二 完善市场机制，激发生态农产品活力

完善市场机制有助于可持续管理土地资源和传承土地资源管理传统知识。目前，市场机制的不完善是农户们丢下传统生计，进城务工的主要原因，这一现象对可持续管理土地资源及我国的粮食安全都造成了一定影响，政府应不断完善市场机制，保障生态农产品价值。只有完善市场机制，才是恢复传统生计的根本途径，才有调动农户可持续管理土地资源及传承传统知识的积极性。

完善市场机制是一个循序渐进的过程，不能一蹴而就，建议政府从以下几方面着手完善市场机制，激发生态农产品活力：一是政府牵线搭桥，让村寨与企业或城市社区建立合作关系，签订收购订单以保证农户的产品有稳定的销路，因为稻米和鱼肉都是生活必需品，签订订单合同比较具有可操作性。政府通过积极扶持龙头企业的发展，采取"公司带农户"的模式，带动农户从事专业化生产，实现生产、加工、销售的有机结合，形成利益共享、风险共担的利益共同体，改变长期以来农业生产、加工和销售三个环节相脱节的状态。二是政府对农户的生产模式进行宣传，如稻、鱼、鸭模式、使用有机肥等，要跳出长期以来片面重视提高农产品产量的圈子，要把提高农产品的品质放到第一位，让更多人了解农产品的安全性和生态性，使这些生态、优质的农产品进入市场后能够获得相对应的价值。三是大力发展现代特色农业。加快农业生产基地建设，在确保谷物基本自给、口粮绝对安全的前提下，大力发展区域优势农业和生态观光农业，打造乡村民俗旅游名片，增加农民收入，提高生产积极性。基本形成与市场需求相适应、与资源禀赋相匹配的现代农业生产结构和区域布局，保障农产品生产空间，稳步提升地区优势农产品生产能力。

三　鼓励年轻人返乡创业

登岑侗寨自然禀赋良好，旅游资源丰富，具有很好的发展条件，通过调研，笔者了解到当地年轻人很多都有回家创业的意愿，如果在村里也能拥有和打工一样的收入，他们都愿意留在家里。若政府积极支持村寨产业发展，逐步完善基础设施，可以激发年轻劳动力返乡。年轻农户返乡为采用稻、鱼、鸭模式，使用有机肥，采用传统耕作方式带来了劳动力，而采用稻、鱼、鸭模式，使用有机肥，采用传统耕作方式有助于土地资源可持续，有助于保证农产品的绿色和生态，同时，绿色、生态的农产品可以为农户带来高收益；高收益为农户传承传统知识，可持续管理土地资源带来极高的积极性，这是一个良性循环的过程。

四　培养土地伦理观

随着土地信仰的弱化，培养土地伦理观就变得十分必要，土地伦理观是传承前人土地崇拜的现代方式。培养土地伦理观有助于用一个科学观念重新树立对土地资源的崇敬之情，保护土地资源、促进土地资源可持续利用。土地伦理包含了以下四个方面的内容：

（1）尊重并善待土地。首先，要培养人们主观上对土地资源的尊重意识；其次，是将人们的主观尊重落实在行动上，从伦理上去约束那些无序开发、破坏土地资源的行为。从人地系统观来看，如果土地遭受了污染与破坏，人类社会最终也无法实现可持续发展。

（2）维护土地生态环境，保证土地健康。过去在发展过程中人们过于注重土地资源的经济价值，而忽视了土地的生态环境和健康，导致土壤盐渍化、土壤结构破坏、土壤肥力下降、洪涝灾害频发、生物多样性锐减等问题。土地伦理理论认为人类有责任维护土地生态环境，保证土地健康。一方面，开展土地伦理教育；另一方面，还需在实际中进行土地的养护活动。例如，在澳大利亚开展的土地关怀运动，就设立了许多关怀土地的项目，并开展了对公民伦理的教育。[①]

（3）珍惜土地资源。由于土地资源具有稀缺性，因此树立珍惜土

---

① Michaels，Brians，Sustaining the Global Farm，West Lafayette，2001，pp. 160 – 164.

地资源的意识就十分必要。首先，要有计划地合理开发未利用土地；其次，对已开发的土地要高效、集约利用；再次，利用过程中要避免土地污染和破坏；最后，国家建立长效的土地资源保障机制。

（4）控制土地欲望。土地伦理观就是培育人们对土地的崇敬、感激之情，教育人们控制对土地资源的欲望，合理使用现代技术。

五　健全土地流转机制

像登岑侗寨 20 世纪 80 年代所施行的土地分等虽然在当时保证了农户的公平用地，保证了好田的精耕细作，但随着时代的发展也导致了土地细碎化的问题，为村民们日常管理土地造成了诸多麻烦，可以通过以下两种方法来解决这一问题：

（1）村民之间进行土地调换。例如，在坡 1 上，村民 A 家的田与村民 B 家的田相邻或者比较近，而在坡 2 上村民 A 家的田又与村民 B 家的田相近，那么就可以通过两块田的调换，使每家的田都集中在一个地方。但是，这个方法只能解决少部分田地相近且大小差别不大的地块，对于那些大小不一的地块如何公平调换还是一个难题。因此，这个方法虽然有一定的可操作性，但适用范围不广。

（2）可以通过出租、转让、入股等流转方式来集中土地。目前，这种方式已经在登岑侗寨试行，侗寨里的年轻人成立了登岑侗寨种养殖合作社，租用农户的田进行莲藕种植，并用稻谷补贴给农户，若这种方式能够盈利，那么以后，可以发展养殖业及有机米种植，并采用入股的方式，合作社与农户采用三七分或者四六分，带动全侗寨的百姓一起致富。

通过土地流转这种方法解决村庄土地细碎化的问题，有利于土地资源的可持续利用管理，同时社区百姓也能够接受这种方式。

第二章 社会性别视角下的土地资源管理

林地资源管理作为土地资源管理的重要内容，林业传统知识在林地资源管理中发挥着重要作用，为实现林地资源可持续利用和管理、美丽中国及生态文明建设做出巨大贡献。贵州省黔东南地区山地众多，接近2/3的土地被森林覆盖。侗族是黔东南州仅次于苗族的少数民族，经过千百年的发展形成了自己特有的林业传统知识。从社会性别角度构建林业传统知识，考虑不同性别在林地资源可持续利用和管理中的地位和角色，对林地资源利用管理及生态文明建设政策制定有重要意义。

本章从社会性别理论、林业传统知识、人地关系理论、马克思主义生态观等理论进行探讨，从社会性别的角度构建和分析林地资源利用和管理中的传统知识，其中的人地关系，运用定性研究、案例分析、交叉学科分析等方法，在大量实地调研的基础上，选取黎平县登岑侗寨为调研点，进行分析。本章主要选取传统的古法造纸、编藤筐、树叶染饭三个案例，从社会性别的角度分别分析不同性别如何运用传统知识实现科学的林地资源利用和管理以及其中的人地互动，总结这样的文化和行为模式对林地资源利用和生态管理，以及生态文明建设的意义。社会性别是在特定文化背景下的一种"文化性别"，而传统知识也是在特定地域上形成的本土知识，文化、社会性别、传统知识三者相辅相成。林业传统知识具有地域性、零散性、复杂性和科学性，从社会性别的角度可以较为系统地构建林地资源管理的传统知识。女性在与"衣食"有关的传统林地资源利用和管理方面发挥重要作用，男性通过与"住行"相关的传统林地资源利用和管理加强了不同性别对于林地资源利用和管理的优势，而这种侧重和优势有利于林地资源利用和管理；反之，林地资源利用方式的改变也影响着男女两性的传统林业知识的构建。最后，本章提出关注社会性别在推动林地资源利用和管理、生态文明建设和可持续发展中的作用、针对不同性别开展培训更有利于林地资源可持续利用和管理。

第一节　绪　论

一　研究背景

土地是指由地球陆地部分一定高度和深度范围内的岩土、矿藏、土壤、水文、大气和植被等要素构成的自然综合体。① 林地资源的利用和管理是土地资源管理的重要内容。土地资源的生态管理越来越引起大家的关注，党的十八大把建设生态文明写入了党章，党的十九大提出建设美丽中国是我们的奋斗目标，林地及其上的森林植被的管理发挥着巨大的作用，对生态文明建设和美丽中国的贡献很大，其中林地资源管理的传统知识在这些林地资源管理中发挥了不可低估的作用。

侗族是我国的少数民族之一，他们祖祖辈辈生活在依山傍水的地方，森林与他们的生活息息相关，也形成了特有的林地资源管理模式和林业传统知识。几个世纪以来，侗族的林地资源管理的传统知识在长期的适应过程中，形成了一套与所处自然生态系统相适应的体系，其所蕴含的智慧对于林区的经济发展和生态建设都具有重要的启发，体现了可持续发展的理念。

中国是一个人口众多、资源匮乏的大国，当今时代，政治、经济、文化都在迅速全球化，生态系统也在此基础上趋于一体化，与政治、经济、文化紧密相关。社会性别理论就是从社会构建和社会文化的角度，为更加动态、全面地研究林业传统知识提供了方法论的指导。对于许多生活在山区的侗族群众来说，林地是他们获得生计的重要资源，关系到他们的生活和生存，男性和女性在长期的林地资源利

---

① 毕宝德：《土地经济学》（第五版），中国人民大学出版社2008年版，第5页。

用和管理中拥有丰富的传统知识，在林地资源利用和管理以及可持续发展方面都发挥了重要的作用，但由于各种原因，男性和女性拥有的知识会有所不同，因此所起的作用也是不同的。如何在政策的制定和执行中充分考虑性别因素，是实现林地资源生态管理与可持续发展的一个重要方面。

（一）建设生态文明，推动林地资源可持续发展

2012年11月，党的十八大报告指出：大力推进生态文明建设，关乎人民福祉、民族未来长远大计。面对资源约束趋紧、环境污染严重、生态系统退化的严峻形势，必须树立尊重自然、顺应自然、保护自然的生态文明理念，把生态文明建设放在突出地位。而国土是生态文明建设的空间载体，林地作为国土资源的重要组成部分，对于林地资源的生态管理和可持续利用的研究，是促进绿色发展、循环发展、低碳发展的一个重要内容。2017年10月，党的十九大提出"为把我国建设成为富强民主文明和谐美丽的社会主义现代化强国而奋斗"，进一步指出了林地资源可持续管理的重要性。

（二）传统知识在林地资源可持续发展中的重要性

侗族人敬畏自然，他们在长期发展的过程中，逐渐形成了自己系统的林地资源管理的传统知识。这些知识注重对土地、山、水、树木以及生活在森林中的动物的保护。走进侗寨，第一印象就是那里郁郁葱葱的森林，处处鸟语花香。侗族人在运用传统知识管理林地资源的过程中，很好地与自然融为一体，在生产生活中长期维持着生态的平衡，实现了林地资源的可持续利用和发展。

（三）引入社会性别的视角

发端于美国20世纪60年代的"社会性别"理论的提出，使原有以男性或者女性为关注点的理论，转向以社会性别为关注点。在林地资源管理的研究过程中引入社会性别的视角来探讨林业传统知识在林地资源管理中的作用，具有重要的理论意义和现实意义。

二 文献综述

（一）侗族及其文化研究

侗族是中国南方历史悠久的少数民族之一，我国侗族主要聚居在

贵州省、湖南省以及广西壮族自治区三省交界地带，此外在湖北省的西南地区也有侗族人民聚群而居。湘桂黔处于西南地区，从唐、宋以来，在交通相对闭塞的情况下，侗族人民经过千百年的发展逐渐形成了颇具民族和地域特色的传统生活、生产习惯，以及传统文化、社会模式。

在侗族文化研究的前期，许多侗族籍研究者通过大量的资料积累，为后续研究工作奠定了最初的基础，在侗族艺术、文化、宗教信仰等方面都有了初步建树；在此基础上，部分学者从文化的结构、特征、起源和传承等发面展开了深层研究，为今后的研究提供了重要借鉴。

1. 台湾地区以及海外学者的相关研究

台湾虽然由于政治关系等原因与大陆有较长时间的历史阻隔，导致台湾地区关于侗族的民族研究起步较晚，直到 20 世纪末，才开始有了《侗族庆新年》《侗族过年》《侗族人的生活》《侗族人的住》《侗族人的吃》《侗族的春节特写》《侗族的生活写真》《中华少数民族婚俗介绍（第一集：苗族、侗族、布依族、水族）》等影像资料。尤其是自 20 世纪 80 年代以来，台湾地区部分学者开始涉足侗族传统文化，林淑蓉、何撒娜①的硕士学位论文，就从文化人类学、社会学的角度，对侗族文化开展了研究。

国外关于侗族文化的研究，从百年前开始有了明晰的田野资料。日本著名人类学家鸟居龙藏博士于 1906 年用旅行日记的形式记录了他三年前在中国的四川、贵州、云南等地田野调查的实录，通过文字和影像真实地记录了我国西南部分少数民族生活、生产的文化，包括侗族、苗族、布依族等少数民族的服饰、婚丧嫁娶、建筑文化、神话传说等传统知识②；来自日本上智大学的白鸟芳郎教授通过文献和史料查阅，整理了关于我国华南地区少数民族种族体系关系，为侗族研

---

① 林淑荣：《生态、节庆与礼物的交换：谈侗族的时间概念》，"国家中央研究院"民族学研究所出版社 1987 年版。何撒娜：《中国侗族的村寨、人与空间概念》，"国家中央研究院"民族学研究所出版社 1989 年版。

② ［日］鸟居龙藏：《鸟居龙藏全集》（第十卷），朝日新闻社 1976 年版。

究提供了较早的珍贵资料①；日本在侗族乃至少数民族文化研究中，以大东文化大学的冈田宏二教授的《中国华南少数民族社会史研究》一书作为丰硕成果的代表，系统记录和研究了我国华南地区少数民族的发展历史和社会现状。②

西方学者对侗族文化的研究尚处于接触和初步了解阶段，摄影集"The Dong People of China—A Hidden Civilization"（1998 年）主要通过图片的形式记载侗族人民的日常生活，包括衣食住行等各个方面，同时通过美国学者盖尔·罗曦的正文反映了西方学者基于其文化背景对侗族传统文化的认识和理解③；澳大利亚墨尔本大学英倩蕾（中文名）以"侗族大歌"为研究对象，准备博士学位论文④，她以贵州黎平三龙侗寨（侗族大歌的原生地）作为研究点，在当地生活并学习侗语、学唱侗歌以及在侗族社会里生活的各种知识，收集了大量的资料。

2. 国内大陆地区相关研究

按照时间先后顺序，《侗族简史》（1985）从历史学的角度，对侗族文化传统、艺术形式、生活习惯、民俗习俗等方面进行了较为系统的梳理⑤；冼光位（1995）除了对侗族的"款"进行了大量记录说明外，还研究了侗族文化中蕴含的哲学和伦理道德，以及对侗族的宗教信仰、艺术文化、语言等方面进行了较为深入的分析，被称为介绍侗族社会和文化的"百科全书"⑥；之后，欧潮泉等（2002）着重体现工具书的用途，分门别类地将侗族文化中生产生活的方方面面放置在 2370 个词条里，并进行简要的介绍⑦；王胜先（1989）较为系统、

---

①　［日］白鸟方郎：《华南土著民族的种族——民族分类及其历史背景》，朝日新闻社1979 年版。

②　［日］冈田宏二：《中国华南少数民族社会史研究》，赵令志、李德龙译，民族出版社 2002 年版。

③　袁得政、郑宝华、于小刚：《社会林业学概述》，云南省社科院农经所出版社 1992年版。

④　侗族简史字组：《侗族简史》，民族出版社 1989 年版。

⑤　冼光位：《侗族通览》，广西民族出版社 1995 年版。

⑥　欧潮泉、姜大谦：《侗族文化辞典》，华夏文化艺术出版社 2002 年版。

⑦　王胜先：《侗族文化与习俗》，广西民族出版社 1989 年版。

细致介绍了侗族的主要文化和习俗①，并且将侗族文化分为萌芽、初创、发展、新时期四个阶段来，从发展和演变的角度描述了不同时期侗族文化的主要内容②；张世珊等（1992）开始将侗族文化研究上升到一定的学术高度，从人类学尤其是哲学的角度，对侗族文化进行批判和褒扬，揭示侗族文化中蕴含的丰富的哲学思想，同时对"侗族文化"这一概念进行了理论性的分析。冯祖贻等（1999），系统性地总结了之前侗族文化研究的成果，从"文化学"的角度剖析了侗族社会的物质文化和精神文化，以及这些文化的历史渊源和交流方式③；上列著述从宏观角度奠基了侗族文化的基本框架结构。

最近几年以来，侗族文化的魅力更多地受到非侗族籍学者的青睐。这些其他民族的学生、学者从自己的角度解读了对侗族文化的认识。周艺（2001）从近现代史的角度，结合了当代民族发展，分析了侗族传统文化的发展、特点、历史和产生原因以及发展规律④；权小勇（2001）从生态的角度，分析了侗族文化中的生态智慧，对这些传统生态知识的形成以及得以长期保持的原因进行了分析，同时提出了侗族文化中对生态文明建设有参考价值方面的思考⑤；关于黔东南地区侗族建筑文化，李志英（2002）、程艳（2004）、蔡凌（2005）等从村落形态、文化内涵、具体建筑形态、公共建筑等方面，思考了建筑文化的内涵以及我国侗族地区建筑体系的价值⑥；不仅在建筑文化方面，我国学者从侗族大歌等艺术形态的角度也对侗族文化进行了相

---

① 王胜先：《侗族文化史》，黔东南苗族侗族自治州民委民族研究所出版社 1986 年版。

② 张世珊、杨昌嗣：《侗族文化概述》，贵州人民出版社 1992 年版。

③ 冯祖贻、潘年应：《侗族文化研究》，贵州人民出版社 1999 年版。

④ 周艺：《广西侗族传统文化与当代民族发展》，硕士学位论文，广西师范大学，2001 年。

⑤ 权小勇：《侗族生态文化探析》，硕士学位论文，广西师范大学，2001 年。

⑥ 李志英：《黔东南南侗地区侗族村寨聚落形态研究》，昆明理工大学建筑设计及理论专业硕士研究生学位论文，昆明理工大学，2002 年。程艳：《侗族传统建筑及其文化内涵解析——以贵州、广西为重点》，硕士学位论文，重庆大学，2004 年。蔡凌：《侗族聚居区的传统村落与建筑研究》，博士学位论文，华南理工大学，2005 年。

关研究，杨晓（2002）、赵晓楠（2000）① 等在田野调查的基础上，解析了侗族音乐中蕴含的生态智慧，探讨了这种传统艺术的文化传承。

目前系统论述侗族林地资源管理的传统知识的文献较有限，而且没有从社会性别的角度系统地探讨林业传统知识，如何更好地利用林地资源，达到良好的生态保护、实现可持续发展。

（二）社会性别及其在林地资源管理方面研究现状

经过多年的发展，"社会性别"已经成为国际学术界尤其是社会学领域最重要的常识性概念之一。社会性别（gender）理论起源于美国，20 世纪 60 年代，在女权主义的发展和实践中社会性别这一概念逐渐形成，不仅成为女权运动的一个核心指导观念，并且逐步发展成为学术和理论研究中的一个重要范畴。②

"社会性别"是相对于"生理性别"而提出的概念。生理性别指的是男女由于生理上的差异以及身体构造的不同而形成的性别，是生物性别；而社会性别是指由社会形成的男性或女性的群体特征、角色、活动及责任，是社会对两性及两性关系的期待、要求和评价。③换句话说，生理性别是与生俱来的，具有共性和普遍性，与地理地域、文化种族等因素无关。社会性别则不是生来就有的，是后天形成的人在社会化过程中逐渐形成的一种意识，这种意识带有一定的主观性。由于不同时期、不同制度、不同文化传统、不同历史背景等原因，社会性别具有一定的变迁性，是政治、经济、文化等因素综合作用的结果，是一个复杂的、动态的概念。因此，社会性别具有一定的历史阶段性、亚社会性、共塑性。④ 社会性别不同于生理性别，为我国研究男女两性问题尤其是女性问题提供了新的研究视角，但社会性

---

① 杨晓：《小黄歌班中嘎老传承行为的考察与研究》，同等学力在职人员研究生学位论文，中国艺术研究院，2002 年。赵晓楠：《小黄寨侗族音乐调查报告——兼论小黄寨侗族音乐的生态环境》，硕士学位论文，中国音乐学院，2000 年。

② 联合国开发署驻华代表处：《社会性别与发展·培训手册》，2001 年。

③ 《中国妇女发展纲要（2001—2010）》国务院 2001 年 5 月 22 日发布。

④ 那瑛：《离家与回家——中国妇女解放与现代民族国家的构架》，博士学位论文，吉林大学，2008 年。

别的定义是发展的、不断变化的，而这种变化与特定的地域、历史、政治有关。

　　虽然国内外目前从社会性别视角研究传统知识的文献较少，但是很多学者在他们的研究中已经开始有意地引入性别视角，刘晶岚（2009）[1] 的研究表明，女性农村劳动力占到发展中国家的四成甚至一半以上，在中国农村尤其占有重要比重。女性在林业生产、自然和生态资源保护方面发挥着非常重要的作用，一些农村女性负责七成以上的林业生产活动。袁德政（1981）[2] 提出，森林和林地资源管理是国民经济和生态建设的重要基础，而女性参与是森林可持续发展的关键环节，在实现国家可持续发展中具有不可替代的作用。

　　鲍晓兰等（2000）[3] 指出，许多国家（荷兰、印度等）的林业发展经验表明，社区林业是农村女性参与森林资源管理的重要形式，她们在社区林地资源管理中的参与，被认为是一种有效地改善森林状况、促进林地资源可持续发展的有效方法，罗康智（2012）[4] 的研究表明，农村女性对森林和林业发展有她们自己的认识和感觉。并认为由于生计的缘故（如挑水），她们对森林从破坏上有自己的体验，保护上有自己的方式。杨庭硕（2009）[5] 研究发现侗族的女性在保护林地、维持生态多样性方面发挥着重要作用。

　　在林地继承、权属等方面，传统也发挥着一定的作用，对于林地的继承方式，很多学者做过相关研究。陈家柳（1999）[6] 在贵州省黎平县的调查表明，由母亲继承给女儿的林地继承并不罕见；十八杉，也叫女儿杉，不仅是一种特有的继承方式，也具有一定的经济价值。

---

　　① 刘晶岚：《中国农村女性在社区林业管理中的参与研究》，博士学位论文，北京林业大学，2009 年。

　　② 袁德政：《从大自然的严厉惩罚中及时醒悟过来——运用经济手段加强森林管理》，《林地经济》1981 年第 10 期。

　　③ 鲍晓兰、徐平：《女性主义与倾听女性的声音：意义、方法和思考》，四川人民出版社 2000 年版。

　　④ 罗康智：《侗族传统文化蕴含的生态智慧》，《西南民族大学学报》（人文社会科学版）2012 年第 1 期。

　　⑤ 杨庭硕：《侗族传统生计与水资源的储养和利用》，《鄱阳湖学刊》2009 年第 9 期。

　　⑥ 陈家柳：《侗族传统文化特征初探》，《广西民族研究》1999 年第 9 期。

（三）传统知识及其研究现状

传统知识，也称为"地方性知识""地方经验""地方生态知识"或"原始生态智慧"①，其存在于特定的民族或亚社会地域中，随着历史的发展和时间的推移而逐渐积淀积累而成，是一种特定的社会规范体系；同时，不仅形成传统知识的途径是多种多样的，其内容也是有很大差异的。传统知识贯穿于侗族人民生活的方方面面，包括生产、生活、艺术、文学、经济等，通过不同的形式保留了下来。在侗族社区，传统知识主要通过神话故事、谚语俚语、传统手工艺（造纸、编藤筐、蜡染、刺绣等）、侗族大歌、传统农耕方式、传统节日和风俗习惯等方式保存了下来。②

关于林业传统知识和文化（Traditional Forest – related Knowledge and Culture），美国学者（2008）认为森林经营利用、管理的各类知识和传统习惯，与森林相关的且对森林经营和利用产生影响的文化、信仰和艺术等遗产。③ E. Roy、P. Parkers 和 A. Bieker（2000）认为，传统知识不同于现代的科技知识，主要体现在传统知识的动态性、传承方式（口头、模仿与演绎）、共享性、地方性、整体性、综合性这些方面；20 世纪 50 年代开始，人类学家 Rappaport（1968）将关注点放在传统知识对生态环境、社会公平公正以及人类可持续发展的意义上，认为传统知识的流失会对这些带来负面影响。④ 1992 年联合国环境规划署签订《生物多样性公约》，国际社会才充分关注传统知识。传统知识具有潜在和实际的商业价值，而成为荒漠化防治、森林、生物多样性保护、国际专利、贸易、气候变化等领域的国际公约争论的

---

① 廖君湘：《南部侗族传统文化特点研究》，硕士学位论文，兰州大学，2006 年。

② 袁涓文：《贵州传统森林管理知识的传承研究——以苗族、侗族和布依族为例》，《农业考古》2012 年第 8 期。

③ John A. P., Liu J., Sim H. C., "Sustainable Forest Management and Poverty Alleviation: Roles of Traditional Forest – Related Knowledge", *IUFRO Series*, No. 21, 2008.

④ Roy, E., Parkers, P., Bieker, A., "Indigenous Environmental Knowledge and its Transformation. Cricital Anthropological Perspectives", *Harwood Academic Publishers*, 2000.

焦点问题（刘金龙，2007）①。如今，越来越多的人认识到：林业传统知识是人类林业知识和林地资源管理宝库的重要组成部分，是现代林地科学技术体系的形成和发展的重要源泉。

侗族的木建筑具有悠久的历史，《中国民族志》提到有鼓楼，才会有侗寨。陈家柳（1991）和杨春林（2012）②③对侗族鼓楼的建筑风格、特点以及鼓楼与村寨的社会网络等做了一定的研究，发现有些侗寨会根据寨中族姓决定鼓楼修建数量。

侗族聚居地大多林木丰茂，也促进了他们的木材交易。人们很早便产生了一定的契约意识，通过订立相关契约保障木材交易，而林契④也反映了当时侗族的林地权属关系和林业发展。锦屏县岑梧村有一首订立于清康熙五十八年（1719）的林契誓愿歌。⑤ 栗丹（2010）的研究表明，从贵州省黔东南锦屏县一万多件清代民间林契可以看出，林地契约是人工林地以及木材生意兴起的最好证明。⑥ 龙应初（2003）的研究发现，由于林契的历史性以及所牵涉内容关系到侗族家庭的生计利益，因此即使是年久无效的林业契约相关文书，也被很好地珍藏在家中，是家庭物品和当地文化的一个重要组成部分。⑦ 散见于黔东南的许多碑刻，是有关保护山林的，赖力⑧认为其原因是林业经济是贵州省经济的主要来源之一，人民群众得益于林地资源，便自然形成了植树造林、爱林护林的优良传统。

---

① 刘金龙：《发展人类学视角中的传统知识及其对发展实践的启示》，《中国农业大学学报》（社会科学版）2007 年第 2 期。

② 陈家柳：《侗族传统家庭形态管见》，《广西民族研究》1991 年第 12 期。

③ 杨春林：《民族传统中生态意识的培养》，《长春师范学院学报》2012 年第 11 期。

④ 程泽时：《清代锦屏木材"放洪"纠纷与地役权问题——从加池寨和文斗寨的几份林契谈起》，《原生态民族文化学刊》2010 年第 12 期。

⑤ 林契是一种关于山林土地买卖、佃山造林、拆分山林和家产、分配出卖山林银钱、山林管护、山林登记等方面的林地契约。

⑥ 栗丹：《侗族传统社会款文化的再认识——兼论款约与款词之比较》，《贵州民族研究》2010 年第 5 期。

⑦ 龙应初：《和谐：侗族大歌昭示的文化精髓和内涵》，《黔东南社会科学》2003 年 3 月。

⑧ 赖力：《文化传统在民族社区森林管理中的作用——基于黔东南苗族、侗族社区森林管理的调查研究》，《贵州民族研究》2012 年第 33 期。

此外，很多学者也从生态学、宗教学的角度对林业传统知识做了一些研究。戴楚州（1994）① 发现贵州省黔东南地区林业文化的形成和发展，与黔东南地区少数民族经过历史积淀形成的敬畏树、崇拜树的观念密切相关，这些文化中对树的祭拜、禁忌，由此衍生出来对树的敬畏和崇拜，体现了黔东南地区少数民族精神上与大自然密不可分、共生共存的关系。崔海洋（2009）从宗教学的角度分析侗族村寨普遍认为树有神灵依附，不可随意伤害，这是少数民族地区树种丰富的一个原因。李莉等（2006）② 对栽植保命树的做法做了一些调研，也从另一个角度支持了崔海洋的结论。罗康智等（2012）③ 认为后龙山④客观上也起着调节气候、美化环境和保护生态环境的作用。

（四）人地关系理论研究现状

人地关系是人文地理学研究的重点，随着经济社会的发展，人地关系理论经历了天命论、环境决定论、人类中心论等阶段之后，出现了更为系统的调控论、共生论、协同论、可持续发展论等内容，从目标上、方法上、内容上完善人地关系理论。"人"和"地"这两方面的要素按照一定的规律相互交织在一起，交错构成了在空间上具有一定的地域范围、内部具有一定结构和功能机制的复杂的开放的巨系统，即人地关系地域系统。⑤ 李后强等（1996）⑥ 在系统辩证论思想的指导下，在"人地协调论""人地共生论"等理论基础上提出了"人地协同论"，目的是将人地关系模型化、定理化，以便更深入地研

---

① 戴楚州：《湘鄂川黔地区卫所制度》，《湖北民族学院学报》（社会科学版）1994年第8期。

② 李莉、梁明武：《黔东南地区林业文化初探》，《北京林业大学学报》（社会科学版）2006年第3期。

③ 罗康智、麻春霞：《论民族文化对人居环境的优化——以贵州省黄冈侗寨为例》，《原生态民族文化学刊》2012年第6期。

④ 一般是村寨的后山，山上的林地资源被称为"风水林"。

⑤ 吴传钧：《论地理学的研究核心——人地关系地域系统》，《经济地理》1991年第3期。

⑥ 李后强、艾南山：《人地协同论——兼论人地系统的若干非线性动力学问题》，《地球科学进展》1996年第8期。

究人地系统中各种复杂作用与制约机制，从而提出调控对策。方创琳 (2000)① 认为，从古代的天人合一思想到近代的人地关系协调思想，升华到现代的可持续发展理论，其思维主线始终围绕人地和谐共生这一核心伸展。潘玉君（1997）② 认为人与地理环境的共生是解决人类目前所面临的各种人地关系的理论研究基础；吴攀升、贾文毓 (2002)③ 从"关系"的角度出发，用中国传统文化的有关理念分析当今人地关系，认为现在的人地关系是一种太极图式的耦合关系。王长征等（2003）④ 认为人地系统的演化取决于人类这个主体以及其周围环境这个客体的质和量的对比关系，王佐成（2002）⑤ 提出当前信息革命时期的人地关系应当是以知识经济为前提、以可持续发展理论为基础的人地协调发展阶段。

人地关系在发展过程中也出现一些冲突，对这些问题相关学者亦提出了看法。人地冲突的实质是人地统一体中"人""地"两种存在体系的矛盾与对立⑥，是运行规律及演化趋势严重背离，超越了地球环境的"生态闭值"，使人类的社会意识、文化价值观念、发展战略和经济活动与地球环境的可利用方向、承载能力之间出现巨大差异和全面失衡⑦，夏湘远（1999）⑧ 认为人地关系的历程是从困顿、错位到危机。在人地关系困顿时期，人与自然、地理环境的关系，在困顿与盲然中，以利用现存自然的生存方式和通过自然宗教崇拜的精神体悟方式达成了人类与其赖以生存的地理环境之间，在原始共生基础上

---

① 方创琳：《区域发展规划的人地系统动力学基础》，《地学前沿》2000 年第 12 期。
② 潘玉君：《人地关系地域系统协调共生应用理论初步研究》，《人文地理》1997 年第 9 期。
③ 吴攀升、贾文毓：《人地耦合论：一种新的人地关系理论》，《海南师范学院学报》（自然科学版）2002 年第 12 期。
④ 王长征、刘毅：《沿海地区人地关系演化及优化》，《中国人口·资源与环境》2003 年第 6 期。
⑤ 王佐成：《市水土流失地理信息系统设计与开发》，《水土保持研究》2002 年第 12 期。
⑥ 王爱民、缪磊磊：《地理学人地关系研究的理论评述》，《地球科学进展》2000 年第 1 期。
⑦ 张复明：《人地关系的危机和性质及协调思维》，《中国人口·资源与环境》1993 年第 4 期。
⑧ 夏湘远：《从混沌到觉醒：人地关系的历史考察》，《求索》1999 年第 12 期。

的朴素统一。

三　研究目的和意义

（一）研究目的

本章的研究重点为从社会性别的角度研究侗族传统管理知识在林地资源管理中的作用，主要以贵州省黔东南自治州黎平县登岑村为个案进行研究。本章运用管理学、社会学的理论和方法，以田野调查得到的资料为主，参考相关文献和二手数据资料，对侗族社区的林业传统知识在林地资源管理中作用进行探讨。在描述不同性别运用传统知识的过程中，揭示男女两性在林地资源管理中拥有的知识不同之处，为林地资源可持续利用和可持续森林管理提供借鉴，为类似地区相关政策制定提供一定依据。

（二）研究意义

1. 理论意义

近 20 年的研究表明，林业传统知识在林地资源和森林可持续发展、维护森林生态系统的稳定中有重要作用，是人类资源管理知识宝库的重要组成部分。侗族地区在长期的生产生活实践中积累了丰富的林业传统知识，然而对于这些宝贵、传统的资源理论研究仍处于初探阶段，本章从社会性别的视角诠释林地资源管理中的传统知识，具有一定的理论价值。

2. 实践意义

传统知识传承且融入林区农民的生活中，由于男性外出打工，留守在家中的妇女在保护中的作用越来越突出，理解这种不同，对林地资源生态管理、可持续发展意义重大。社会性别的角度为传统知识注入了全新的视角，从另一个角度理解传统知识对于自然的尊重，对天时、地利的顺应，在与自然和谐相处的过程中怎样利用自然资源，造福自身，对今后相关社区相关政策的制定具有一定的实践启发。

四　研究方法

（一）定性分析方法

定性分析是对研究进行"质"方面的分析，主要方法是归纳和演绎、分析和综合、抽象和概括①。定性分析一般用于对事物之间关系的研究中，主要是用来解决研究对象"是或不是"以及"有或没有"的问题。定性分析的理念早在古希腊时便可觅得踪迹，如哲学家亚里士多德，他在自己的研究中对发现的很多自然现象给予描述。本章从社会性别的角度探讨林地资源管理中的传统知识，以一个村寨作为切入点，选择定性分析是较为合适的分析方法。

（二）案例分析

1. 选择案例分析的原因

对于传统知识的研究，以田野调查和文献查阅为主。我国少数民族文化博大精深，不同民族、不同地域的知识不尽相同，所谓"十里不同风，百里不同俗"，所以从宏观层面只能是概括化，面对具体问题分析起来显得力不从心。选择案例分析能够很好地解决这一问题。

2. 案例选择的原则

（1）具有目的性和针对性

本章是以社会性别的视角研究侗族林业传统知识，在案例选择的过程中，注意选择能够集中体现社会性别、侗族、林业传统知识这些关键要素的相互作用。基于这一基本原则，在开展侗族传统林业管理知识研究时开展了多次预调研，在贵州省黔东南苗族侗族自治州、湖南省通道县以及广西壮族自治区三江县的一些侗族社区开展田野调查，在了解侗族文化的同时，寻找和选择合适案例。

（2）具有典型性

所谓典型性，是指案例能够反映所要研究内容的本质，特征鲜明，具有代表性的实例。本章是从社会性别的视角来研究林地资源管理中的传统知识，选用的案例在调研点是最有典型性的。首先，本章选择的案例点是一个典型的侗族村寨，因为交通相对闭塞、经济相对落后，因此较好地保留了侗族的传统文化和风俗习惯；其次，本章选择的案例是调研点中较为典型的传统，可以在一定程度上体现调研点的林地资源管理情况。

---

① 风笑天：《社会学研究方法》，中国人民大学出版社2001年版。

（3）知识性

案例的选择不仅要是典型的、有针对性的，还要能够体现一定的知识范畴。在整理的过程中可以向外界传递相关概念和文化，在描述和分析案例的过程中体现相关知识内容。

（4）客观真实性

客观真实性，主要是指研究者在做案例的过程中，必须客观真实，不掺杂个人喜恶和观点来描述事物，尽量还原案例的真实过程。案例是写实性的，要求尽可能多方面、多角度地给予真实记录。

（三）系统性和重点性相结合

所谓系统性，是指要把事物作为一个系统看待；不仅如此，还要把这个事物放置在更大的系统中。而重点性，指要把握事物的重点，包括关键、焦点。如果说系统性是为了在定性分析的过程中更好地表现为素材和资料的收集、整理、排列的话，那么重点性就是为了做到比较、突出。在研究的过程中，注意系统性和重点性的结合，是定性分析需要把握的重要原则。

（四）学科交叉分析法

由于不同学科存在和研究的领域都有特殊性，随着发展动力的愈加强劲，学科之间交叉分析可以带来全新的辨析与研究角度，学科交叉分析法是一种多视角、多维度的问题分析方法，具有创新性和启示性。本章运用社会学、土地资源管理、生态学等学科理论进行分析。

五　相关理论和概念

（一）相关理论

1. 社会性别理论

社会性别（gender）理论起源于美国，20世纪60年代，在女权主义的发展和实践中社会性别这一概念逐渐形成，不仅成为女权运动的一个核心指导观念，并且逐步发展成为学术和理论研究中的一个重要范畴，为社会学研究提供了良好的分析框架，被运用到许多项目和公共政策的建立和制定过程中。① 《英汉妇女与法律词汇释义》认为社会性别是"用来指社会文化形成的对男女差异的理解，以及在社会文化中形成的属于女性或男性的群体特征和行为方式。"本章同样认为，社会性别是一个文化概念，即"文化的性别"②。

社会性别理论以男女两性关系为基础，认为社会中男女两性之间的关系是最基本、最本质的社会学关系，以社会性别为基础反映了社会制度、社会规范、社会地位等方方面面的根源和本质，社会中政治、经济、文化等方面的分析，也可以以社会性别为角度进行分析。③社会性别是以生理性别为基础的，其对不同性别的角色和行为期待是在生理性别基础上的延伸，归根结底是一种社会化的产物，因此不是固定不变的。社会性别理论包括社会性别差异、社会性别制度和社会性别角色塑造三方面的主要内容，指出在面对性别方面的因素时人们在政治、经济、文化、社会等方面存在性别上的误区。对男女两性的不同期待，实际上是一种性别上的不对等，反映了社会权利的关系，并且这种不对等的意识存在于人类家庭和社会的方方面面。④

社会性别理论主要有以下要求和原则：（1）社会性别不是一成不变的，而是发展变化的。首先，从时间上，社会性别观念会随着时间的推移，在不同的时代有不同的内涵；其次，从空间上，社会性别观念会因为所处不同的地域、所属不同的亚社会而有不同的体现，这种亚社会可以是不同的民族、不同的国家。人类对于社会性别是在家庭关系中最先有的概念，并在之后的社会化过程中逐渐形成。社会性别理论否定了性别的不变性，是对传统性别理论的挑战。（2）两性均处于发展的主体地位。社会性别理论强调男女两性在社会发展过程中各自平等、相对独立，两性是一种相互尊重、彼此平等的伙伴关系，倡

---

① Bell, McEwan C., "The admission of women fellows to the royal geographical society, 1982 – 1914: The controversy and the outcome", The Geographical Journal, Vol. 162, No. 3, 1996.

② 方刚：《社会性别与生态研究》，中央编译出版社 2009 年版，第 1 页。

③ ［英］琳达·麦道威尔：《性别、认同与地方：女性主义地理学概说》，徐苔玲、王志弘译，群学出版有限公司 2006 年版。

④ 顾宁：《对中国少数民族女性教育的历史性思考》，《中华女子学院学报》2003 年第 6 期。

导女性更加积极主动地去争取和承担社会发展过程中的地位，从工具性角色转变为主导性角色，而不是把男性视为单一主体，试图依赖男性。（3）反对孤立地研究女性和女性问题。由于社会性别不是一成不变的，因此社会性别理论认为，在研究男性或女性问题时，不应该割裂开来进行研究，而是要放置在男女两性所处的共同地域或亚社会中，联系两性在特定权利与角色限定下的社会关系，分析这种权利与角色期望对于两性发展的意义。（4）联系相关政策对男女两性的影响，建构平等的性别关系。社会性别不是单一地只关注女性，在关注男女两性的同时，分析相关政策理论如何引导社会性别的改善，向着良性的方向发展；反之，哪些政策与项目对于性别角色有误区，进而逐步平衡男女两性的社会关系，消除性别歧视。①

2. 人地关系理论

土地是生存的载体，从人类起源开始，我们就建立了与土地不可分割的客观关系。我们用该理论就是要在后面部分讨论人对林地资源的影响，林地资源的好坏也影响着男女两性及两性关系，如获取原材料方式发生了改变，生计也发生改变。人地关系理论②主要经历了环境决定论、意识决定论、可能论三个阶段。广义上的人地关系就是指人类与自然环境的关系，狭义上的人地关系指特定地域的人类与其活动密切相关的、自然界要素尤其是土地的有规律结合和相互作用。人地关系理论试图总结和反映自然界对人类生活的影响，在此基础上表达人类对自然的理解、适应和改造。其中，人地关系地域系统理论认为，人地关系是地域性的系统关系，人地关系的研究应该落实到地域，以实现地域系统的良性循环为目标，因此对于地域的任何管理措施都应该促进改善地域范围人地结构，同时注重人地互动过程中的潜能开发。在此基础上，人地系统优化调控论认为，人地关系关心人口、资源、环境、生态、社会、经济这六方面的交互影响，优化整体发展系统；人地系统优化调控论强调以人为本，注重人意识的建设，

---

① 何萍：《西方女性主义理论研究及其借鉴意义》，《国外理论动态》2005 年第 10 期。
② 方创琳：《中国人地关系研究的新进展与展望》，《地理学报》2004 年第 12 期。

追求和谐发展。

3. 生态理论

1989 年，第十五届联合国环境理事会通过了《关于可持续发展的声明》，这为学术界提供了一个新的视角，即从生态的视角来研究少数民族社区，就是希望通过生态视角来实现绿色的、可持续的发展，实现人与社会、自然的协调统一。

马克思主义①生态理论体系的核心思想提出人与自然和谐相处，人与自然二者是辩证的、相互统一的。首先，马克思主义认为，自然界具有先在性，人是自然发展到一定阶段的产物，人类通过不断认识自然，进而改造自然的目的是为了更好地保护自然，实现人与自然和谐相处，使自然更好地为人类服务。② 其次，马克思主义认为，自然界是人类生存和发展的基础，不仅提供吃穿住行等物质上的依赖，还为人类提供丰富的精神食粮，人类思想发展、进步，其灵感源泉来自于自然。③ 最后，马克思主义强调劳动对于人和自然的重要性，人类通过劳动来改造自然、认识自然，不仅如此，马克思和恩格斯强调人类在认识和改造自然的过程中要尊重自然，遵守自然规律，绝对不能违背和破坏自然，"我们不要过分陶醉于我们人类对自然界的胜利。对于每一次这样的胜利，自然界都对我们进行了报复。""我们对自然界的全部统治力量，就在于我们比其他一切生物强，能够认识和正确运用自然规律"④。此外，人类的历史和自然的发展是相辅相成，不可分割的，解决环境问题也离不开对人与人关系的思考。

马克思主义生态观的主旨在于以人为本，其理论核心即对人的关注。马克思主义生态观就是以"现实的，有形的，站在稳固的地球上呼吸着一切自然力的人"⑤，马克思的《资本论》即是以人的生存情况为视角，揭发资本主义的实质，并指出达到共产主义，就可以实现

① 《马克思恩格斯选集》第 1 卷，人民出版社 1972 年版。
② 同上书，第 50 页。
③ 《马克思恩格斯选集》第 42 卷，人民出版社 1979 年版，第 95 页。
④ 《马克思恩格斯选集》第 4 卷，人民出版社 1995 年版，第 383 页。
⑤ 《马克思恩格斯选集》第 42 卷，人民出版社 1979 年版，第 167 页。

人与自然的统一。马克思恩格斯认为，人的本质就在于人社会属性与自然属性的统一、人个性与共性的统一。因此，人类社会的发展离不开人作为自然界的一个成员的发展，个体的或者某一群体的人的发展，与整个人类社会的发展同样息息相关。

4. 扎根理论

扎根理论由哥伦比亚大学的 Anselm Strauss 和 Barney Glaser 两位学者共同提出，是一种运用系统化的程序，针对某一现象来发展并归纳式地引导出扎根理论的一种定性研究方法。

扎根理论（Grounded Theory，GT）是一种定性研究的方式，其主要宗旨是从经验资料的基础上建立理论（Strauss，1987）①。研究者在研究开始之前一般没有理论假设，直接从实际观察入手，从原始资料中归纳出经验概括，然后上升到系统的理论。这是一种从下往上建立实质理论的方法，即在系统性收集资料的基础上寻找反映事物现象本质的核心概念，然后通过这些概念之间的联系建构相关的社会理论。扎根理论一定要有经验证据的支持，但是它的主要特点不在其经验性，而在于它从经验事实中抽象出了新的概念和思想。在哲学思想上，扎根理论方法基于的是后实证主义的范式，强调对已经建构的理论进行证伪。扎根理论的方法起源于格拉斯（1965）和斯特劳斯（1968）于20世纪60年代在一所医院里对医务人员处理即将去世的病人的一项实地观察。这个方面的形成与两方面的理论思想有关，分别来自哲学和社会学：一是美国的实用主义，特别是杜威、G. 米德和皮尔士的思想，他们强调行动的重要性，注重对有问题的情境进行处理，在问题解决中产生方法；二是芝加哥社会学派，该学派广泛使用实地观察和深度访谈的方法收集资料，强调从行动者的角度理解社会互动、社会过程和社会变化。

（二）相关概念

本书认为，"社会性别"是放置在特定文化背景下的对男女特质

---

① Anselm L. Strauss, *Qualify Analysis for Social Scientists*, Cambridge University Press, 1987.

的理解，这种特质包括了男女群体特征、行为方式以及社会角色，进而对不同性别在社会发展中的地位和作用给予期待。"林业传统知识"指经过时间积累和实践沉淀形成的与林地资源利用和管理相关的本土知识。

联合国粮农组织（FAO）在1976年制定的《土地评价纲要》中，对土地作了如下定义："土地是由影响土地利用潜力的自然环境所组成，包括气候、地形、土壤、水文和植被等。""林地资源"是一个动态的概念，指人类可以利用并产生价值的林地，包括林地、灌木林、乔木林等资源；本章的"林地资源管理"是指对这些资源的利用和管理。

六 研究框架

本章是案例分析，通过前期调研、资料收集，选取传统的古法造纸、编藤筐、染饭三个案例，同时将不同内容和不同侧重点的小案例贯穿其中，注重实地记录和材料的真实性，全章用案例分析的方法由点及面地演绎侗族地区林地资源管理中的传统知识。

内容方面，侗族文化瑰丽神秘，笔者从非侗的角度上，将社会性别与侗族文化中和传统林地资源管理知识有关的风俗习惯、节日节庆、饮食住宿、神话传说、文化娱乐、婚丧禁忌等方面，以登岑村为代表做了相对详细的记录。

以社会性别为视角，梳理和比较在人地关系中男女两性理解和掌握了不同的林业传统知识，因此在林地资源利用和管理中体现不同，他们共同行动促进了林地资源的可持续利用如图2-1所示。

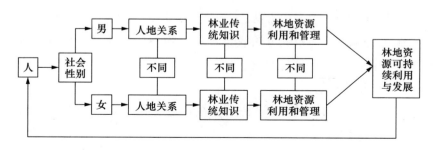

图2-1 本章研究框架

七　调研地点及调研方法

（一）调研地点

本章调研点为贵州省黎平县茅贡乡登岑侗寨，该侗寨是国家第一批命名传统村落，拥有丰富的传统知识，保留了较多的传统文化。

1. 登岑侗寨社会性别与林地资源

在生产生活中，登岑村男女大多遵循既定的行为模式，形成一种默契的性别分工，传统林地资源利用和管理方面也不例外。在此基础上，不同性别对于传统林地资源利用管理有自己的理解和认识，从不同侧面补充和完善林业传统知识，有利于林地资源利用和管理，进而促进林地资源的可持续经营和地方生态保护。

在登岑村特定的地域文化背景下，男女两性在生产和生活中扮演不同的角色，具有不同的群体特征和行为方式。传统林地利用和管理方面，女性更关注林地资源在衣、食方面的利用，由此衍生她们基于衣食利用角度的社会交往和角色，女性往往从事较为烦琐、耗时、体力耗费相对较少的林地资源利用和管理工作，例如古法造纸、染饭、染布；而男性偏向于林地资源给予的住、行等工具性方面的改造和利用，较多从事高效、体力消耗大的林地资源利用和管理工作，例如编藤筐、修棺木、盖房子等，与住行相关的风水林地、祭祀等活动自然也是男性角色范畴的工作。男女两性在林业传统知识的传播中均发挥比较重要的作用，在登岑随机抽取的29人统计（见表2-1），了解其中通过寨中老人（指男性）习得的知识主要为风水林、侗戏，通过母亲、祖母或其他女性长辈获得林业传统知识主要为风水林、染饭、古法造纸、相关传说。群众表示在鼓楼习得的林业传统知识对他们有重要影响，"在鼓楼里，小时候听老人家给我们讲故事，说神山、龙脉之类的，后来跟着爸爸初一、十五去祭拜，到现在还去。"（男K）

总体上讲，登岑的这种分工虽然是基于社会性别，但不是因为男女地位不平等使然，而是在实现社区生态和经济最优发展的过程中逐渐达到的平衡。在古法造纸——构树皮纸的采摘加工使用、藤筐的制造利用以及染糯米饭的制作过程中，都体现了登岑男女两性的林地资

表 2 - 1　　　　　　　　　通过不同性别长辈获取传统知识

	风水林	染饭	古法造纸	侗戏	相关传说
男性长辈（%）	58.6	3.4	0	79.3	24.1
女性长辈（%）	79.3	100	100	27.6	82.6

注：多项选择。

源利用和管理方面具有不同的传统知识，相互补充，有利于林地资源的可持续经营和管理。

　　本章根据可进入性原则，选择了登岑村作为调研点。之所以选择黎平县登岑村，有以下几点原因：（1）村寨林地资源丰富，有林地面积700多公顷。（2）登岑村位于贵州省黎平县东部，村寨常住居民均为侗族，2008年有公路修到距离登岑200米远的地扪村，但是地扪和登岑之间的道路至今仍是坑坑洼洼的土路。由于交通、经济等原因，登岑村的传统文化和传统知识保存相对较好，2012年12月被国家住建部、财政部、文化部、国家文物局等部门公布为中国第一批传统村落之一。（3）村寨传统知识通过各种方式保存着，在建筑、文化、传统手工艺等方面都具有代表性。例如鼓楼、风雨桥、省级重点文化景点百年禾仓群等木建筑，古法造纸、天然植物染饭、蓝靛染布等传统技艺。

　　2. 登岑侗寨物质信息

　　2013年年底，政府将登岑、地扪、罗大三个自然寨合并为一个行政村，三个村委合并为一个村委，由原地扪村支书担任支书，罗大和登岑分别推选一位副支书。本章的重点仍选用地扪村登岑侗寨作为调研点如图2-2所示。① 截至2014年7月，寨里有住户154户，人口820人。

　　登岑村林地资源丰富，具体介绍见上一章村庄自然资源介绍。根据与村民共同讨论绘制成的社区资源分布草图如图2-3所示。当地

────────────

　　①　在登岑村贵阳某高校读书的学生绘制基础上修改。

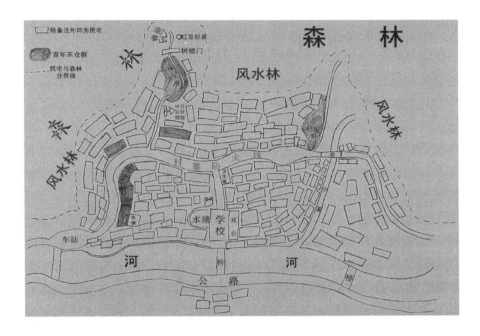

图 2 - 2　登岑侗寨社区图（与群众一道绘制）

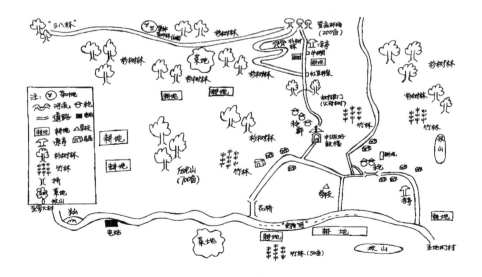

图 2 - 3　登岑社区资源分布图

群众从事的主要农业生产作物为水稻，特产是糯米。在登岑人心目中，糯米饭是很香的，糯米饭也会出现在传统节日、丧葬祭祀等场合。此外，村民也通过对林地的经营管理获得部分收入。农业生产与林地资源经营管理相结合，在推动经济发展的同时，也高效地利用了土地资源。登岑村农业生产以水稻为主，辅以马铃薯、玉米、红薯等作物。

很多村民都知道他们祖先是从江西搬迁到这里的。他们从广西三江一带进入半山区地带，生产和生活方式都逐渐发生了变化。农业方面，最主要的就是稻鱼共生，即在稻田中鱼和水稻共同生长。

自 20 世纪 90 年代开始，登岑村的年轻人也跟随着打工热潮开始慢慢走出大山。到如今，几乎家家户户都有人在外打工，留在村寨中的年轻人也几乎都有过走出大山外出打工的经历，很多女性由于结婚生子而留在村里，但是她们很多人都曾外出过。村民主要是以老乡、亲友结伴的方式外出，打工地点集中在江浙、广东一带，近几年由于贵州推动工业化、城镇化，有越来越多的人选择在省会贵阳市打工。像许许多多的中国农村一样，在登岑村看到的主要是妇女、儿童和老人。随着与外界接触和交往的增多，这个偏远的侗族村寨有了很多现代化的痕迹，冰箱、电视、电饭锅等电器走进了普通村民的家庭，最近在村卫生站及部分农户家中还有了无线网。村卫生站地理位置大约在村寨中央，卫生站门口有长凳供大家休息。每天下午，寨中的老人们就会坐在那里聊天，暮色将近，老人们回去煮饭、看电视，之后早早休息准备第二天早晨的农活。而到了晚上，卫生院门口便成了年轻人聚会的场所。笔者到访的时间刚逢暑假则很多学生会在那边上网到很晚。他们或看视频，或浏览网页，一边跟身边的同龄人交流。

3. 登岑侗寨文化信息

（1）宗教信仰

侗族村寨对集体是非常重视的。由于历史上少数民族一直处于弱势，他们必须团结起来才能抵抗外来入侵势力，以前侗汉不通婚、苗侗不通婚等规矩也在一定程度上体现了侗族的团结和排外。如今的登岑虽然没有严格的民族界限，但是一些生产生活事件会有全寨人参与。笔者曾参加过侗寨的一次婚礼、一次丧葬以及一次新房落成的庆祝仪式，每次全寨人都会参与。在登岑，诸如婚嫁、丧葬、盖房这样的事件，全寨不论男女老少都会参加。这种活动的频繁性，也加强了对集体意识的塑造。登岑除有标志性的公共场所鼓楼、花桥外，废旧的村小学也成为村民集体活动的一个场所。从 2012 年开始，每年过年登岑村民就会在鼓楼观看侗戏，黎平县文化部门的工作人员会用摄像机进行拍摄。从 7 月开始，村民们经常晚上 8 点聚集在小学教室，进行侗戏的排练。传统文化和村落知识也在这个过程中逐渐传承和巩固。

在登岑村的神灵中，"萨岁"是最大的，是最权威的神灵，是女性神，只要是与生产、生活相关的大事，都要祈求"萨岁"的保佑。此外，对于祖先的崇拜在登岑村是仅次于"萨岁"的。每逢农历二月二、清明节，要去祭拜房族的祖先。到正月初一，要把家里去世的老人请回来。祖先回来还能赶走家中不吉利的东西。村寨至今保留着与"款"① 相关的组织——老人协会以及寨老。② 老人协会的成员由寨中不同房族推选德高望重、处事公允的老人组成，虽然当今寨中的很多日常事务由村委会等机构决定，但老人协会的成员和寨老在过年、祭祀等重要场合中，仍然很关键；更有与"款"相关的护林公约，强调保护山林人人有责，对私自占用林地、盗砍集体林地或他人林地、乱砍或盗摘经济林地及林副产品、因放牧或用火导致林地遭到破坏等行为，进行了严格的规定，制定了明确的经济罚款标准。

侗族有浓厚的鬼魂观念，登岑人认为人有三个魂，去世后一个回到生前的家里，一个住在坟里，一个投胎转世。在登岑，流入村寨的小河上、田间的水渠上到处可见一根根杉木架在上边，这在当地被称为"阴桥"或"生命桥"。搭桥的树来自自家林地，家中有小孩都会在水上搭"生命桥"。当家中还在生病或遭遇灾祸时，当地人认为是小孩的灵魂走丢了，家长会找风水先生，带上酒、糯米饭等到自己家

---

① 款是少数民族村寨中具有农村公社性质的社会组织。
② 侗族村寨的长老，一般辈分较高、年纪较大，在群众中有一定的威信。

孩子的生命桥上添一棵杉木，敬香烧纸，如果孩子的灵魂通过生命桥回来，孩子就会健康消灾。这种仪式在当地成为"搭桥"。一旦孩子的灵魂误入了其他生命桥，就要采取"砍桥"仪式了。仪式结束后，如果孩子能逐渐恢复健康，说明他的灵魂误入其他桥还不是太深；如果孩子一直不见好转，说明他的灵魂已经投胎到误入的生命桥的那户人家了。

侗族人相信万物有灵。登岑人也相信这一点，尤其是山和树，是非常有灵性的。在登岑有这样的传说："祖先们从江西迁过来的时候，山上所有的东西都是活的，树全部会走会动。村民在鼓楼附近造纸、纺纱，树会走到人跟前看他们有什么需要的。后来有一天，寨里的人对树说："你们不要这样乱跑，这样会挡着路我们出门不方便。你们只要待在山上就好了，我们以后有什么需要会去找你们的。从此以后所有的树就长在山上不动了。"在每个侗寨，都有保护村寨的风水林，或者后龙山，这片山林都是不允许砍伐的，首先这片山林属于集体林地，其次在侗族人看来只有这里的林木茂盛，林地资源丰富才能保佑寨子风调雨顺。在登岑也有自己的风水林，如果寨中发生了火灾等其他灾害性事件，寨中老人和风水先生首先会认为是风水林遭到了破坏。此外，如果家里有小孩子总是体弱多病，也可以到风水林中找一株古树认作干爹干妈，这样可以保佑小孩健康长大。

（2）节日

登岑村的节日很多，其中比较重要的有春节、清明、农历四月八和农历六月六。

侗族的春节和汉族时间一样，在登岑村，从腊月二十七开始就算是过年了，家里要准备除夕和春节的食材。到正月初一那天，全寨人盛装在鼓楼参加祭祀活动，主要是祭拜侗族大神"萨岁"。从初一开始，村民们互相拜年、走亲戚，寨中的麻将馆也会一整天营业，直到正月十五蒸糯米打糍粑，春节才算过完。

清明节是侗族重要的祭祖节日。这天要去山里清扫坟周围的杂草，给坟堆填土。晚上以房族为单位举行聚餐，开饭前需要准备米酒和糯米饭供奉祖先。

"四月八"也是侗族的重要节日。这天,家家都要食用黑色的糯米饭。这个节日是为了感谢家庭重要的生产资料——牛一年的辛勤劳作,所以除了吃黑糯米饭,这天家里的牛也会休息一天。

"六月六"是我国很多少数民族的重要节日,在黔东南的侗寨,"六月六"是仅次于春节的重要节日,因为这段时间早稻刚熟,所以也称为"尝鲜节"。农历六月六这天,登岑寨村民会身着节日盛装,在鼓楼举行丰富多彩的文娱活动,开展侗戏、侗族大歌、芦笙等丰富多彩的民族表演。

4. 外界关注

距离村寨百米远的山上,有一棵古红豆杉树,树根处有一口泉为红豆山泉,泉水清凉甘甜。到了夏天的早上,太阳出来后,树下就会有蒙蒙细雨,阳光越强烈细雨越明显,持续时间越久。这是曾被中央电视台经济频道报道过的奇观。除此以外,红豆杉树下也是寨中年轻人聚会的好场所。笔者曾看到寨中年轻人欢坐在红豆杉泉不远的地上,吃着烧烤,在泉水中冰镇着啤酒,看到过路的游客还会唱侗歌敬酒。此外,来登岑的人都会被这里壮观的禾仓群震撼到。寨里的古人们为了保存粮食,防止火灾、鼠虫害,就修建了结实的禾仓,下面引入活水。登岑现今有禾仓146栋,其中百年以上的14栋,甚至有三百年以上3栋。禾仓历经多年风雨沧桑,至今仍结实耐用,村民们依旧用来存放粮食。

登岑不仅有壮观的禾仓群、奇特的红豆杉泉,还有一座由日本铁木真电影公司出资修建的"中日友谊鼓楼",这座鼓楼是于1998年投资修建的,该电影公司还以修建鼓楼为题材拍摄了专题纪录片《杉之海·巨大的楼阁》。鼓楼高大雄伟,具有重要的外交和建筑价值,《黔东南日报》曾评价其为"南部侗族地区具有艺术价值和国际影响力的建筑精品"。

此外,距离登岑村200多米,地扪村内有一座生态博物馆。博物馆位于登岑和地扪两寨中间,依山傍水。2007年,美国著名经济学家、诺贝尔经济学奖得主约瑟夫·斯蒂格利茨到博物馆及其社区考察;2007年以来,香港城市大学200多名师生分批次到博物馆学习侗族相关文化和工艺技术；此外，《人民日报》《中国青年报》、新华社、中央电视台等国内外多家媒体曾对博物馆做过相关报道。笔者在登岑开展调研期间，曾在博物馆看到来自不同国家、不同高校的来访者。2014年7月，有来自同济大学建筑专业的100多位师生（包括德国合作教师）来到博物馆社区，他们专门来研究登岑和地扪富有特色的民族建筑，从美学、建筑学的角度记录和研究这里的木建筑，吸取这些传统木建筑的丰富知识，并融入现代建筑理论中。

（二）调研方法

1. 观察法

观察法是指研究者深入研究对象的生活实际中，对研究对象的日常生活过程展开观察。① 观察法的优点在于研究者可以接近研究对象的生活，真实地描述其生活过程，但是也存在缺乏系统性和代表性等缺点。在本书开展过程中，笔者大量采用了观察法，掌握村寨基本物资信息、文化习俗等内容，给本章的写作提供了较为真实的素材。

2. 访谈法

访谈法包括结构访谈和半结构访谈两种主要方式②，笔者主要采用了半结构访谈，在调研后期也做了一部分的结构访谈。访谈法通过与研究对象对话来获得资料，由于村寨中有一些老人学历水平有限，访谈法的运用可以很好地解决这些问题。访谈对象有随机访谈，也会根据研究目的对部分村寨老人（包括寨中风水先生）、妇女主任、村支书、村卫生所医生等对象展开重点访谈。重点访谈的对象主要有编藤筐传人吴老伯夫妇（男74岁，后文标男A；女74岁，后文标女B）、村现妇女主任（女50岁，后文标女C）、村前妇女主任（女52岁，后文标女D）、陕西某高校大三学生（女21岁，后文标女E）、贵阳某高校大一学生（女20岁，后文标女F）、风水先生（男82岁，后文标男G）、村支书（男54岁，后文标男H）、村卫生站医生（男37岁，后文标男I）、村小学教师（男29岁，后文标男J）、曾任地扪

———————————

① 《社会学研究方法》，中国人民大学出版社2001年版，第8页。

② 同上书，第10页。

博物馆馆长的风水先生孙子（男 26 岁，后文标男 K）。此外，还有部分非正式访谈和小组访谈对象，留下记录的有 46 人之多。采用的访谈方式分为个别访谈和小组访谈两种。

3. 问卷调查法

在调查前期，根据登岑村的实际情况，设计了一份问卷，主要关注村寨居民基本信息、家庭资源、家庭生计活动、林地生产与经营以及林业传统知识等方面的问题，目的在于获得更多数据上的信息，使定性研究和定量研究相互补充。对登岑 29 户农户展开问卷调查，调查对象是随机抽样，内容涉及农户家庭基本信息、林地资源管理和林业传统知识等方面。

4. 以扎根理论为基础的资料整理和分析

基于扎根理论①，根据本章的研究角度，对得到的资料从时间和性别方面进行整理。整理程序主要为：①基于观察法和基础资料收集，从资料中产生林业传统知识的概念和尝试分析的角度；②进行相关文献查阅和理论补充，对掌握的资料进行比较分析，在此过程继续收集资料；③构建理论性概念，发展研究内容之间的内在联系；④基于构建的理论性概念，对相关资料进行进一步整理；⑤建构较为系统的理论。其中，问卷调查部分以数据体现为主，便于分析统计。访谈法主要通过笔记与录音结合的方法收集资料，辅以相关图片和视频资料，结合数据对访谈内容进行及时整理、分析，在此过程中根据需要开展深入访谈。

第二节　社会性别视角与林地资源管理

黔东南林地资源管理是我国林地资源利用和管理的一个重要缩影，其丰富的林地资源、悠久的林地资源利用和管理知识与文化都是重要的内容。登岑侗寨地处黔东南深山中，村寨依山傍水，林地资源

---

① 《构建扎根理论》，重庆大学出版社 2009 年版，第 21 页。

利用和管理丰富，经过千百年的发展，逐渐形成了自己完善的林地资源管理体系。社会的发展离不开男女两性分工协作，科学的林地资源利用和管理也同样包含不同性别的重要内容。登岑村作为典型的侗族村寨，它在林地资源利用和管理方面有较为显著的性别特色，本章以社会性别为视角，选取林地资源利用和管理中传统知识丰富的古法造纸、编藤筐、染饭三个案例，介绍和构建基于社会性别的林地资源利用和管理知识。

一 古法造纸——构树及其林地的利用和管理

侗族群众生活在大山里，大山给予了侗族人民丰厚的物质资源。登岑祖辈运用智慧对大山里的资源进行加工利用，构树皮纸成为一种独特的符号，也搭建了登岑人日常生活与林地资源利用和管理的桥梁。构树皮造纸现象在以前非常普遍，目前虽然造纸的人有限，但无论是男女仍然沿袭采集原材料时既可以在承包到户的林地采集构树皮和猕猴桃滕等，也可在集体林地采集的传统。

（一）造纸的溯源

登岑村由于交通、文化等方面的原因，至今仍完整保留古法造纸的技术。每年农历二月左右，妇女和孩子们去山上采集构树皮，因为这个时间的构树有新枝长出，嫩枝做出来的纸较白。采回来的树藤要剥去黑色的皮，再把树藤晒干。等到农历五六月的时候，妇女们开始准备造纸。家中有小孩的一般都会帮忙，他们先把晒干的树皮在水中浸泡，再放到锅里和碱、草木灰一起煮。煮好的树皮再拿去清洗，之后用木棒打碎，在水中浸泡。再将野猕猴桃藤浸泡好的水和构树皮水倒在一起搅拌，呈黏稠状。最后把黏稠的构树皮水均匀浇在磨具上，晒干即成纸。

对于造纸的起源，寨中很多人都表示并不清楚。笔者到 200 米远的地扪村走访，得到了关于造纸这样的说法："寨子里以前有一位很能干的老奶奶，绣花织布样样在行。有一天奶奶梦到墙上涌出了黏糊糊的水，她便随手用织布的撑子去接水。第二天奶奶醒来，发现撑子上的布确实湿了，她拿到屋外晒干后，从布上揭下来一张纸。奶奶受到启发，于是上山寻找合适的材料，反复试验后终于做出了满意的纸。之后，奶奶就把手艺教给了同村的妇女们，后来这门手艺随着村民搬迁，传到了登岑、罗大两个村寨。"造纸的起源在一定程度上反映了女性在这一项传统林地资源利用技艺中扮演的重要角色。

（二）纸的用途及其相关林地资源管理

1. 换棉花

构树皮纸曾经最主要的用途就是换棉花。登岑所在的地理位置海拔较高，大约 700 米，年平均气温在 14℃左右，不适合棉花生长，就算有少量种植，产量也很低。而在黎平县南部的从江县一带温度较高，棉花产量大。在村民的记忆中，20 世纪 30—50 年代是造纸换棉花最热火朝天、发展最迅速的时期，后来逐渐稳定，直到"文化大革命"时期这种交换行为被迫中断。"文化大革命"后还有零散妇女外出换棉花，但规模已经很小了，并且随着经济的发展，这种特有的交换行为开始难觅踪迹。70 多岁的吴婆婆 B 年轻时曾经每年参加"换棉花"大军，她讲道："以前家家都搞这个（换棉花），新中国成立前三八年、三九年的时候换的人最多了。以前很多人要这个纸，别的地方的人不会搞，只有我们会搞。用棉花织布啊、弄棉被什么的，也会拿来包衣服，老人过世也会用这个纸。"棉花和构树皮纸之间交换没有严格的衡量标准，一张纸约一平方米，可以换一把棉花。"也没讲过一斤棉花能换多少纸。就是一坨坨地换，一张纸大约换这么一坨（成年妇女一只手空握起来）棉花。换不了多少，二百张纸能换二三十斤吧。纸好一点白一点，换的时候一把棉花能多抓一些。纸不好、看起来不是那么白，就不给抓很多了。"

换棉花基本上都是妇女们去做。一般在每年的 10 月左右，姐妹、妯娌、邻居们会三五结伴，徒步去邻近的从江县一带换棉花。她们用筐挑 200—300 张构树皮纸，见到村就进。"那时候就是走着呀，哪有什么车。10 月走，路上自己背一些饭和水，到了寨子就进去。快的话一个星期就换完回来了，有时候要走十几天。去了别的寨子，有认识的亲戚晚上就睡他们家，要是没有认识的人晚上我们就一起在鼓楼睡觉，烧个火堆，吃点带的米饭。他们也不是不让我们去别个家睡，但是那时候穷，去了也没有床可以铺。"（女 B）"文化大革命"期间，换棉花的活动自然也被禁止了。但还是有一些大胆的村民，偷偷跑出去换棉花。"那时候跑出去换，只能一个人去，有一年路上遇到了红卫兵，来不及跑，他们就把我的棉花和纸都没收了。出去跑了几天什么也没有了就回寨子了。"（女B）近几年，已经看不到大规模换棉花的踪迹了。受访者中有一位72岁的吴婆婆2000年以后，曾外出换过棉花。她讲道："上次换棉花有十来年了，自己一个人去的。别个也没人去，还是一张纸换一把棉花，我换完了就回来了。换回来的棉花织了布。"

换棉花的过程基本上都是女性参与，但偶尔有男性进行换棉花。20世纪30—50年代，物资紧缺，登岑经济落后交通闭塞，棉花是家庭生活的必需品，而用构树皮纸交换在当时的登岑几乎是唯一的棉花获取途径。如果这家的妇女今年行动不方便，就会由男性外出交换棉花。"有时候他家的女人要生孩子了，要么这家娃娃太小了还得吃奶，这家男人就会出去换棉花。他们刚开始不知道怎么换，就跟着姐姐啊姑姑什么的，等慢慢会换了，就不跟着了，一个人去换。"（男C）随着登岑村经济的发展，集市上买棉花已经是很方便的事情了。造纸、挑纸外出换棉花所消耗的时间和劳动力成本太大，这种交换方式发生了较大的变化，已经逐渐被淘汰，纸的大规模用途似乎已经不存在了。

2. 祭祀和其他宗教活动

如今的登岑几乎看不到用构树皮纸换棉花了，但是在村寨只要细心留意，随处可见构树皮纸。鼓楼里、花桥上、禾仓上、村民家中、村寨新修建的凉亭上，甚至有的树上，都可见剪成某种样式的构树皮纸挂在梁上或房柱上。不仅是建筑方面，在村寨的一些重大活动中，构树皮纸也是随处可见。它仍然在村民的生产生活中发挥着重要的作用。

这种构树皮纸剪的花式主要有几种：①像简易鼓楼一样的形状。主要是挂在房屋内的墙上，用于保佑房子平安。②类似于牛、羊等一些动物的形状。这些可在树上、禾仓上、鼓楼里等地方见到。登岑寨新修的凉亭上也能见到剪成这样的构树皮纸。因为凉亭和鼓楼一样，属于公共建筑，所以不同于民宅中的剪纸样式。

不是每个人都能剪这些类型的纸，由寨中的风水先生剪出来是最具有灵气的，效果最好。风水先生都是男性，在登岑没有出现过女性成为风水先生的故事。很多情况下，父亲是风水先生，会把相关知识教给自己的儿子。当今登岑最有威望的风水先生是合村以前村支书的父亲吴老先生。但是吴老先生的儿子、孙子中没有人对这些风水知识感兴趣，他的一个孙子告诉我，这种情况如果其他人愿意学习风水知识，而且有一定的天赋，吴老先生是很愿意教的。

此外，构树皮纸还有其他用途：①剪成冥币，祭奠死去的人。现在，随着市场上冥币的多样化，价格也很便宜，登岑人已经逐渐不用构树皮纸做成冥币烧给亡人了。②写一些辟邪的话语，用来消灾免祸。在登岑，笔者曾看到风雨桥桥头挂着构树皮纸做的"符咒"，其用途主要是某家有小孩子晚上总是哭闹，挂上这样的"符咒"可以很有效地制止小孩晚上的哭闹。③用于各种做法事的场合。侗族人是很相信一些非自然力量的，登岑人也不例外。每年正月初一，寨中的风水先生和一些寨老、村干部等人会汇集在鼓楼，由风水先生做法事，保佑村寨来年风调雨顺。此外，寨中若发生了不吉利的事，尤其是火灾，风水先生一定要做一场法事。例如，发生火灾，就会看是否有人"偷山"，偷了哪边的山。在登岑人看来，寨子风调雨顺，是跟身后的大山息息相关的。所谓"偷山"，就是有其他地方的人看到寨中某处的山风水比较好，就会在风水好的这片山上埋一根管子，将他家去世之人的骨灰拿来，顺着管子用水冲到山里，过一段时间，那些骨灰就变成像泥鳅一样的东西，这片山的风水就被别人偷走了，山被偷走的前两三年一般看不出来，到了后几年寨中就会发生不吉利的事情。登岑寨有80多年没发生过大规模的火灾，最近的一次是2011年，当时的村支书家里发生了一场小规模的火灾，烧了支书一户人家。之后，村寨举办了法事，由风水先生在鼓楼作法，称为"跳马"。在作法过程中，蒙上风水先生的眼睛，还要点燃木头熏出很多烟，周围铺上构树皮纸，风水先生边作法边洒水，水洒到了哪边的纸上，就是哪边的山被偷了。当时作法之后，大家在被偷的山上果然找到了埋着的管子，以及管子里泥鳅状的骨灰。

3. 留存侗戏戏文

黎平县是侗族自治县，而茅贡乡被称为"侗戏之乡"，登岑的侗戏文化无例外也保存得非常好。在登岑，侗戏歌师、导演均为男性，同时，参与侗戏表演的演员则根据剧情和角色安排有男有女。

在侗族有了文字后，侗戏歌师们就把戏文记录在构树皮纸装订的册子上。构树皮纸书册非常结实耐用，戏文每年拿出来反复翻阅，书册都依然完好，文字也不褪色。

侗戏戏文阅读起来有一定难度，笔者问到几位登岑的村民，他们都看不懂侗戏戏文，尤其是年轻人，对于戏文内容更是一头雾水，几乎只有村寨歌师能够读出戏文的内容。但是唱出来的戏文大家就听得津津有味了。前文提到，村寨以前的小学现在变成了排练侗戏的活动场所，有一段时间几乎是每天晚上，乐师、歌师等齐聚一堂，由一位歌师看着书册读戏文，演员们跟着歌师一句一句记。村民们有一些热情的观众围坐在周围，聊天、看戏，时不时发出阵阵笑声。

4. 作为地方特色的旅游产品

贵州是少数民族聚居地，走遍贵州，除了秀美的山川河流，最吸引人的当属各地丰富多彩的少数民族人文美景了。随着黎平肇兴侗寨、雷山西江千户苗寨等一些富有民族特色的旅游产业的兴起，越来越多的少数民族村寨开始有意识地发扬自身特点，从服饰、文化演出、建筑特色、山水景观等方方面面开始宣传。

经济的发展确实逐渐淘汰了构树皮纸换棉花的用途，但是却衍生出了另外一项用途——作为地方特色旅游商品出售。

登岑村的造纸在当地是小有名气的。笔者在调研过程中，时常会看到一些来旅游或者调研的人，他们往往会花几块钱买一张构树皮纸作为纪念。笔者第一次去登岑调研时，也对传统神秘的造纸技术好奇不已，去村寨第一天休整后，在村头看到几个妇女乘凉聊天，便问她们谁会造纸。其中一位阿姨说她会，问我要看一看吗？笔者便跟着去了这位妇女的家。她回家后告诉她的婆婆，有人想买纸。老婆婆颤颤巍巍地从里屋取了几张纸出来，笔者问了一些问题，阿姨的丈夫也很开心地主动过来回答我的一些疑问，告诉我小一点的纸 5 元一张，大一点的 7 元一张。买纸的人不是很多，但是外地来旅游的人基本上都会买一张的。在之后的调研过程中，尤其是一些还不认识的村民，在笔者问到他们关于造纸的问题时，总会问笔者是要买一张构树皮纸吗？纸能出售得到一定的经济收入，这在一定程度上增强了大家造纸的积极性。

（三）讨论和小结

1. 女性造纸与林地资源利用和管理

在登岑，造纸、换棉花几乎是妇女们特有的社会活动，而造纸的原料几乎都来自森林，这也使妇女对构树及其所在的土地和周边生态有自己的认识，从上山采集构树皮开始，妇女们就知道土地的可持续利用，会注意保护林地的相关生态，保障原材料的可持续利用。农历二月开始，妇女们上山采集构树皮，山上的构树有两种，一种是藤，另一种是树，造纸需要的是藤。"小时候跟着妈妈她们上山，藤要弄回来，树不用。藤砍的时候也得注意不能弄主藤，只能摘旁边的一些枝丫。"（女 F）选用构树藤而非构树的原因，是"藤那个砍得越多长得越好，今年砍了枝丫明年过去又长出来了，而且更多更茂盛。树就不行了，砍了就没了。"（女 E）此外，有一些妇女们会从母亲、祖母那里得到这样的信息：不能重复在一片地上砍构树藤，今年在这片地砍了，明年就要换一个地方，虽然构树对林地土壤肥力要求不是很高，但仍然需要给它们足够的时间恢复，不能无限地索取，这些树和藤一般在较远的林地上，近处的林地一般不太适合它生长。虽然从事获取造纸原料工作的主要是妇女，但是寨中一些儿童、成年男性也能说出一些砍构树藤的注意事项，如只能用藤不能砍树、藤越砍越茂盛等。这是因为妇女们在山上砍构树藤的时候经常会带上家里的儿童，潜移默化地向他们灌输一些保护林地资源和生态的知识。女童们逐渐掌握了这门技术，男童们也在不知不觉中有了林地资源可持续发展的意识。

从女性的角度看，造纸这一项传统林地资源利用和管理知识，对其生产生活有重要意义如图2-4所示。女性在登岑社区中习得关于造纸的技艺以及原材料获取的过程中运用传统林地资源利用和管理知识，通过作为旅游产品出售增加收入，以及换棉花等途径，又增强了她们对林地资源利用和管理的信心和希望，从而巩固了她们对于林地资源利用和管理中传统知识的理解和认识，有利于可持续发展和生态文明建设。

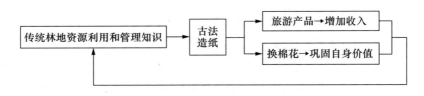

图 2-4 古法造纸对女性的意义

2. 构树皮纸的利用和林地资源管理知识——从男性角度

构树皮纸很大一部分作用依靠男性为媒介展示。祭祀、丧葬等活动用到的构树皮纸由男性操作，而侗戏戏文在登岑历来也是由男性记录。登岑排演的侗戏有的与神话故事有关，有的则取材于日常生活。2014年的"六月六"，是2013年合村以后的第一个"六月六"，地扪、登岑、罗大三个寨一起在地扪欢度节日。2014年农历三月，地扪有人偷砍了登岑的树，被发现，给登岑赔了款。这件事被登岑改编成侗戏写在构树皮纸上，搬上了"六月六"的大舞台。戏中偷树的人非常后悔，表示树是大家辛苦种的，自己实在不应该这样，希望能得到登岑村民们的原谅。演出在当地几个村寨中引起了不小的反响，成为登岑、地扪乃至罗大寨家喻户晓的小故事，在几个月后仍然被村民们津津乐道。登岑的劳动人民运用他们的智慧，把与林地资源利用和管理相关的生活事件写成戏文，搬上舞台，通过艺术表演的形式，在达到娱乐的同时，传播村寨林地资源利用和管理知识，巩固以社区为基础的林地资源利用和管理。男性在使用构树皮纸的过程中，也形成了他们对林地资源独特的管理理念。通过"使用构树皮纸→保存侗戏戏文→戏文宣传保护林地资源和生态"，每一个记录侗戏戏文、观看侗戏并且宣传精彩戏剧内容的居民，都成为保护林地资源和生态的参与者。此外，男性在祭祀和丧葬场合使用构树皮，这种被登岑人认为"可以连接阴阳"的纸增加了登岑人对于林地和大山的神秘感和崇拜感，进而敬畏大自然、保护大自然。

3. 造纸对妇女的意义

女性在换棉花的过程中有一定的优势。访谈的过程中，有妇女谈到在交换棉花的过程中，她们会因为一把棉花抓得多少的问题，跟棉花主人争论，力求一张纸能换多一点棉花。这样类似于讨价还价的过程女性有着天然的性别优势，男性往往很难对对方提出的交换方案做出异议，因为他们认为"没多大区别"。此外，女性更具有群体性，她们三五个甚至六七个结伴外出，一路上既能最大限度地保障安全互相照应，又能排解寂寞，逐渐形成了稳定的群体行为模式。而男性更具有独立性，我们会经常见一群妇女结伴去赶集、探亲等，但很少见一群男性结伴而行。

不仅是换棉花，在造纸的过程中女性也有其特定的行为模式。登岑村的妇女们在农历五月开始，在村寨鼓楼附近搭磨具、准备材料，带上家中的儿童作为帮手，开始造纸工作。"五月我们就去鼓楼，那边有水有空地，大家边造纸边聊天，反正什么都聊。"（女 B）造纸不仅是一项生计活动，也是一条社交渠道。妇女们集中在鼓楼附近，那里有方便的水源，也有宽敞的空间，她们一边劳动一边聊家长里短，在这个场所沟通造纸的心得，发泄在家庭生活中遇到的不快和苦闷，这也强化了造纸这个过程妇女的参与性，使男性更加不愿意参与造纸的过程。

此外，不论是过去用构树皮纸换棉花，还是现今出售构树皮纸得到经济收入，都给妇女带来了一定的个人满足感。67 岁的吴婆婆讲到自己过去换棉花的经历，还是非常自豪的，"我以前每年都出去换，开始跟着母亲她们，后来自己也能去了。换的棉花做了很多衣服，给父母亲做，后来成家了给丈夫和孩子做。"在谈到作为旅游产品出售时，52 岁的阿姨说："我卖过好几张纸，得了几十块钱，给我的孙子孙女买了零食。"

寨中的男性对于妇女通过造纸带来的收益也是很肯定的。他们认为，以前妇女们外出换棉花很辛苦，能给家里织布、染衣服；现今只要旅游搞起来，还能作为旅游商品出售，是非常值得赞扬的。

二 林地资源——竹子和桃树藤的利用和管理

侗族祖辈生活在大山里，他们依山傍水，靠山吃山，生活的土地给予了他们无限的资源，衣食住行中处处可见大山的馈赠品。传统的各种各样的藤筐成为最常见的一种家庭生产生活工具，体现了侗族人与大山（林地）之间的亲密共生，其中也体现了男女的不同。竹子和藤的生长土地条件不一样，藤比较难生长，主要在茅草坡生长多，由于大规模种植杉树和退耕还林种植楠竹，这些土地上生长的藤等原材料在减少；竹子由于是新引进的品种，面积没有减少，但加工成日常用的竹制品并没有本地竹子质量好。另外，当地野生的竹子是随便砍来编藤筐，但退耕还林地的楠竹就不能随便用。

（一）藤筐——"人地互动"的手工艺成果

在登岑侗寨，农户家可以没有冰箱、没有电视，但是有一样东西每家必然都有，那就是竹、藤编制成的藤筐。① 编制藤筐的季节在冬季，因为那时候的竹子没有叶子，做的时候方便一些。藤筐的形状、用处都非常多。从外形和用途上分主要有以下几种：①装家禽和其他食材，如鸡筐、鱼筐等。②生产生活工具。最常见的是用来装镰刀的藤筐，此外，田埂运输石头、结婚运输蔬菜、丧葬运输腌鱼米饭、运输稻谷、晒粮食等生产生活方面可以见到各式各样的藤筐。③其他创新用途。在笔者邀请的侗族翻译家里，见到一个袖珍的藤筐，是翻译的父亲编制给孩童时的她的，用途是装孩子玩耍时抓到的蛐蛐等昆虫。袖珍藤筐的外形类似装鱼的筐，但体积只有拳头大小。这种创意不仅让人眼前一亮，还体现了侗族男性浓浓的亲子之情。此外，较为破旧的藤筐也不会被闲置，有些成为村寨角落的垃圾桶，体现了登岑人的环保意识。原材料主要有两种：①竹子编制的筐。竹子柔韧性好，竹条的宽度选择性较大，所以一些外形复杂的筐一般会选用竹子

---

① 编制材料分为竹和藤，当地统一称为藤筐。

编制，如装镰刀筐等。这种筐在村寨会的人要多一些。②桃树藤。树藤较结实，柔韧性差，编制难度较大，在编制过程中需要使很大的力气才能将藤编成想要的形状。一般装菜的筐会选用这种材质。

藤筐的来源途径有两种：①家里的男性自己编制。样式简单的藤筐寨里很多成年男性都会，但是做出来的结实和美观程度有很大区别。②购买。寨中有几位师傅藤筐编制得特别好，美观耐用，别的村民有时候会找他们买。此外，每逢赶集，集市上都会有人挑着各种样式的藤筐出售。价格方面，装镰刀的藤筐一般 30 元一个；装菜的筐依大小价格在 30—50 元不等；装鱼的最贵，一般为 100 元一个。在几种常规的藤筐中，装镰刀的藤筐是很小巧但难度较大的，这种藤筐可以很好地区分出编制师傅的手艺来。筐口太小镰刀不好放进去，筐口太大走山路东西容易掉出来。此外，装鱼的藤筐也能鉴别师傅手艺的高低，因为这种藤筐比较大，工艺较为复杂，编制的紧实程度直接决定其实用性，所以是手工费最贵的一种。基于这样的标准，在问到谁会编藤筐时，寨中受访者几乎都会提到一位 2013 年年底去世的吴老伯。登岑人以前是不会编藤筐的，但会编竹筐，从吴老伯开始这门手艺才逐渐传入登岑，吴老伯教会了很多人，老人家自学成才，观察其他人编藤筐后，经过琢磨与练习而青出于蓝。老伯编制的藤筐大小合适、样式美观、结实耐用，人们只要想学都可以找吴老伯教他，所以老人在村寨里很受尊敬。十里八乡很多人会特意来找吴老伯编藤筐，他们自己备好所需的竹条或藤条，付给老人一定的工钱。

在登岑人看来，编藤筐像做木匠一样，是一门手艺活。但是一个外形美观、结实耐用的藤筐所需要的时间还是比较久的，程序简单的半天多，程序复杂如鱼筐则需要 2—3 天的工夫。当然，大多数男性只是把编藤筐作为副业，在闲暇的时候完成一些。

（二）男性的"专职"

"那是男人们做的事情"。在问到女性有关编藤筐的信息时，这往往是她们最先说的一句话。如果家里有一位男性从事编藤筐的副业，并且能带来一定的经济收入，家中女性对此会很支持。寨中一位 77 岁的吴婆婆，丈夫也是和她一样大，四年前开始跟本寨最好的编藤筐师傅学习，两年后手艺逐渐娴熟，开始外出靠手艺赚钱。"年纪大了，但是因为没钱用，他就去学了这个。会编藤筐可以拿出去卖，编的好了还有人花钱请他去做。我当时是很支持他去学的，感觉做这个也不是很辛苦。他主要是跟着他的师父去别的寨子做，岩洞一带去得多。"（女 B）吴婆婆的儿子学习了另一门手艺活儿——木匠。"木匠更辛苦，他懒得学编藤筐，他更愿意学木匠。"（女 B）因为藤筐经济效益不明显，虽然活儿精细，有些地方的操作也是力量性的，所以很少有年轻人愿意学习这门手艺。

23 岁的小吴以前外出打工，今年没有出去。他认为"编藤筐不是很辛苦，但是做起来挺麻烦的"，"女的懒嘛，不学。也不能说都是懒，她们学不会这个，一个筐要几百根条。几百个条来编一个筐啊，别说自己记了，就是用笔记下来都很难"。小吴认为，要说寨子里会编藤筐的，很多年纪大一点的都会，但是大多数人手艺谈不上太精湛，编的藤筐外形不够美观。编得好的只有三个人，即 2013 年底去世的老伯和他的两个徒弟编得最好。在一些不会编藤筐的村民看来，对能娴熟掌握这门手艺的人"很佩服，当然佩服，只是自己没办法学不会。那个其实用处也不大，但要是有人会的话，好好学习那门手艺，把它流传下来。""现在很多年轻人都不想学。我也不想学。需要了买就行了"。（男 K）

寨中曾有一位妇女会编藤筐，后来远嫁他乡。虽然在很多人看来，这门手艺难度大，但是他们不认为这名妇女编得好是因为她比别人聪明。"谈不上聪明，跟那个没关系，就是看得多了做得多了就会了"（男 I）。而妇女们对此的看法则不尽相同："以前她会，挺厉害的，弄得挺好的。"（女 C）

（三）讨论和小结

1. 藤筐与林地资源利用和管理

编藤筐所需要的桃树藤在登岑以前并不多见，而竹子比较常见，群众把它作为一种原材料来编制藤筐，后来楠竹由于政府项目的实施开始在登岑种植，楠竹也逐渐成为编制藤筐的一种原料。之后，随着不适宜耕种的土地退耕还林，竹子更加多了起来。"竹子多了好啊，山上风景也好空气也好，用竹子搞点什么做点什么取来也方便了。"但是另一种原材料桃树藤却不多见了。"那种藤以前就少，这几年更少了。有时候要到罗大、坝寨那边去找。"（男A）对于桃树藤减少的原因，54岁的吴大叔这样认为："这几年很多年轻人都出去打工了，他们也不学编这个筐，觉得没用也得不了多少钱，要什么样的出去几十块钱买就行了，那些树没人管了。""肯定觉得有点可惜啊，但是也没办法，做的人少了，我们年纪也大了。"（男H）话语不乏可惜。以往家庭需要藤筐，精打细算的登岑人喜欢去山上寻找原料，并且尽可能自己动手编制，藤筐越来越广泛地被应用在生活中，带来这些材料的桃树也被男性有意无意地用心护理，男性在处理桃树藤的过程中，会挑较为年轻且枝丫茂盛的桃树藤。这恰恰迎合了当地桃树藤的生长规律，因为桃树藤生长快、寿命也较短，生长过程中偏爱充足的光照，所以对桃树藤的挑选习惯既符合桃树藤的生长规律，又改善了桃树藤的生长状态。也正是因为桃树藤寿命较短，在对桃树藤需求越来越少的情况下，山上的桃树藤渐渐失去了管理。

编藤筐是一种技能，更像是一种编织手工艺，具有一定的艺术性，大学生E就用"作品"来形容这个林产品的加工品。男性在加工竹藤或桃树藤的过程中，倾入自己的智慧，不断翻新花样、拓展功能、完善外形，给"藤筐家族"注入丰富多彩的内容，虽然大多数登岑人并没有这个意识，但是藤筐确实在某些方面成为一种艺术形式，反映了登岑男性改造自然的主动性和创造力。因此，男性编藤筐不仅被视作一种技能或手艺，成为随处可见的一种物质资料，甚至上升为商品和仪式用品，成为一个符号，建立了登岑男性在生产生活中与大山、林地、森林的亲密联系，促进了男性对林地资源的利用和管理。

在国家退耕还林保护水土的政策大力倡导下，登岑的楠竹种植比例增加，面积增大，楠竹成为林地中一种较为普遍易得的资源。男性除了继续使用桃树藤外，也开始逐渐运用更方便获取的楠竹来编制藤筐，而女性则开始利用楠竹笋，但由于以前没有种植楠竹，因此没有相关传统的知识去指导挖竹笋，群众技术的获取还十分欠缺。林地资源的利用在发生着改变，也影响着男女两性利用知识的重新建构。

2. 藤筐的商品性——从女性主义地理学的角度

除了集体活动，一些公共场合也是这样。距离登岑6千米远的坝寨乡政府所在地，和4千米远的茅贡乡政府所在地，每逢五天都会有赶集。集市上可以看到形形色色的藤筐，有的作为盛放物品的工具，有的作为商品出售。出售的藤筐形式以放镰刀的小竹筐为主，都是男性捆着七八个筐在销售，价格为二十元到三十元不等。集市似乎可以被称为"妇女们的集会"，年长的婆婆们挑着一筐筐蔬菜出售，中年的阿姨们扛着一袋袋的各式药材、林副产品与收购老板讨价还价。卖食品、服装和家庭用品的摊铺前，也围满了前来赶集的妇女们。她们有的给孙子外孙等晚辈买零食，有的为家里添置衣物和生活用品，有的购买猪肉、蔬菜等食材。

像构树皮纸一样，藤筐在登岑人的生活中，是生活随处可见的工具，也是一种商品。其生活工具功能主要通过女性使用来体现，具有随意性。而当藤筐成为在生活中被赋予经济价值的商品时，则整个过程依托男性为媒介。女性主义地理学从空间角度上认为，在家庭和社区空间上男性外出方式较多，女性更容易被留在家中，女性为了保障生活在经济方面需要依托男性。藤筐在实现商品属性过程中，基本上都是由男性推动；而其转化为生活生产工具时，则由男女两性根据需要共同利用。

3. 藤筐的仪式性

登岑的集体活动很多，春节、"六月六"这样的传统节日自然是举寨庆祝的，同时丧葬嫁娶、生子添丁也是寨中人集体聚会的时间。每逢集体活动，全寨男女老少一起出动，各司其职，吃喝谈笑。例如丧葬，2014年6月寨中有一位老婆婆去世，中午12点，大家吃过午饭就开始送葬。全村男女老少一起出动，大家自发跟随队伍走。婆婆的女婿、侄女婿、外甥女婿都需要挑一份腌鱼、米酒一壶、粥一碗（许多人家用市面上出售的八宝粥两罐来代替）、米饭一罐。盛放腌鱼、米饭所用均为藤筐，这样才会显示亲属家庭的重视和祝福之意。从12点开始起身，全程一直会放爆竹，只有这样才不会有不吉利的东西跟着。队伍行至红豆杉泉，年纪大和身体不好的人可以回寨子，其他人自发自觉地继续行进。一过红豆杉泉，有一条大路和一条小路，大家井然有序地选择自己要走的道路前行。行至距村一里外的凉亭，负责晚饭的人会返回村寨。到了时辰，风水先生到挖好的坑旁，念念有词，然后跳进坑中，把准备好的构树皮纸铺在坑底。随后先生上来，从藤筐中抓出一只大公鸡，唱一段，用镰刀割断鸡脖子，将公鸡扔进坑里，鸡血洒在构树皮纸上，这时要看鸡血撒向哪个方向，就说明哪边的山比较好。老人的子女们集中到坟前，棺木开始准备下葬。寨里其他人就可以回去了。

丧葬过程中，所有盛放祭品和法事用品的工具几乎都是各种各样的藤筐，不论是食材、工具还是祭祀用的构树皮纸、公鸡，均由藤筐作为搬运或盛放工具。藤筐具有很重要的仪式作用，可以显示村民对活动的重视。

三　林地的馈赠——黑糯米饭

大山给了侗族人栖息之地，也给予了他们丰富的食材。侗族人民从林地丰富的植被中，发现可以用在生活中的枝、叶、果等元素，农历"四月八"的黑糯米饭，就是侗族等少数民族地区的群众，在林地资源利用和管理的过程中，把树叶作为生活资料，与传统节日和神话传说相结合，形成特有的庆祝方式。群众对这些林地中的植物资源都有很好的保护意识，其目的就是便于大家使用。

（一）染饭溯源、植物及相关林地资源管理

侗族人相信"万物有灵"，在登岑走访的几位群众并不清楚黑糯米饭的由来，只是大概说"因为这样饭看起来不干净"，至于为什么要让饭看起来不干净，很多人并不清楚。F的母亲提供了这样的说法："很早以前，在登岑不仅是树会动，牛也是会讲话的。有一天，牛对人说：我们每天这么辛苦，吃的也不好住的也不好。祖先听到，就把糯米饭染成黑色，看起来像牛的粪便一样，牛看到人吃这些，就继续辛勤劳作了。"于是在每年的农历四月八，家家都会吃黑色的糯米饭，并且会给家里的牛准备丰盛的饲料，且这一天牛可以"休工"，大家以这种方式来感谢牛一年的辛勤。吃黑糯米饭的传统在登岑已经有几百年的历史，已经成为登岑"四月八"特有的文化模式。

糯米饭由一种梅桐叶或南烛叶浸泡染制而成。由农民在农历四月初七摘下，带回家后把树叶捋下并捣烂，用泉水将捣烂的梅桐叶泡起来，再和糯米泡在一起，经过一个晚上的浸泡后，蒸出来的即为墨色的糯米饭，端上四月八的餐桌。制作黑糯米饭的过程称为"染饭"。相比较造纸和编藤筐，染饭是一项操作简单、原料易得的工作。

（二）讨论和小结

1. "地理学想象力"

社会性别理论认为，女性处于所有社会的边缘地带，不同于男性的中间地位。[①] 但是女性在处理人地关系的过程中，具有一定的"地理学想象力"[②]，这种想象力使女性与土地的契合更加亲切。在社区场所中处于较为边缘位置的厨房是女性主要的活动地域之一，妇女在适应"巧妇"角色的过程中，充分利用自己的聪明智慧，从林地产品中挑选合适的植物丰富日常生活和节日的内涵；同时，在人地互动的过程中，发挥自己的想象力，给林地产品、食物、节日等内容赋予内涵，融入侗族女性朴素的、人地物平等的观念。

2. 染饭原材料获取过程中的林地资源利用和管理

男女两性社会性别的不同定势，决定了两性对于林地资源利用和管理的不同习惯法。男性是外扩性的，更倾向于"改造"林地资源；女性是包容性的，更倾向于"亲近和保护"林地资源，更有利于林地资源的生态管理。

"男的只会吃"，这是在问到大家染饭问题时，几乎所有的受访者要说到的一句话，半开玩笑，却也能反映在染饭这一活动中女性的主体功能地位。"这种叶子很普遍，山上很多地方都有，小时候跟着母亲在山上，看见她们怎么摘，就会了。""这种叶子不好吃，染出来的饭香。四月八的时候刚好是叶子很嫩的时候，从田里回来，田埂上路两旁有很多。"在谈到林地权属问题方面，婆婆讲道："这个不分谁家

---

① 《马克思恩格斯选集》第1卷，人民出版社1972年版。

② Monk, J., "Place Matters: Comparative International Perspectives on Feminist Geography", *The Professional Geographer*, Vol. 46, No. 3, 1994.

的，路过哪里方便哪里摘。"（女D）女性在谈到"染饭"的过程都充满了自豪感，她们很愿意展示自己熟悉的这项技能，笔者在7月的时候前往登岑，村里的前妇女主任煮了黑糯米饭，并且告诉笔者："这段时间大部分叶子老了，染出来的饭比较硬，要去三公里以外的一个沟里，那边的叶子相对来说还嫩一点，但还是不如四月八的时候好。"其实很多男性也熟悉一些传统染饭知识，并且在家庭需要的情况下也会采叶子回来。有时候农历四月初七这天，夫妻两人去往不同的田地劳作，男性见田埂（一般也是林地边缘，山区农林混作的种植模式较为突出）附近的梅桐叶长势较好较嫩，那就由男性采回来。"我家男的摘得不好，叶子大枝丫多"（女C），虽然如此，但是在笔者随机问到的20户家庭中，都有由家中男性采摘梅桐叶制作染饭的经历，他们也较为熟悉与梅桐叶有关的知识。

由于染饭相对来说操作简单快捷，因此只有在烹饪过程中有较为明显的性别分工，原料获得方面性别区别较为模糊。但是不同性别对此仍然有不同的理解。女性通常会了解可以染饭的叶子有四五种，除了梅桐叶，像杨桐叶、南烛叶、枫叶同样具有染饭功效，但是梅桐叶比较好，前妇女主任讲道："这种叶子是一种药，可以强身健体，清热解毒。"（女C）同时她们在采摘的过程中，会考虑哪个地方的树叶较长、长得较好就去哪边，而不去比较贫瘠的地方采摘，这样有利于林地资源的可持续利用和生态系统的自我调节；而男性更偏向于关心哪个地方的距离与所在的田地比较近，可以节约时间，因为"四月八"期间农活较忙，他们去田里劳作更多一些。

四　小结——基于人地关系理论

人地关系理论经历了"协调论""共生论""协同论"等阶段，而现代人地关系的目的主要在于解决人口、资源、环境和发展之间的矛盾，同样，侗族群众在与林地的互动过程中所建立的"人地关系"，亦是旨在解决人口、资源、环境和发展之间的矛盾——通过朴素的林地资源管理知识，实现生产生活、林业资源、森林环境、区域发展的和谐。

结合登岑护林公约，"人地关系"中的人口问题，在侗族群众林地资源管理中体现为生计问题，登岑护林公约中为了加强山林管理而制定的对丢荒菜地、乱砍乱摘林产品等行为即为具体表现；而构树皮纸换棉花、梅桐叶染饭、藤筐用作农副产品销售工具，则是生计问题较为抽象的表现。资源方面，"人地关系"既表现为侗族群众和林地资源的关系，对现有林地资源的保护不仅体现在个人层面，也包括集体林地资源的保护。在此基础上，强调对森林环境的保护，并提出具体措施，如禁止畜牧踩踏林地等，而从社会性别角度，侗族群众对森林环境的保护和重视内涵更为丰富，从思想观念层次上保护森林环境。当然，解决这些问题只是基础，最终是要实现整体发展。发展层面上，侗族林业传统知识具有较好的系统性，在解决了生计、环境保护等问题的基础上，侗族人民运用智慧探索如何发展的问题。

第三节 讨论、结论与政策启示

一 讨论与结论

登岑侗寨的自然环境为当地林地资源利用和保护提供了良好的天然条件，但是要想做到既能发展经济又保住青山绿水和林地资源的可持续发展，就需要一定的智慧。登岑在处理当地林地资源利用和生计的过程中，融合了当地的宗教信仰、文化传统、性别习惯、禁忌和管理制度，使林地资源的利用和保护与地方传统文化形成耦合，融会贯通形成了本土林地资源利用和管理的传统知识。

在登岑人生活的土地上，群众靠山吃山靠水吃水，把智慧和对大山的敬畏融入生产生活实践中，古法造纸、侗戏、编藤筐这些艺术形式逐渐形成和成熟。每一个民族的现实情况决定着这个民族的心理，而这个民族的心理状态又决定着这个民族的艺术；[1] 反之，我们可以通过这个民族的艺术来分析它的心理状态和环境情况。女性在登岑的对外交流过程中占有重要地位，这是基于登岑女性对传统林地资源利

---

① ［俄］普列汉诺夫：《论艺术》，生活·读书·新知三联书店1973年版。

用和管理知识——构树皮纸的精良制造技艺,在封建闭塞的过去,妇女们外出换棉花非常频繁,这是林副产品的巧妙利用带给她们的好处。"土地资源利用和管理→利用林副产品→外出→改善生活、提高地位→促进林副产品利用→保护土地和生态",实现良性循环,有效推动了当地土地资源,特别是林地资源的利用和管理,贡献于生态和经济建设。以下通过本章的案例来探讨社会性别视角下的传统林地资源利用和管理知识。

(一)妇女在社区林地资源管理中的作用

1. 妇女在林业传统知识和林地资源管理中的创造性

女性在林业传统知识的传播过程中,担任重要角色。项目调研小组成员走访贵州①、湖南②、广西③三地的侗族村寨,累计进行了300份问卷的调查,有效问卷287份。侗族民众获得林业传统知识的途径主要通过寨中老人、家中母亲或祖母(外祖母)的口中得知,"小时候妈妈经常说那边的山和树很厉害不能砍,不能破坏,否则会发生不吉利的事情"(男J),此外还有其他习得方式如通过其他家庭成员或亲属(丈夫、姑姑等)、通过侗歌侗戏、通过碑文传说等。

通过表2-2统计可以发现,家庭中女性对下一代传统知识传播占主要地位,在贵州和广西地区甚至可以达到90%以上。因为母亲或祖母(外祖母)在儿童社会化的过程中扮演着非常重要的角色,贵州等少数民族聚居地山地较多,妇女在孩子很小的时候就会背着他们进行生产活动,在大多数家庭中,妇女是为子女传递传统知识的第一位老师,在孩子心里逐渐形成敬畏山、树,敬畏大自然的意识,掌握了一部分实用的林业传统知识,并且运用到将来的生活中,"小时候跟着妈妈学的,看一两次就会了染饭。知道摘什么叶子,也知道怎么做了。"(女F)在侗族社区,女性往往具有细腻、包容、勤劳、活泼的

---

① 锦屏县石引寨,锦屏县魁胆寨,榕江县乌公寨,榕江县晚寨,黎平县漂安寨,黎平县登岑寨。

② 通道县上湘寨,通道县盘寨,靖州县枫香村。

③ 三江县归盆寨,三江县邑团寨。

特质，女性长辈在帮助子女尤其是女童实现社会化的过程中，在规范子女行为的同时，向子女传达了系统的林业传统知识，女性长辈会从社会性别的角度，给予子女不同的知识和侧重点，通过代际传递的方式，加强社会性别在林业传统知识中的功能性，某种程度上女性是少数民族林业传统知识的创造者①，这样的无意识创造同样衍生到妇女在林地资源管理中。

表 2 - 2　　　　　　　　湘桂黔传统知识习得情况对比

	湖南	广西	贵州
主要获得方式为一种 （%）	87.1	76	58.2
通过老人习得 （%）	16.1	16	44.7
通过母亲或祖母习得 （%）	74.2	92.3	92.9

2. 林地资源管理中的主动性和发展性

不同性别的林地管理知识是在社会和家庭环境，以及父母与子女的关系中逐渐构建起来的，女性关注着家庭生活中的衣食吃穿，在利用林地资源的同时，主动关注这些资源给予的家庭经济效益、社会效益，以及村庄的生态效益；且这些关注不是亘古不变的，会随着经验的增长和时间的推移，加之女性自己的生活智慧，衍生出各种传说以及文化，形成较为稳定的模式。

由于男女两性的社会性不同，在体验、理解以及评价林地资源利用和管理方面存在差异。男性更偏重对林地资源的"改造"，而女性更偏重于"保护"，这与方刚②等结论较为一致，因此女性在保护林地资源时更具有主动性，更有利于林地生态管理。同时，女性在运用林业传统知识对林地资源进行管理的过程中，对当地植物群落的野生

---

① 杨国才：《社会性别视野下少数民族妇女与生态环境保护》，《云南民族大学学报》（哲学社会科学版）2007 年第 3 期。

② 方刚、王玲玲：《生态文明建设需重视社会性别影响因素》，《山西师范大学学报》（社会科学版）2010 年第 4 期。

特性、药用功效等更了解，这在一些国内外研究中都有共识。[①]

（二）男性巩固和丰富了林地资源管理和林业传统知识的内涵

1. 男性丰富的林地资源管理的传统知识

在女权运动的倡导和发展下，许多学者的目光聚集在侗族女性身上，在某种程度上弱化了男性在丰富林地资源管理中拥有的传统知识。在 2012 年调研的贵州侗族地区，41.8%受访者习得林地资源管理传统知识的途径主要有两种或两种以上，高于湖南和广西地区，而登岑的受访者有两种以上主要习得途径的人数占 62.1%之多。访谈过程中，受访者提到的"寨中老人"，主要指喜欢坐在鼓楼里聊天的老年男性。登岑村结果表明受寨中老人影响的受访者达 51.7%之多。除此之外，有 6.9%的登岑受访者明确表示在鼓楼习得的传统知识对他们有重要影响，"在鼓楼里，小时候听老人家给我们讲故事，说神山、龙脉之类的，后来跟着爸爸初一、十五去祭拜，到现在还去"。随着儿童的成长和逐步独立，他们在家庭生产生计中也开始扮演更加重要的角色，逐渐从家庭和社区活动的观察者，变成参与者。每个个体获得对传统知识一定的领悟力和观察力，从房屋、禾仓的建设，到祭祀、丧葬的举行，这些方面都包含着登岑男性丰富的传统知识，体现了他们对自然的崇拜、爱护，实现了与林地资源和生态的良好互动。

男性在社区公领域的参与度高，同时在私领域具有较为重要的决策权，在社区林地资源管理过程中，男性较为善于发挥自己的性别角色特色和潜能，运用经验知识开展林地资源和森林管理。[②]

2. 林地资源管理培训的重要参与者

由于男性往往具有相对较高的社会地位，在家庭重大决策中占较

① Manuel Ruiz Pérez, Ousseynou Ndoye, Antoine Eyebe and Danielle Lema Ngono Source, *A Gender Analysis of Forest Product Markets in Cameroon* (s): *Africa Today*, Indiana University Press, No. 11, 2014.

Robert A. Voeks, "Are Women Reservoirs of Traditional Plant Knowledge? Gender, Ethnobotany and Globalization in Northeast Brazil", *Singapore Journal of Tropical Geography*, No. 28, 2007.

② Augustine A. Ayantunde, Mir jam Briejer, Pierre Hiernaux, Henk M. J. Udo, Ramadjita Tabo, "Botanical Knowledge and its Differentiation by Age, Gender and Ethnicity in Southwestern Niger", *Spring*, No. 36, 2008.

为主导的地位，因此在政府组织的相关林地知识培训中，男性一般更
具有参与性。笔者对湖南、广西、贵州地区侗族村寨做了林地资源利
用和管理的技术培训情况的统计。由表 2 - 3 统计结果可知，贵州受
访者接受林地资源管理中的技术培训的比例低于湖南和广西地区，而
登岑又低于贵州省其他地区水平。但是，参与培训的男性在受培训人
数中的比例，贵州省最高，登岑达到 100%，即在登岑受访的 29 位农
户家庭中，均是户中男性参加与林地资源利用和管理相关技术培训，
高于其他地区。因此，男性是村庄林地资源利用和管理的重要参与
者，不仅在功能上占有重要位置，在理论掌握上也具有一定的先
进性。

表 2 - 3　　　　　　　　　湘桂黔林地技术培训情况

	湖南	广西	贵州	登岑
接受培训比例（%）	38.7	48	17.1	6.9
男性在其中比例（%）	50	48.3	69.0	100

（三）传统知识与林地资源管理——人地的建设性互动

任何传统知识都离不开主体人和地域。传统知识有以下条件：
①历史背景。传统知识的形成不是一蹴而就更不是凭空出现的，而是
经过很长时间的发展，人在土地上生产生活过程中，逐渐积累、总
结，进而传承形成的知识。②特定地域。传统知识的形成离不开特定
的环境，在功能相对完整、空间相对封闭的亚社会环境中形成的知
识，其适用性也有一定的地域性。③与当地群众生活密切相关。传统
知识凝结着本土劳动人民的智慧，因此涉及内容广泛，包含了生活生
产的方方面面，与特定地域下的生存生计息息相关，不仅是物质生产
的成果，也是精神生活的凝结。

因此，传统知识是在特定的民族地域背景下人地互动的过程中，
经过历史积累的、旨在保护当地自然资源、生态环境的自然与社会知
识。在此基础上，传统知识即由特定民族或种族经过长年累月积累的
有利于保护林地资源和森林生态系统的一种地域性知识。传统知识是

一种文化符号，而文化和孕育这些文化的土地是能动的、密切相关的。首先，文化的产生离不开土地和土地上生活的人，这片土地决定着孕育怎样的文化；其次，文化的发展又能反作用于其创造者，并且随着文化体系自身的发展完善，这种作用力愈加明显。

传统知识具有以下特点：

（1）地域性。传统知识是群众在特定的民族和社区人地互动行为中形成的，因此地域性是林地资源管理传统知识的一个主要特征。宏观上，登岑地处贵州省黔东南，为贵州、广西、湖南三省交界地域，在这片被称为"人类疲惫心灵的最后家园"的土地上，逐渐形成了符合当地气候变化、自然资源分布、经济发展、风土人情、宗教信仰的传统知识，有的知识广泛地传播于侗族或黔东南地区，侗族有谚语"山林为主人为客"，课题组成员走访广西三江侗族自治县、湖南通道侗族自治县、湖南靖州侗族自治县以及贵州黔东南地区，都可以看到标志性的鼓楼、风雨桥，每一位居住在大山里的群众都会指出村寨的后龙山、风水林、神山神树，这些朴素的传统知识在黔东南乃至贵州、湖南、广西三省交界地域深入人心，几乎每个村民被问起这些都先是腼腆一笑，"这没什么稀奇的""这很平常嘛"是他们最常说的两句话，敬畏山、敬畏树、敬畏大自然、敬畏提供生存空间的土地是这些地域群众的深厚理念。微观层面上，登岑侗寨由于相对封闭的自然环境，在时间的长河中逐渐形成特定的、地域更狭窄的传统知识。例如，古法造纸在贵州很多少数民族地区都能见到，贵阳市乌当区"香纸沟"的造纸艺术在当地也是小有名气，纸在那里主要用作祭祀和敬拜，当地妇女认为他们是蔡伦的后人，因此会造纸。而在登岑，造纸这种传统知识却呈现完全不同的特点，不论是从起源传说上（侗族老奶奶偶然习得的技能）还是在功能上（换棉花、祭祀、殡葬等重要仪式），都存在差异，这些都体现了传统知识的地域性。

（2）零散性。少数民族地区由于受到经济条件、地理环境、文字文化等方面的制约，传统知识有记录和经过系统整理的较少，零散地贯穿在本地人生活生产的方方面面。

（3）复杂性。传统知识内涵丰富，但是系统性不足，加之特定的地域条件，使林业传统知识较为复杂，涉及的学科知识也是方方面面的，包括建筑学（鼓楼、风雨桥、侗族民居）、宗教学（山、树的崇拜）、文化艺术（侗族大歌、侗戏）、医药学（侗药）、美学（侗锦、侗衣）、民俗学（婚丧嫁娶）等多学科知识，同时受外部环境和现代科学的影响，这些传统知识的表现形式和内涵都非常复杂。

（4）一定的科学性。既称为"知识"，就有科学性，是符合自然发展规律的。表面上很多本土知识朴素落后，客观上却是在保护土地、保护森林，保护生态环境。例如，古代侗族朴素的医药观认为，大自然的天、地、水、气、人是一体的，只有良好的外部环境才能保证人健康的身体，不良的生活习惯和糟糕的外部环境都会导致人身体出问题[1]，这正应和了儒家"天人合一"的思想，不仅如此，还将个人发展与自然资源管理和生态环境结合起来，通过医疗实现对侗族生态道德意识的培养。再如，登岑有数百座禾仓群，大多数集中坐落在村寨西北一带，夹在大量民居与郁郁葱葱的森林中间，有的禾仓有上百年历史。禾仓的修建体现了登岑人经过千百年总结出来的防火智慧，每个禾仓都是凌空搭建，下面挖筑水塘，水塘有两个重要功能，一是养鱼，二是在出现火灾时便于控制火势。而登岑的民居与禾仓使用完全不同的搭建方式，不仅面积更大，且完全依地而建。从山林、村寨的整体布局上来讲，禾仓也作为森林与民宅之间的一个缓冲，有利于缓解火势蔓延，降低火灾灾害后果。侗族人崇拜树、崇拜大山，也对大山的馈赠品——纯木房有很深的感情，这不仅是家庭最重要的财产，也凝结着乡邻亲朋之间的互助情谊。2012 年 3 月，湖南省通道县上湘发生了火灾，为了阻止火势蔓延，村寨领导人带领大家砸掉部分民宅隔离大源，那些民宅主人没有抱怨和迟疑，最终实现了有效救火。侗族的这些传统知识，是非常灵活和有生命力的，科学地、可持续地指导群众生产生活。

"传统"并不意味着落后和愚昧，恰恰是经得住考验的朴素科学。

---

① 方克立：《"天人合一"与中国古代的生态智慧》，《社会科学战线》2003 年第 4 期。

侗族传统知识是符合可持续发展的生态智慧，这些知识保护了生态，而良好的生态环境又促进了土地资源管理和林业传统知识的发展，加强了侗族地区人地系统的优化，最终解决人地关系中的 PRED（人口、资源、环境和发展）问题，实现生产生活、林业资源、森林环境、土地资源、区域发展的和谐。

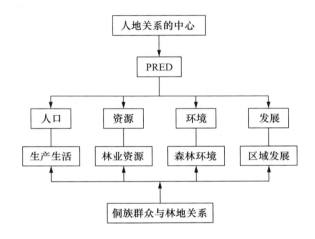

图 2-5　侗族村寨人地关系

二　启示

林地资源管理的传统知识不意味着林地资源利用和管理的落后，社会性别也不代表着性别歧视和性别不平等；两者也不是割裂的，都是植根于社会文化背景下的特定模式。传统知识来源于本土文化，同时又补充完善着这些文化；社会性别更是离不开本地地域性的文化建构模式，因此在推动林地资源利用和管理、可持续发展、促进森林植被管理和生态经济建设时，将传统知识与社会性别结合起来，既能契合当地文化，又能很好地发展生产力，实现经济、社会、生态的协调发展。

（一）强化社会性别在推动林地资源管理中的作用

社会性别是在某个特定文化中形成的性别特质和对性别的行为期望，经过千百年的巩固和发展，已经形成一定的规范影响力，成为一种行为定式。男女两性对林业传统知识都有自己不同的理解，在林地资源可持续利用和生态保护中扮演着不同的角色。女性在"食衣"相关方面更具优势，男性与"住行"有关的林地资源管理方面更有经验，因此，推动林地资源可持续管理和发展以及生态建设的过程中，必须因地制宜、因文化制宜、因性别制宜，找到性别角色与林地资源利用和管理、林业经济发展、生态文明建设的契合点，强化社会性别在其中的功能性。

（二）加强培训，发扬不同性别在林地资源管理中的优势

林业传统知识不是落后，但有一定的局限性，必要时不需要固守原有的模式，要和现代技术结合起来。调研的数据显示，侗族地区女性在受培训者中比例较低。传统要想发展，离不开现代。新的科技给侗族林业传统知识带来了新的内容和价值，有的村民知道政府组织过，但是自己和家人并未参与；但是不少村民表示政府派人下来培训，他们有时候听听，但是做的时候还是按照自己经验来，培训效果并不尽如人意。男女由于文化教育等，拥有不同的传统知识，在林地资源管理中的知识不一样，对林地管理作用不一样，因此，培训和政策考虑不一样。此外，随着经济的发展、外出打工求学人口的增多，侗族村寨以往的社会结构逐渐开始重筑，男女两性在进行传统林地管理时开始有了性别模式弱化的趋势，因此为了实现高效科学的林地管理，除了要加强培训，还应更有针对性地根据不同性别提供不同内容的培训。云南①、山西②等地在开展相关项目时，发挥不同性别尤其是在传统林地管理中的作用，注重妇女在林地资源利用和林地管理中的参与性甚至决策性，注重对妇女林地资源利用和管理中知识的建设，从而在传统的基础上兼顾两性的共同发展，具有良好的示范作用。由于土地资源利用发生改变，男女两性知识也随之发生改变，因此培训也要关注这种改变。

（三）发掘和升华侗族传统知识与林地资源管理

侗族的传统知识凝聚着侗族人民经过千百年生产实践活动的智慧

---

① 云南 GAD 小组"拉祜族薪柴节能和社会性别分析"项目。
② 山西"在使用土地和森林中发展和贯彻参与式方法"项目。

结晶，许多意识深深地植根在侗族人民生活的土地上，根深蒂固地保留在他们的意识中，对林地资源利用和管理的可持续性和生态文明建设发挥了重要的作用，因此我们还要继续深入挖掘传统知识，理解和学习侗族人民面对林地资源利用和管理时所运用的智慧，再结合现代化的管理，在保存传统文化与传统知识的同时，实现更好的林地资源可持续发展，提高侗族社区群众的生产生活水平。

（四）挖掘新生代的林地资源利用和管理潜力

随着少数民族地区教育水平的提高，湘桂黔涌现出许多大学生，他们作为村寨新生代中的佼佼者，对本民族传统知识有特殊的理解和感情。笔者在项目实施过程中，接触到项目调研点的湖南、广西、贵州大学生13人，在校大学生10人。他们对家乡传统知识有很强烈的自豪感，认为性别分工没有明显的必要性，不赞成"这是女人们干的""这是男人做的事情"等说法，认为这些传统不分男女大家都应好好继承和发扬。因此，在运用传统知识进行林地资源利用和管理的过程中，可以培养和发扬少数民族新生代的力量，使传统知识永葆活力，有利于林地资源的可持续利用和管理。

第三章　社区林地资源管理与国家政策的互动

　　林地资源管理作为森林资源可持续发展的核心，一直以来都是学者们研究的重点，上一章对林地资源管理中男女两性拥有不同的知识进行了讨论。随着新集体林权制度改革工作基本的结束，林业配套改革的推进成为目前我国林地资源管理的重点任务，而在这些政策实行的时候，社区内部群众的参与是不可忽略的重要部分。本章选择了贵州具有一定代表性的、林业资源较发达，且林地资源中传统管理较丰富的侗族村庄，以村庄林地资源管理作为研究对象，通过对该村庄内的自然、人文资源、宗教信仰、村规民约的梳理，阐述在社会变迁以及"林业三定"时期、新集体林权制度改革的过程中，这些因素对于林地资源管理所产生的积极影响。并阐明了以登岑侗寨为案例研究林业制度变化所引起的该村的变化对现阶段发展中国可持续林地资源管理的启示。

　　本章运用文献研究法首先对相关的研究及存在的问题进行了梳理，再运用参与式农村评估方法中的直接观察法、半结构式访谈、参与式绘图等方法对村庄进行实地调研并了解林地资源管理相关知识，另外还用到了归纳法，总结案例中得到的结论并得出有助于我国林地资源管理发展的结论。通过这些方法对国家政策的制定与当地传统知识运用的相互关系进行讨论：在集体林地的管理中，基于国家政策的背景下，传统知识发挥了极大的作用；而在分到户的林地管理中，传统知识的运用对于国家的政策起到了积极作用；在其他林地的管理中，虽然传统知识的运用与国家政策并不完全一样，但是却受到了社区群众的认可，是国家政策的补充。

第一节　绪论

一　研究背景

林地是整个森林生态系统的载体,森林、林木以及野生的动植物都需要依赖林地资源的保护与发展,林地资源的管理更是森林资源可持续发展的基础与核心所在,保护自然资源的有序发展、生物多样性的维持等都需要通过对林地资源的管理。① 因此,只有加强林地管理才能达到森林资源可持续利用和发展的根本目的。

在我国的农村山区的林地资源的管理制度显得尤为重要,对于久居农村山区的农民来说,林地、林木都是他们赖以生存的物质基础条件。贵州是我国唯一没有平原支撑的山区省份,且喀斯特岩溶地貌占全省的 61.9%,因此森林资源作为陆地生态资源的主体,对改变贵州恶劣的自然环境起着重要的作用,截至 2015 年年底,贵州省共建成森林和野生动物及湿地类型自然保护区 104 个,森林公园 78 个,森林面积达 863.22 万公顷,森林蓄积量 4.13 亿立方米,森林覆盖率达到 50%。② 贵州省为少数民族集中的省份,截至 2014 年年末,贵州省人口数量达到 3508.04 万人,其中乡村人口为 2104.47 万人,占全省人口数量的 60%;③ 少数民族人口为 1254.8 万人,占全省人口数量的 35.8%,其中侗族人口为 143 万人,占全省少数民族人口数的 11.4%。④ 侗族是一个传统文化/知识保存得较好的民族,他们对于森林有崇敬与信仰,虽然他们的传统知识没有文字记录,大都通过

---

① 王洪波:《国林地现代管理模式关键问题研究与实践探索》,北京林业大学出版社 2011 年版。

② 资料来源:http://www.gz.chinanews.com/content/2016/01-10/59036.shtml。

③ 资料来源:http://www.renkou.org.cn/china/guizhou/。

④ 资料来源:http://gz.zwbk.org/gz_nation.aspx。

歌舞、款词①来传承，但是他们对于林地资源管理的传统知识十分丰富，在贵州省黔东南苗族侗族自治州，截至 2016 年 3 月最新的森林覆盖率为 64.01%，连续三年位居全省第一②，由此可见这类少数民族社区内的"农户行为"与当地的社会、经济、自然资源环境之间的发展息息相关③，因此研究贵州侗族的林地资源管理是有必要的。

　　虽然对于林地资源的管理，不同的少数民族社区都有自身的管理办法，但国家政策对于当地林地资源管理的影响也是不容小觑的，我国的集体林权制度改革自新中国成立以来的土改开始就从未间断，而且对于集体林权制度改革阶段的分类不同学者也说法不一，但是本章中集体林权制度改革的阶段选择了 1981 年的"林业三定"④ 至新集体林权制度改革时期⑤，因为这两个时期在我国的集体林权制度改革的阶段进程中发挥了重要的作用，而且随着 2008 年 7 月中共中央国务院《关于全面推进集体林权制度改革的意见》文件的发布，我国农村新集体林权制度改革也跟随着这个具有全国指导性的纲领性文件而拉开序幕，而这也是最近的一次有关林地资源管理的重要改革，其主要任务就是"明晰产权，勘界发证"⑥。自新中国成立以来，我国对于林地资源的管理一直都是在不断摸索的过程中进一步完善的，而林权改革的不同阶段大致为以下四种划分方式如表 3 - 1 所示。

----

　　① 侗族朗诵词或念词，流行于侗族南部方言区。历代侗乡自发成立有民众自治组织"款"，旨在团结群众，维护村寨和群众利益，制定村规民约，也称款约，为最初的款词。随着社会生活的发展，款词内容扩展到生活的各个领域，有族源款、根源款、祭祀款等，其形式也由枯燥的约束条款发展成具有审美价值的艺术形式。款词常采用铺陈手法，句式整齐，讲究排比，有一定的节奏韵律，易念易记。款词中保留了大量侗族历史文化资料。

　　② 资料来源：http：//www. forestry. gov. cn/portal/main/s/102/content - 851114. html。

　　③ 鲁礼新：《贵州沙坡农户行为与环境变迁》，黄河水利出版社 2006 年版。

　　④ "林业三定"包括：稳定山权、林权；划定自留山；确立林业生产责任制。

　　⑤ 新集体林权制度改革是明晰所有权，开展林权登记，发换林权证，确保林业的可持续发展，改善生态环境，调整规费，改革林木采伐管理制度，改革投融资体系，建立新型的林业管理体制。

　　⑥ 蒲建云：《明晰产权与勘界发证》，中国林业出版社 2011 年版。

表 3 – 1　　　　　　　　　中国集体林权制度改革进程划分

八阶段说	六阶段说	五阶段说	四阶段说
1. 1950—1952 年，土改时期	1. 1950—1953 年，土改时期	1. 1949—1953 年，土改时期	1. 1949—1952 年，土改时期
2. 1953—1956 年，初级农业合作化时期	2. 1953—1956 年，合作化时期	2. 1953—1956 年，合作社时期	2. 1953—1957 年，合作社时期
3. 1956—1960 年，高级农业合作化时期	3. 1957—1980 年，人民公社时期	3. 1956—1981 年，高级农业合作社和人民公社时期	3. 1958—1980 年，农村集体化时期
4. 1960—1980 年，人民公社化及"文化大革命"时期	4. 1980—1991 年，"林业三定"改革时期	4. 1981—1991 年，林业三定改革时期	4. 1981 年，至今"林业三定"以来
5. 1980—1991 年，林业三定改革时期	5. 1992—2008 年，林业股份合作制和荒山使用权拍卖试点时期	5. 20 世纪 90 年代初至今改革阶段	
6. 1992—2008 年，林业股份合作制和荒山使用权拍卖试点时期	6. 1998 年，至今森林资源产权制度改革突破时期		
7. 1998—2003 年，林业产权制度改革突破时期			
8. 2003 年，至今林权制度改革深化时期			

资料来源：朱冬亮、贺东航：《新集体林权制度改革与农民利益表达——福建将乐县调查》，上海人民出版社 2010 年版。

改革开放以来，我国经历了三次集体林权制度的改革，自 1981 年 3 月，中共中央、国务院发布《关于保护森林发展林业若干问题的决定》，从"林业三定"工作的正式开始，到现在确权工作基本结束的 30 年中，我国的林权管理制度发生了很大的变化，如"分合分"循环的经验；[1]"林业三定"的探索初期，由多形式的承包制到集体

———————

① 李晨婕、温铁军：《宏观经济波动与我国集体林权制度改革——1980 年代以来我国集体林区三次林权改革"分合"之路的制度变迁分析》，《科技与经济》2009 年第 6 期。

联合经营；2003 年福建首创的"均山分林"①，这些方式所探索出来的林地管理模式确实为我国林地资源的可持续发展奠定了基础，但是由于地域的不同、历史原因的不同，甚至文化的不同，林地资源的管理从根本上存在巨大的差异。自 1984 年颁布的《中华人民共和国森林法》让我国的林地资源管理有法可依，而 1998 年的修订版更加完善了相关的法规制度。2003 年 6 月《关于加快林业发展的决定》的发布标志着我国对于林业可持续发展的重视。

随着 2008 年 7 月《关于全面推进集体林权制度改革的意见》的发布，全国的集体林权制度改革正式开始，随着不断地深入，集体林权制度改革的内容也由全面推进集体林权改革，到健全林业保护体系并建立现代林业管理制度，再到稳定并完善农村相关土地政策，使最终能实现提升农民收入，巩固集体林权制度改革制度的成果。《关于做好集体林权制度改革与林业发展金融服务工作的指导意见》《关于加快林下经济发展的意见》等政策性文件的出台，以及相关部门的配合促使集体林权制度改革的完成效率极高。但是在政策制定过程中，林业部门与其他利益相关群体的合作缺乏法律、法规等制度上的支持。② 在贵州省的新集体林权制度改革中，确权的林地面积达到了95% 以上③，而产权的明晰旨在维护当地少数民族群众的利益。自"林业三定"以来，中央的政策方针可以作为有理可循的基础，而在这个基础之上，其他群众或相关利益群体应该如何做才能更加切合实际，更加符合利益相关群体的需要，这就需要研究社区作为参考。因此当地少数民族群众是如何通过自身的一些林地资源管理手段来达到产权明晰的目的从而更便于整个社区为基础的村庄林地资源管理，都是本章所需要阐述的。

二 国内外研究综述

森林资源在陆地生态系统中占有主体地位，同时是人类发展必不

---

① 张春霞、郑晶：《林权改革 30 年回顾——集体林权改革研究之二》，《林业经济》2009 年第 1 期。

② 刘金龙、张译文、梁茗、韦昕辰：《基于集体林权制度改革的林业政策协调与合作研究》，《中国人口·资源与环境》2014 年第 3 期。

③ 资料来源：http://www.gzforestry.gov.cn/html/2016 – 02/126315.html。

可少的基础资源，而林地资源作为森林资源的核心，更是林业发展的基础，增加森林资源，发展绿色经济，实现绿色增长成为保护林地资源的目标。而在党的十八大中，更是将生态文明建设提升到了中国特色社会主义事业的"五位一体"的布局中，而林地作为森林的载体，林业发展的根基，其管理的提升对于林业的可持续发展意义颇深。[①] 党的十九大又提出了山水林田湖草系统的治理。

（一）国内林地资源管理现状研究

1. 林地资源管理的相关政策法规

自新中国成立以来，国家对于林地资源管理的重视从颁布一系列政策法令到实施，付出了极大的努力，从 20 世纪 50 年代的《土地改革法》《关于适当处理林权明确管理保护责任的指示》，到 60 年代的《关于确定林权，保护山林和发展林业的若干政策决定》，再到十一届三中全会之后，80 年代初的《关于保护森林发展林业若干问题的决定》、"林业三定"、《中华人民共和国森林法》的颁布，标志着对于林地管理的措施又迈上了新的台阶。随着 1998 年《森林法》的进一步修订，部分林地使用权以及林木所有权的流转，这更加为林权制度的改革奠定了坚实的基础。[②] 2003 年 6 月，中共中央、国务院出台的《关于加快林业发展的决定》标志着以生态为主的林业发展战略基本建立，而 2008 年 6 月，中共中央、国务院出台了《关于全面推进集体林权制度改革的意见》，代表着中国的林业生态建设进入了新阶段，2010 年 6 月国务院审议通过了国家第一个中长期林地保护利用规划《全国林地保护利用规划纲要（2010—2020）》，这说明中国的林业政策已经由之前的不断探索，到了如今的有计划地实行。

在现行法律中，《宪法》《土地管理法》《森林法》《国家林业局关于占用、征用林地审核审批管理办法》《集体林权制度改革档案管理办法》《林地和林木权属登记办法》等，包括一些地方性法规，甚至是相关

---

① 潘法祥：《新形势下林地资源管理现状与对策》，《安徽林业科技》2014 年第 3 期。
② 黄厚琦：《江苏省林地管理存在的问题及改革方向的研究》，南京林业大学出版社2008 年版。

的一些村规民约，都对林地资源的管理和保护提出了相关的条款。

2. 目前林地资源管理中存在的问题

（1）政府治理方面存在的问题。根据《土地管理法》《森林法》的一些相关规定中，常常需要林业、土地甚至农业的相关部门对于实施事宜进行相关的审批，但现实情况中，有时并不能达到这样统一的效果，导致治理混乱；由于现在经济发展之迅速，个别地方会因为无法调整好资源保护与经济发展之类的关系，导致林地资源管理的工作无法正常发展；另外，由于一些非法占用林地现象的发生，使群众对于林地保护意识的淡薄凸显出来，监督、保护意识的匮乏也会导致林地资源的缺失。①

（2）林权制度改革中存在的问题。由于集体林权制度改革工作的不断深入，林地的确权工作成为这项工作的基础，而因为一些历史遗留问题的存在，给林地确权工作的开展带来了一定的难度。② 规范林权管理，是巩固林权制度改革成果的重要保证。③ 而建立专门的林权管理机构也是林权制度改革的一项重要后续工作④，能够更加确立改革的功效，达到专管专治的效果。林权改革中发布了很多相关的改革政策，这些政策的短期性比较强，但相关的法律和制度却一直没有颁布，在林权管理方面没有一定的强制性。⑤

（3）林地资源管理工作的粗糙。在不少地区，林地资源管理的分配方面都存在人多地少的局面，地块的面积过于狭小，且在分林到户

---

① 潘法祥：《新形势下林地资源管理现状与对策》，《安徽林业科技》2014 年第 3 期。苏祖云、费世民、李裕：《新时期林地资源管理问题的重新认识及其可持续利用对策》，《林业资源管理》2007 年第 3 期。

② 雷敏：《云南集体林地确权存在的历史问题与解决对策》，《楚雄师范学院学报》2011 年第 8 期。

③ 夏瑞满、吴剑、吴东平、叶学件、吴广林：《浙江庆元县林权管理现状分析与思考》，《中南林业调查规划》2008 年第 1 期。

④ 周显然：《设立省级林权管理服务机构若干问题探讨》，《林业调查规划》2012 年第 2 期。

⑤ 陈幸良：《中国林业产权制度的特点、问题和改革对策》，《世界林业研究》2003 年第 6 期。甯美妮：《我国林权制度的历史考察及发展趋势探究》，硕士学位论文，重庆大学法学院，2011 年。马磊：《完善我国林权法律制度之思考》，湖南师范大学出版社 2013 年版。

的过程中存在"联户持证"的现象，虽然政府在确权的工作中把地块按照林权证表明地界的形式发放，但是由于"联户持证"的居民之间地块相邻的界限没有明显地物标志，因此很容易因为这样的历史原因导致林地纠纷，为林地资源管理的工作推进起到积极作用。①

3. 传统社区中的林地资源管理

（1）参与式的林地资源管理。社区参与式的林地资源管理，改变了传统林业的自上而下的领导模式，更多强调的是当地群众共同参与到林地资源管理中来，从某种程度上来说，是以传统林地资源管理为中心的可持续发展。② 而在权属分配的过程中，有些是按照国家的规定分配，有些是按照当地人本身的意识来分配③，其实在林地管理的过程中，当地社区的群众是最有发言权的主体，他们有历史延续至今的传说故事、传统文化、林业知识，还有自己的一套林地权属分配的理论。有时，政府制定的政策与当地的实际情况存在巨大差距④，这个时候，群众的呼声显得尤为重要。而且很多少数民族地区都以家族村落聚居，传统的管理对他们来说是比较好接受的，他们处理纠纷的办法通常是在家族之间达成协议。⑤

由于自 2008 年新集体林权制度改革以来，全国各地的林地、林权管理发生了一些相应的变化，导致了权属纠纷，权属不明现象的发生，明晰林地权属的工作是非常必要的，而政府在制定政策的时候更应该考虑到还权于民，因为林地资源管理最终的受益者还是当地群

---

① 周世中、杨和能：《侗族习惯法在解决林权纠纷中功能及路径选择——以广西三江侗族自治县林权改革为例》，《民族论坛》（学术版）2011 年第 8 期。

② 聂飞：《"社区林业"在黔东南林业产业发展中的定位思考》，《贵州农业科学》2006 年第 3 期。

③ 郑宝华：《谁是社区森林的管理主体——社区森林资源权属与自主管理研究》，民族出版社 2003 年版。赖力、刘舜青、管毓和、王铁：《林地权属与社区森林资源的持续管理》，《贵州农业科学》2006 年第 6 期。

④ Liu Jinlong, Zhang Renhua, Zhang Qiaoyun, "Traditional Forest Knowledge of the Yi People Confronting Policy Reform and Social Changes in Yunnan Province of China", *Forest Policy and Economics*, No. 22, 2012.

⑤ 罗康隆：《侗族传统人工营林业的社会组织运行分析》，《贵州民族研究》2001 年第 2 期。

众，只有让他们参与进来共同管理才能达到事半功倍的效果。

（2）集体行动与公共资源。由于公共资源得不到很好的保护，因此采取自主治理，集体行动的方法获取利益也是社区管理中的一个重要的部分。[1] 林地作为社区内的公共资源，乱砍滥伐的事件时有发生，但是在我国很多少数民族地区，由于有着他们当地的传统文化，对于林地这个公共资源的保护，他们有自己的一套管理体系，他们也会有集体行动来保护公共资源，比如，寨老会议、集体种树活动等，并以此达到可持续发展的最终目的。

（3）少数民族地区习惯法在林地资源管理中的应用。

1）少数民族森林管理习惯法。传统的林地资源管理有很多不能只通过国家的法律法规，还需要一些当地的少数民族习惯法[2]，少数民族群体生活的习俗和习惯所形成的习惯法，是在当地村民的自主制定下所得出的，符合当地的实际情况，而且在很大程度上弥补了国家法所存在的不足之处[3]，不仅如此，尊崇习惯法的处理方式不仅能够得到当地社区群众认可，还能够减轻司法成本。[4]

目前，我国虽然有相关法律来解决林权纠纷，但是发挥寨老以及民间习惯法的作用依然尤为重要，每个民族经过漫长的历史所形成的传统习惯法，在解决纠纷上显得更加有用，而且这样也能够在某种程度上促进村寨内部的和谐。

2）侗族森林管理习惯法——侗款。由于本书主要是研究侗族这个少数民族的社区传统林地资源管理，因此，了解侗族的传统森林管理习惯法是很有必要的。侗族地区的林业资源非常丰富，所以有关林

---

[1]　Elinor Ostrom：《公共事物的治理之道》，余逊达、陈旭东译，上海三联书店 2000 年版。毛寿龙：《公共事物的治理之道》，《江苏行政学院学报》2010 年第 1 期。

[2]　丁成成、李向玉：《黔东南少数民族村寨村规民约研究》，《凯里学院学报》2009 年第 10 期；胡卫东、吴大华：《黔东南台江县苗族林权习惯法研究——以阳芳寨为例》，《广西民族大学学报》（哲学社会科学版）2011 年第 1 期。

[3]　张姣姣、陈永富：《林权流转过程中民间习惯与国家法的碰撞与融合》，《林业经济》2013 年第 12 期。蔡磊：《少数民族地区以村规民约为基础的社区森林资源保护——以贵州省都匀市两个少数民族村的案例调查为例》，贵州大学出版社 2006 年版。

[4]　周世中、杨和能：《侗族习惯法在解决林权纠纷中功能及路径选择——以广西三江侗族自治县林权改革为例》，《民族论坛》（学术版）2011 年第 8 期。

业方面的习惯法由当地生活着的村民共同制定。① 侗族的习惯法又被称作"侗款"或"款约"②，同时是社区居民的行为准则，是侗族社区的法律，这种法律对于林地资源的管理也是极其重要的。

3）其他传统森林管理。①林地权属及传统管理的变迁。从新中国成立后的土改开始，到现在，林地权属发生了翻天覆地的变化，传统管理也在受着相关国家政策的影响③，然而，权属的确定却也始终受到传统森林管理的影响。②对林产品④的管理。林产品可以给当地群众带来一定的经济价值与利益⑤，由于林产品大多数是野生的，权属不明晰，从而导致了过度的开采等一些相关的问题，不利于林地资源的可持续利用。

4. 集体林权制度改革相关研究

1981 年 3 月，中共中央、国务院发布《关于保护森林发展林业若干问题的决定》，从 1984 年的"林业三定"开始，到现在确权工作基本结束的 30 年间，林权制度发生了很大的变化，这 30 年间集体林区三次林权改革，有"分合分"循环的经验。从"林业三定"开始探索，由多形式的承包制到集体联合经营再到 2003 年福建首创的"均山分林"⑥。

---

① 周世中、杨和能：《侗族习惯法在解决林权纠纷中功能及路径选择——以广西三江侗族自治县林权改革为例》，《民族论坛》（学术版）2011 年第 8 期。刘海艳：《侗族习惯法对森林资源的保障作用——以黄冈侗族村落为例》，吉首大学出版社 2013 年版。

② 侗款是侗族古代社会的一种民间自治和自卫组织，是侗族传统文化的核心内容，它将古代侗族社会的政治、经济、文化融为一体，其中包括组织机构、行为规范、移风易俗、伦理道德、宗教信仰、艺术表现等方面的内容。

③ 赖力、刘舜青、管毓和、王铁：《林地权属与社区森林资源的持续管理》，《贵州农业科学》2006 年第 6 期。

④ 林产品是指林木产品、林副产品、林区农产品、苗木花卉、木制品、木工艺品、竹藤制品、艺术品、森林食品、林化工产品，以及与森林资源相关的产品。

⑤ 李林清：《龙陵县非木质林产品的采集利用与管理对策研究》，《林业调查规划》2011 年第 6 期。

⑥ 张春霞、郑晶：《林权改革 30 年回顾——集体林权改革研究之二》，《林业经济》2009 年第 1 期。

在林权制度改革中，林权流转受到了配套法律的限制①，而且农户由于一些自身的经济原因，不愿意将林地流转出去。② 随着经济的发展，林地最终会从农户自主的细碎化经营向集体经营转变，当然，这也需要相关法律措施的配套才行。而林权流转中，"锦屏文书"作为明晰产权的一种民间契约，解释了明晰产权对林业生产可持续的重要性，并且林农在流转中的权益保障也至关重要。③

林权制度改革的基础是确权，而林地流转是最终的目的所在，如何盘活细碎的林地市场则是接下来需要做的。林地流转作为确权完成后的后续工作，同时也是森林可持续经营的有效手段，在推行的时候依然会受到阻力，这就是因为有的确权工作并没有做到位，产生相关的林地权属纠纷，因此林地流转现在也成了林地可持续经营的重点。

林地确权、产权和经营明晰产权的目的就是维护农户利益，并且达到森林可持续发展的最终目的④，确权的工作是明晰产权的基础，也是解决纠纷问题的关键⑤，而这对促进林下经济的发展也大有益处⑥，

---

① 欧阳丽君：《集体林权制度改革中的林权流转法律制度研究——以贵州省黔东南自治州为例》，硕士学位论文，西南财经大学，2009 年。杨晗：《集体林权制度改革中林权流转的相关法律问题研究》，《绿色科技》2014 年第 1 期。谢屹：《集体林权制度改革中的林地林木流转研究》，中国林业出版社 2009 年版。

② 欧阳丽君：《集体林权制度改革中的林权流转法律制度研究——以贵州省黔东南自治州为例》，硕士学位论文，西南财经大学，2009 年。丁发林：《林改后少数民族地区林农林权流转行为研究》，《中国林业经济》2012 年第 2 期。贺东航、朱冬亮：《关于集体林权制度改革若干重大问题的思考》，《经济社会体制比》（双月刊）2009 年第 2 期。

③ 袁涓文：《贵州锦屏文书中关于林权流转的研究——以锦屏县加池村四合院山林契约为例》，《农业考古》2012 年第 6 期。

④ 朱冬亮、肖佳：《集体林权制度改革：制度实施与成效反思——以福建为例》，《中国农业大学学报》（社会科学版）2007 年第 9 期；张红霄、张敏新、刘金龙：《集体林权制度改革：林业股份合作制向均山制的制度变迁——周源村案例分析》，《中国农村经济》2007 年第 12 期。

⑤ 康小兰、曾解放、朱述斌：《集体林权制度改革中林权确权的监测报告——以江西省为例》，《江西农业大学学报》（社会科学版）2013 年第 3 期；廖灵芝、支玲：《林地确权后林农林业收支变化及配套政策需求分析——基于云南省林改前 2009 年、2010 年调研数据》，《林业经济问题》2013 年第 2 期。

⑥ 廖灵芝、支玲：《林地确权后林农林业收支变化及配套政策需求分析——基于云南省林改前 2009 年、2010 年调研数据》，《林业经济问题》2013 年第 2 期；王小军、谢屹、王立群、温亚利：《集体林权制度改革中的农户森林经营行为与影响因素——以福建省邵武市和尤溪县为例》，《林业科学》2013 年第 6 期。

社区内林农对于产权认知的深度也直接影响到经济利益的获取程度。①

　　我国林地资源管理方面，总体上来说就是管理得不够健全，在国内的文献综述中，林地资源管理方面的文献研究得比较多的是我国目前相关的林地管理模式、林地资源管理现状以及对策的分析，有些会涉及社区内部的林地资源管理方式的相关问题，虽然少数民族习惯法在林地资源管理中充当着必不可少的角色，同时社区居民关于林地资源管理的智慧也非常重要，但由于立法的不明确，以及群众参与程度并不高，致使林地权属不明确现象的发生，且导致林地流转不能有效推行，进而产生纠纷。而作为大背景的集体林权制度改革中，谈及较多的是林地的流转，林地权属不够明确所产生的纠纷，以及林地确权的配套政策研究，但并未系统地在集体林权制度改革背景下去探讨社区的林地资源管理，特别是在少数民族地区。

　　（二）国外林地资源管理及相关研究现状

　　1. 国外林地资源管理现状

　　由于国外的林地管理与我国存在差异，且国外的林地管理中具有较多关于产权的描述，因此，首先明确森林权属这个概念是十分有必要的。首先，森林权属是个非常广泛的概念，包括所有权、租赁和其他的森林资源使用的管理安排，权属安排是森林政策的强大工具，可以维持森林的可持续性以及生计②，在保护区的森林保护者与原住民的相匹配合作也是森林所有权保护即维持森林发展的可持续性中重要的一部分。③ 而由于森林的多重价值，私有林所有者根据自己对价值的认识以及信仰具有不同形式的权属管理模式④，森林价值能够提供

　　① 骆耀峰、刘金龙、张大红：《基于异质性的集体林权改革林农获益差别化研究》，《西北农林科技大学学报》（社会科学版）2013 年第 5 期。朱冬亮、贺东航：《新集体林权制度改革与农民利益表达——福建将乐县调查》，上海人民出版社 2010 年版。

　　② Shen Jinyu, Han Xiao, Wen Yali, Xie Yi, "Comparison of the Forest Tenure in Brazil and China", *Canadian Social Science*, Vol. 9, No. 6, 2013.

　　③ Gerardo Vergara – Asenjo, Catherine Potvin, "Forest Protection and Tenure Status：The Key Role of Indigenous Peoples and Protected Areas in Panama", *Global Environmental Change*, No. 28, 2014.

　　④ Annika Nordlund, Kerstin Westin, "Forest Values and Forest Management Attitudes among Private Forest Owners in Sweden", *Forests*, No. 2, 2011.

给当地民众很多福利以及可以加强权属拥有者的责任，甚至形成"社区契约"，达到可持续发展。

2. 社区林地资源管理研究

国有森林管理机构无法取代当地土著居民对森林的管理，而即使当地土著居民对森林的管理与国家政策也存在不一致，但是土著居民却能形成自己的一套"社区让步系统"来解决这种不一致的现象。[①]传统知识提高了保护和开发的相关性，以及社会的接受程度，有利于资源的开发及可持续发展。[②]

国外的传统林地管理，更多的是一种"社区参与式文化"，通过这种参与式的方法，达到公共资源共享的目的。而为了达到这种公共资源共享的目的，国外有很多国家也会采取林权制度改革的方式。国外对于林权制度改革的研究多集中在拉丁美洲、亚洲、非洲等地区，林权制度改革提供了获得正式森林权利和森林权益的新机会，但与此同时，各种各样生计选择方面的限制[③]，社区内的人们对改革的认知程度依然会决定他们的生计。[④] 而促进当地社区居民的福利，保护森林资源以及提升小农管理的发展也是改革的目的[⑤]，林权制度改革最终的目的则是达到法律的实施、维持当地居民的生计和可持续森林管理的效果。[⑥] 但是，林权制度改革的基础则是明晰产权，确定权属，

---

① Anne M. Larson, Ganga Ram Dahal, "Forest Tenure Reform: New Resource Rights for Forest – based Communities, Guatemala", *Conservation & Society*, Vol. 10, No. 2, 2012.

② D. G. Donovan and R. K. Puri, "Learning from Traditional Knowledge of Non – timber Forest Products: Penan Benalui and The Autecology of Aquilaria in Indonesian Borneo", *Ecology and Society*, Vol. 9, No. 3, 2004.

③ Anne M. Larson, Juan M. Pulhin, "Enhancing Forest Tenure Reforms Through More Responsive Regulations", *Conservation & Society*, Vol. 10, No. 2, 2012.

④ Anne M. Larson, D. Barry, Ganga Ram Dahal, "New Rights for Forest – Based Communities? Understanding Processes of Forest Tenure Reform", *International Forestry Review*, Vol. 12, No. 1, 2010.

⑤ Pablo Pacheco, Deborah Barry, Peter Cronkleton, Anne Larson, "The Recognition of Forest Rights in Latin America: Progress and Shortcomings of Forest Tenure Reforms", *Society and Natural Resources*, No. 25, 2011.

⑥ Iliana Monterroso, Deborah Barry, "Legitimacy of Forest Rights: The Underpinnings of the Forest Tenure Reform in The Protected Areas of Petén, Guatemala", *Conservation & Society*, Vol. 10, No. 2, 2012. 滕卫双：《国外农村土地确权改革经验比较研究》，《世界农业》2014 年第 5 期。

产权的明晰以及权属的稳定，尤其是对私有林来说，是维持森林可持续发展的最重要因素，而在很多地方需要改革的原因是私有林的分配不均，甚至产生了不经营的情况，从气候方面来看，森林也是影响二氧化碳排放的一个主要方面，和气候变化有着密不可分的影响[①]，这也更加突出了森林资源可持续发展的重要性。

国外的研究综述大多是从利益平均分配的角度来谈及林改、传统知识以及林地资源管理的，有的文章会谈到林权制度改革中社区居民传统知识的运用，有的会将林权改革与现行的林地资源管理制度进行分析，但是都没有将这三者结合起来。

林地资源管理是森林资源管理的核心，而森林资源的管理在全球范围内都是非常重要的内容，因为森林的管理与气候变化、人们的生存环境都是密切相关的，且在林地资源的管理中，林地的权属管理更是牵涉到经济、利益分配的相关问题。由于林地分类的不同，林地权属的确认也更加复杂化，在改革开放后的"林业三定"政策及确权改革中，"林业三定"作为一项产权制度改革，是以政府为主导的制度变迁，林地确权虽然是集体林权制度改革阶段性工作成果，但由于林地资源是一种公共资源，不仅需要政策的明晰，更需要社区内部的合作与协调。

三　研究目标和内容

（一）研究目标

本章研究的目标是从集体林权制度的改革、林地的管理模式和规律出发，为实现林地资源有效、可持续管理，对社区中的林地资源管理的理论、知识、方法、政策进行探究及讨论，提出相应的建议，而林地资源管理在社区中所发挥的作用，一方面是从一个微观的村庄环境，或者说是社区环境下，探究村民的这种管理的效果，以及这种传统的管理方式对村庄的林地资源所带来的影响等；另一方面，如何才能进一步明晰林地权属，减少纠纷，达到林地流转、抵押的目的，最

---

① 郭祥泉、林家杉、郑经池：《国内外森林产权变革与永安市集体林权改革的探讨》，《林业经济问题》2006 年第 10 期。

终为森林资源管理的可持续发展提供建议。另外，在林地资源管理的过程中，由于林权管理是主要且复杂的一个方面，因此对于林权管理也要进行相关的分析。

不断地改革、不断地丰富制度规定，最终的目标就是实行林地、林木的可持续性发展，不可否认的是在"林业三定"至今的这30多年中，由于林权不够明晰所产生的纠纷不计其数，除了国家政策的不断完善，村规民约也起到了不可忽视的作用，而这两者的有机结合也会成为得以实现林业可持续发展的重要标准。最后，也是最重要的一点就是分析在贵州省黎平县登岑侗寨在近30年的集体林权制度改革中的林地资源管理。30年的社会、经济甚至村庄社区文化的改革变迁，对于村庄的林地资源管理的影响是十分重大的，而这个过程是如何转变的，其中有什么重要的内容，国家政策与当地传统知识之间如何在林地资源管理中相互作用都是很值得去深究的。

（二）研究内容

探索在集体林权制度改革的背景下，在侗族村寨中的侗族传统知识为林地资源的合理管理发挥了怎样的作用，以及这样的传统知识是如何发挥作用的。具体包括以下几个方面：

第一，研究背景及国内外研究综述、思路方法的简介。这个是研究的起源，是为了进一步引出该研究接下来所需要分析的问题，介绍国家政策及相关研究的背景，分析其他学者对于相关问题的阐述与理解，总结出要点及不足，并总结目前我国及贵州省的林地资源管理现状情况，为本章的探讨与结论做铺垫。第二，集体林权制度改革与林地资源管理理论基础，对概念的界定是研究的基础，给本章的研究提供依据。第三，调研点及林地资源管理现状介绍，首先了解了现阶段该村庄林地资源管理的现状，并通过调研的方式了解到村庄之前的状况以及演变的过程，以村庄中微观的变迁为基础。第四，调研点林地资源管理案例及存在问题。主要论述的内容为传统知识与林地资源管理在集体林权制度改革中的相互作用。通过案例论述该社区对于林地资源的管理方式，村庄社区的传统知识其实代表了这个少数民族一直传承下来的智慧，而当地的社区居民所拥有的知识，与国家的相关规章制度肯定会存在一定的不匹配性，将其融合起来，形成适合当地特色的规章制度运行方式，对于更好地管理具有很大的帮助；然后讨论在政策背景的引导下，传统知识是怎样在林地资源管理中发挥作用的以及发挥了怎样的作用，面对大的政策，少数民族的村庄会有自己的解决办法来维护自己的利益或者保证公平地分配利益，以及是否可行，有什么观点对于之后的林地资源管理有借鉴价值。第五，得到结果提出林地资源管理可持续发展的对策建议。

四　研究思路与方法

（一）研究思路

本章在土地资源管理、林地资源管理、土地经济学、社会学的理论指导下，首先阐述了林地资源管理的基本概念及相关知识，以及林地资源管理现状；接着通过案例分析在现行国家政策的指导下，林地资源管理的发展模式，以及在少数民族社区中的实际林地资源管理方式，提出在政策背景的推动下，社区内部的林地资源管理如何协调，及其存在的问题，得出对林地资源管理的对策建议，最终得出结论。

（二）基本方法

本章应用案例研究法，通过对登岑侗寨的深入研究进行分析讨论，具体研究方法和数据处理方法如下：

1. 文献研究法

收集的文献主要集中在集体林权制度改革、传统文化、社区林地资源管理知识、林地资源管理现状等相关的论述。另外，在国家大的政策方面还参考了许多政府官方网站的数据。

2. 实地研究法

由于本章以黔东南州黎平县登岑侗寨为例进行实证分析，因此对于该村寨进行了多次深入调研和访谈，收集有关登岑当地的林地资源管理资料。

3. 参与式农村评估（PRA）调查方法

主要运用的是直接观察法、半结构式农户访谈法、农户参与绘图的方法以及问卷调查法，由于PRA的方法更多地强调农户直接参与进外来者的调查中，因此调动农户的积极性，让他们积极表达自己的意见和想法，对于研究来说是较为真实的，同时也具有较高的参考价值。

而对于半结构式农户访谈法中的农户，主要受访对象基本情况如表 3－2 所示。

虽然以上介绍了主要深入访谈的村民，但是在调研的过程中，采访的村民不止这 9 位，许多基础的调研数据都是通过无数次的小组讨论形式获得的，包括村干部小组、妇女小组、村民小组、年轻人小组。

表 3－2 主要采访村民介绍

村民编号	姓名	性别	年龄	简介
村民 1	吴×好	女	22	登岑大学生
村民 2	吴×妹	女	54	登岑前妇女主任
村民 3	吴×进	男	68	1971—1974 年任村副支书；1974—1978 年任生产大队队长；1978 年任民兵连长
村民 4	吴×明	男	55	登岑前村支书，登岑与地扪村并村后就不再是村支书了，但是拥有一定的影响力，同时为调研中的主要采访对象
村民 5	吴××	男	30	村卫生所负责人，登岑第二村民小组组长
村民 6	吴×金	男	83	村有名气的鼓楼师傅，"林业三定"时期任村庄会计，统计分林情况
村民 7	吴××	男	60	登岑在与地扪村并村之前的上一任村主任
村民 8	吴×辉	男	84	1950 年当兵，参加过抗美援朝战争，1957 年回到从江县在民政局当材料员，后担任村小学教师
村民 9	吴××	男	40	目前在登岑发电站上班

4. 归纳法

归纳法也就是归纳推理的方法，通过对调研点登岑案例的分析，总结登岑林地资源管理中的特点，分析出现实的结果，并对发展的趋势进行相关的预测，给出对我国林地资源管理有利的对策及建议。

第二节　林地资源管理相关概念及理论基础

一　林地资源管理相关概念

（一）林地概念

要界定林地的概念，首先要知道的是土地的定义，联合国粮农组织（FAO）在 1976 年制定的《土地评价纲要》中，对土地作了如下定义："土地是由影响土地利用潜力的自然环境所组成，包括气候、地形、土壤、水文和植被等。它还包括人类过去和现在活动的结果，如围海造田、清除植被，以及反面的结果，如土壤盐碱化。"[1]

在国家《土地利用现状分类标准》（GB/T 21010—2015）与《土地管理法》都对林地做了相关的定义，如林地包括其上生长的乔木、竹类、灌木及沿海生长的红树林土地；林地属于农用地的一种；等等。

而从林学的角度看，林地是指郁闭度[2]在 0.2 以上的乔木林地以及竹林地、灌木林地、疏林地、采伐迹地、火烧迹地、未成林造林地、苗圃地和县级以上人民政府规划的宜林地。[3]

按照不同的分类依据及方法，林地可分为不同类型（见表 3 – 3）。

表 3 – 3　　　　　　　　　　　林地的分类

分类依据	林地分类
地类等级	有林地、灌木林地、疏林地、未成林造林地、迹地、苗圃
林地的产权主体属性	国有林地、集体所属林地

---

① http：//www. fao. org/statistics/zh/。

② 郁闭度指森林中乔木树冠在阳光直射下在地面的总投影面积（冠幅）与此林地（林分）总面积的比，它反映林分的密度。

③ 朱冬亮、贺东航：《新集体林权制度改革与农民利益表达——福建将乐县调查》，上海人民出版社 2010 年版。

续表

分类依据	林地分类
林地利用的性质	生态公益林、可利用林地
林木的利用类型	防护林、用材林、经济林、薪炭林、特殊用途林
林木的生长种类	林地、天然林地、灌木林地、疏林地、果林地、无林地、人工林地

资料来源：朱冬亮、贺东航：《新集体林权制度改革与农民利益表达——福建将乐县调查》，上海人民出版社2010年版。

在本章中所用到的林地的概念主要是根据调研点登岑侗寨当地的分类管理方式进行分析。

（二）林地资源管理的概念

在现行体制下，林地资源管理作为森林资源管理的重要组成部分，依照政策和法规，确定森林、林木、林地的所有权和使用权，调处山林纠纷，维护林业生产秩序，维护和保障森林、林木、林地的所有者和使用者的合法权益，依法办理征用、占用林地的审核手续，加强对林地的保护管理，实际上是一种林地林权管理。在本章中研究的林地资源管理主要是基于社区参与的林地资源管理，背景是在"林业三定"以来的30多年的集体林权改革制度下的当地社区居民对于林地的管理。

（三）社区的概念

社区是一个社会学的概念，也是社会学的重要组成部分，而不同的社会学家对于社区的定义都不尽相同，关于社区的定义有以下几个关键词：人口、地域、关系、文化，即社区是进行一定社会活动，具有某种互动关系和共同文化维系力的人类群体及其活动区域。① 而本章采取的社区定义为：聚居在一定地域范围内，语言、文化、意识能达成共识的，彼此关系密切的社会生活共同体。

由于本章中所选取的农村社区为侗族社区，他们不仅聚居于调研点登岑这一村寨中，更加共同享有侗族的相关语言、文化以及传统意

---

① 郑宝华：《谁是社区森林的管理主体——社区森林资源权属与自主管理研究》，民族出版社2003年版。

识，另外，村寨中 96% 的居民皆为"吴"姓，由两大房族构成，彼此关系密切，因此选择这样的社区进行相关的研究有一定的代表性。

（四）林权的概念

传统意义上的林权，是"林地产权"的简称，具体包括所有权、使用权、收益权、处置权四项内容。一般认为，林权是在 20 世纪 80 年代初"林业三定"① 政策基础上形成的，涉及林地所有权、林木所有权，以及由此派生而来的集体林地承包经营权等。② 关于林权的定义不同学者有各自不同的见解，如林权是森林、林木、林地所有权和使用权的统称，是以森林、林木、林地占有、使用、收益和处分为内容的物权；林权是指国家、集体、自然人、法人或者其他组织对森林、林木和林地依法享有的占有、使用、收益或者处分的权利，包括森林、林木和林地所有权，森林、林木和林地使用权与林地承包经营权等财产性权利。③

本章所采取的林权的定义为：林权是以森林、林木和林地为客体的一项权利，凡是有关森林、林木和林地占有、使用、收益或者处分的权利都可以归入林权这一范畴，按照不同的产权主体可分为农村集体林权和国有林权，而本章主要研究的是农村集体林权。另外，由于林权的特殊性，林权的具体权属应包括：林地所有权、林地使用权、林木所有权、林木使用权、林产品权、采伐权、景观权、品种权、补偿权、继承权。在这个定义的基础上，研究传统的林地资源的权属管理，更具有现实意义，因为拥有有关林地资源的权属管理丰富知识的，往往是那些当地的传统居民。

二　林地资源社区共管④的必然性

由上文的政策背景得知，目前政策制定的过程中，对于利益相关者的配合方面缺乏相关制度，而社区中利益相关者在政策制定过程中

---

① 稳定山权林权、划定自留山、落实林业生产责任制。

② 李晨婕、温铁军：《宏观经济波动与我国集体林权制度改革——1980 年代以来我国集体林区三林权改革"分合"之路的制度变迁分析》，《科技与经济》2009 年第 6 期。

③ 潘法祥：《新形势下林地资源管理现状与对策》，《安徽林业科技》2014 年第 3 期。

④ 当地社区共同参与的自然资源管理新模式。

的参与是十分有必要的。很多有关研究都表明，基于社区的林地资源管理对于林业的可持续发展起着至关重要的作用，而且，社区参与式的林地资源管理可以以最有效的社区传统知识，以及当地早已形成的管理模式对林地资源加以管理。因此，还权于社区对于林地资源管理是必然的。

（一）村规民约的传统管理方式

村规民约是一种特殊形式的，并具有当地村落特色的管理规范，实行起来有时比国家的政策法规更有效果，也更容易被群众接纳，原因是：第一，村规民约是针对本村所设立的，更具有实用性，同时可以促进村寨本身自律地去解决一些相关的问题；第二，在村寨中一般都会由村集体社区推举"寨老"①，由"寨老"根据所面临的管理方式，将社区内所有居民聚集在一起进行民主讨论，有助于该社区的居民解决一些具有现实意义的问题；第三，这样的村规民约有助于维持社区的公平秩序，最终达到社区集体的可持续发展。②

（二）社区本身的改善机制

社区集体本身就可以对可持续管理助力，传统的社区管理中，社区内部的管理、协商以及利益的分配都是社区本身的一种达到公平、公正的自我改善机制，根据上文所述，村寨中达到这种利益公平分配、管理有序的模式一般都会有一位"寨老"或者是能够为社区群众主持公道，办实事的群体，内部管理的改善对于整个社区来说才是有意义的。

本章旨在阐明在林权制度不断改革的阶段中，时代的变迁、社区管理的变化是如何在少数民族地区对林地资源的管理发挥作用的。由于林地资源在社区中是一种具有竞争性但不具有排他性的公共资源，因此在社区中应该如何安排这种公共资源也是需要探讨的。

---

① 郑宝华：《谁是社区森林的管理主体——社区森林资源权属与自主管理研究》，民族出版社 2003 年版。

② 村寨的寨老（也称"乡老""头人"），是自然形成的，是村寨的自然领袖。条件是辈分较高，年纪大，或虽青壮年，但能说会道，办事公平，正直公道，热心地方公益事业，在群众中有一定威信的人。

三　林地资源作为社区公共资源的管理

在本章所研究的侗族村寨中，林地甚至整个森林资源都是这个村寨中极其重要的公共资源①，其中，由埃莉诺·奥斯特罗姆教授（Elinor Ostrom）提出的公共池塘资源理论适用于在社区村寨中对于林地资源的管理，该理论的核心为：首先，在特定的条件下，人们可以为了集体的利益而自主地组织及治理，也就是集体行动制度理论，同时这也是在特定条件下的公共事物治理的第三条道路。在公共池塘资源这一系统中，只要人们能够互相沟通，并根据目前公共池塘资源产生的问题进行趋利避害，以一些共同的行为准则为标准，并且加以互惠互利的相处模式，便能够解决公共池塘资源使用中所遇到的一些问题。其次，自主的治理模式在一定程度上可以建立起社区内彼此之间的信任，但是一些外部形成的准则对于群体内部可以起到有据可循的作用。最后，自主治理有助于互相监督，提高了规则的可信度。②

在社区中，合理分配好公共资源，才能避免社区冲突及纠纷，因此首先需要做的是确定好公共资源的权属，只有权属清晰才能更好地管理好公共资源。

四　林权管理在林地资源管理中的重要性

林地资源管理的核心实则林权管理，这也进一步说明明晰的林地权属对于林地资源的有序管理十分重要。

目前有关林权管理的研究主要集中在以下几个方面：集体林权制度改革、林地确权、林权流转、林权抵押和林权纠纷。这些研究都阐述了林权管理的重要性，且林权的明晰同样也是为集体林权制度的配套改革做基础的，而配套改革的顺利实施对于林地资源管理以及森林资源的可持续发展能产生积极的作用。

而少数民族的传统林地管理，拥有他们本身的民族特色，是文化

---

① 公共资源是指自然生成或自然存在的资源，它能为人类提供生存、发展、享受的自然物质与自然条件，这些资源的所有权由全体社会成员共同享有，是人类社会经济发展共同所有的基础条件。

② ［美］埃莉诺·奥斯特罗姆：《公共事物的治理之道》，余逊达、陈旭东译，上海三联书店 2000 年版。

的体现。正因为这样的特质，能够表现传统林地资源管理方式的"习惯法"① 应运而生。本章所在的调研点是侗族村寨，虽然侗族的很多传统知识并没有纸质的记载，但是口头的传承以及长期的社会经验积累，给予了侗族村寨一套能够用以治理当地社区规范的"侗族习惯法"，这种当地的管理规范虽然与国家法律法规不同，但是却对当地的社区居民起到了约束的作用。② 林权作为一种具有法律效应的权利，且林权也是需要公平分配群众利益的一种居民权益，因此运用当地侗族社区的"习惯法""村规民约"都是十分有必要的，同时也只有明确了林权的问题才能更好地做到林地资源合理利用。

第三节　研究地点及林地资源管理现状

一　研究地点

少数民族在林地资源管理方面的研究越来越成为人们研究的重点，尤其是在山林资源利用的研究当中，少数民族社区对于山林资源的管理显得十分重要。本章将贵州省黔东南州黎平县的侗族村寨登岑③作为调查研究点，因此在林权制度改革中该社区的反应就多元化。本章就是研究在集体林权制度改革的各个时期当地社区对于林地资源的管理，对侗族的森林资源可持续管理经验、存在的问题以及相关的社区管理、政策管理多方面进行探讨。

（一）研究地点的选择

登岑作为一个传统的侗族村寨，于 2012 年入选第一批"中国传

---

① 习惯法是独立于国家制定法之外，依据某种社会权威和社会组织，具有一定强制性的行为规范的总和。

② 周世中、杨和能：《侗族习惯法在解决林权纠纷中功能及路径选择——以广西三江侗族自治县林权改革为例》，《民族论坛》（学术版）2011 年第 8 期。

③ 登岑村本是一自然村庄，也是行政村，但在 2014 年和其他村合并为一个行政村，本章研究的仅是登岑自然村的森林管理情况。

统村落"① 名录②，保存着较完整的历史遗产。由于交通闭塞以及文化传统等原因，使该村的一些传统文化、自然资源以及一些建筑资源保存得较为完好，再加上登岑处于我国南方的重点集体林区贵州省黔东南苗族侗族自治州，该自治州林地面积占了全州的70%，森林资源占了全贵州省的1/3，林业资源十分丰富，自2008年的新集体林权制度改革以来，在林权改革方面取得了很大的进展，其中的一部分原因则要归功于森林在侗族的传统文化中有着举足轻重的地位，而政策得以成功地层层传递同时也需要归功于农村社区联系的紧密性。因此，选择登岑作为调查研究点符合本章的研究内容，具有重大意义。

（二）研究地点的基本情况

该侗寨的地理位置、文化情况等在前几章中已经有所介绍，本章将重点对社区和林产品进行介绍。

1. 社区情况

登岑为侗族聚居的村庄，具有较强的排他性、群体性和向心性，这使他们对本民族具有强烈的认同感，同时也具有封闭性。上一章的社区资源分布图标明了登岑的村落社区分布情况，该村为聚居社区，村庄容易开展集体活动，且房屋皆为木质结构，因此村庄设置了防火线，另外村庄周围由森林包围，这是当地传统文化的体现，也正是调研点选择在该村的原因，整个村庄由房屋、河流、木桥、学校、水塘、戏台、水井、卫生院、鼓楼、禾仓、车站等构成，是一个基础设施较为完善的社区。具体分布情况如表3-4所示。

登岑侗寨拥有丰富的社区资源，如菜地、竹林、坟山、杉树林、耕地等，由于登岑的林地资源较为丰富，因此林中同样存在很多不同的林产品，其主要林产品及其管理如表3-5所示。

---

① 传统村落是指拥有物质形态和非物质形态文化遗产，具有较高的历史、文化、科学、艺术、社会、经济价值的村落。传统村落承载着中华传统文化的精华，是农耕文明不可再生的文化遗产。传统村落凝聚着中华民族精神，是维系华夏子孙文化认同的纽带。传统村落保留着民族文化的多样性，是繁荣发展民族文化的根基。

② http：//www.dongxiangwang.cn/index.php/cms/item-view-id-19553.shtml.

表 3 - 4　　　　　　　　　　　社区分布详情

社区构成类型	具体数量	
居民住屋	普通住房：134 栋	
	百年老房：1 栋	
禾仓	普通禾仓：121 栋	
	百年禾仓：14 栋	200 年以上禾仓：3 栋
		300 年以上禾仓：4 栋
花桥	1 座	
鼓楼	1 座	
凉亭	2 座	
水井	普通水井：4 口	
	琵琶状水井：3 口	
学校	村小学：1 个（已经停止招生）	

资料来源：2011—2015 年调研资料收集。

表 3 - 5　　　　　　　　　　主要林产品管理

林副产品种类	利用方式
"Bamam"① 树叶	每年农历六月六时村民用来染糯米饭时所需要用到的一种特殊的树叶，这种用来染色的树叶由每家每户管理，是属于每家每户的，大家有需要的可以根据自己的情况去采摘，但不能够砍树
毛竹	村寨的河边有一些竹子（Bennam②），在春季三至四月间会长出竹笋，其竹竿可做成撮箕，竹笋以及竹子村中的村民都可以自己采摘，但村民很少拿去集市卖，普遍都是自用
野果	山上有很多野果，如杨梅、Dui、Nanman③，李子，野桃，可以直接采摘来食用，野生的随便谁去采摘都是可以的。当地有个传统是"火烧过的杨梅最甜"，意指杨梅成熟后，放火烧杨梅树之后，杨梅就会变甜，但群众不知道具体的原因，只说是祖辈告诉他们的，但是现在不会烧了，因为杨梅树的周边还有很多其他的杂树甚至是杉树，如果烧树很容易引起火灾，并会被村中罚款

---

① 染饭时需要用到的树叶，侗语音译为 Bamam。

② Bennam 是村中的一种毛竹，此为侗语音译。

③ Dui 和 Nanman 是村中的野果，此为侗语音译，但村民不知道用汉语是怎么说的。

续表

林副产品种类	利用方式
野生菌类	野生的蘑菇以前有采摘回来吃的，现在在山中还是有的，但没多少人去采摘，村中也没人种植，一般情况是，如果想吃都会让男的上山去采。有一些野生灵芝，村中有一户人家会上山去采摘，但很少，一般也不会刻意去找，只是如果有些灵芝是自己家的地上长出来的，就会采回来。有人来收灵芝，但目前村中有些灵芝是人工种植的，野生的很少
蕨菜	3月才有，山上野生的大家可以随便采，寨子群众到了那段时间就去采，还有商贩开车来收购，村民一般制成酸蕨菜。一斤2~3元，多数情况是按把卖，采摘蕨菜的山属于集体林地。在2012年时，有专门上门收购蕨菜的，最近两年少了。虽然采蕨菜的山是集体的，但采的蕨菜是个人的，可以自己处理
野生药材	山上的草药很多，还有一些较为名贵的药材，村中的有些老人懂得分辨，如果遇到一些小的疾病会自己采来用

资料来源：2014—2015年调研收集资料（与村民2等妇女访谈）。

由此可见，登岑的自然资源是十分丰富且安排有序，同时还有着自身的传统管理知识，这些对于整个登岑的林地资源管理有十分重要的意义。

2. 社区管理知识概况

在侗族村寨中，有很多不同于国家法律法规的"村规民约"制约村民的行为规范，在登岑也有这样的村规民约，节选的部分护林公约如下：

> 禁止在集体封山林地开垦荒地和占种其他作物、林木苗，违者每平方米罚款20元。凡在1992年前村封山林中所种的菜地一律要丢荒，不丢荒每地罚款50元。
>
> 现有自留地，严禁乱扩开，乱扩开者毁坏林木每根罚款50元。
>
> 严禁野外用火，违者造成损失者，除补造植外，按烧毁一亩山林罚款50元。
>
> 严禁盗砍集体或个人山林，一经发现除退赔外每盗一次罚款200元。
>
> 严禁烂放畜牧踩踏林地，违者除补植外每亩罚款50元。

禁止毁林造林，乱砍火烧山造成林树减少，不管烧到谁的自留山，违者除去造该山林外，每亩罚款40元。

禁止乱砍、乱偷、乱扯他人和集体所造的杉、果、竹、经济林和原来我村所有的杨梅、野果等，违者每次罚款40元。①

对于林地资源的管理方面当地村民有着丰富的管理知识与处罚方式，并且管理严格，另外，对于村规民约的认知程度也在调研中做了相关的了解：村民对于村规民约的认知程度较高，他们会有意识地规范自己的行为，且登岑是根据祖辈对于传统知识的口头传承一直延续至今的，具有丰富的经验与实践。当地群众还保留了部分以前土地资源管理的契约如图3-1所示。

图3-1 清朝年间的契约

① 资料来源：2012 年调研资料。

二　林地资源管理现状

（一）我国林地资源管理现状

生态文明建设是我国建设特色社会主义的重要一部分，而林地作为陆地生态系统的主体，林地资源的管理对生态文明建设具有重要意义。自 2003 年《关于加快林业发展的决定》发布以来，我国以生态发展为主要方向的林业可持续发展管理就拉开了序幕，图 3 - 2 为从 2003 年至 2015 年我国森林面积变化。

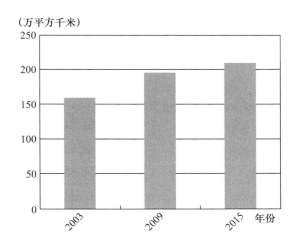

图 3 - 2　我国森林面积变化

资料来源：国家林业局网站（http：//www. forestry. gov. cn/CommonAction. do？dispatch = more&colid = 58&p = 2）。

根据图 3 - 2，我国的森林面积大致是以 16. 6%、20. 36%、21. 63% 的比例呈逐步增长的总量上升趋势，在我国林地资源管理逐渐好转的工作中，集体林权制度改革的实施起着十分关键的作用，且随着 2013 年集体林权改革的工作基本结束，截止到 2013 年底，我国的林地确权面积为 180. 3 万平方千米，而发证面积为 176. 1 万平方千米。目前，我国的林业发展方向着重于生态文化的建设、创建林业新的改革体制、完善林业相关的法制建设、林产品进出口管理以及林业产业的相关发展。接下来的主要工作首先是进一步深化林业改革，如国有林区、国有林场的改革。另外，集体林权制度的改革也要进一步完善制度建设；加强对于森林资源的保护，加强绿化以及避免灾害对于森林的灾害也很重要；发展绿色林业产业，通过林产品的进出口扩大对外交流；加强林业的监督、宣传及管理的工作，实时监控林业相关的基础保障，以及提升林业管理方面的法律制度。

（二）贵州省林地资源管理现状

贵州省位于我国的西南部，同时其作为我国唯——一个没有平原支撑的省份，山地和丘陵面积占全省面积的 92.5%，喀斯特地貌面积占全省面积的 61.9%。截至 2016 年底，全省的林地面积达到了 880 万公顷①，森林覆盖率达到 52%，随着退耕还林以及集体林权制度改革的实施，整体的林业发展速度有所上升；通过林地流转、林业贴息贷款等政策来吸引社会资金开展社会造林的工作；建立森林公园与自然保护区加快森林旅游产业的发展，这些政策与方法使得贵州省林业发展稳固上升。虽然贵州省在特殊的地理条件下，对于林地资源的利用有着总体林地总量大，但质量不高，且不易加大绿化措施，全省的林地分布不均匀等特点，但是相关政策的实行为贵州省的林地资源发展带来了动力，贵州省目前的林业配套改革政策实行现状如表 3-6 所示。

表 3-6   林业配套改革现状

占林地面积类型	面积数量（万公顷）
林改确权面积	867
林权抵押贷款面积	3.27
林地流转面积	22.4
林下经济发展面积	35.7
经营林地面积	23.7
调处争议面积	34.4

资料来源：贵州林业厅网站（http://www.gzforestry.gov.cn/html/2014-07/6764.html）。

---

① 资料来源：http://www.gzforestry.gov.cn/html/2008-12/4786.htm。

而作为贵州省森林覆盖率最高的黔东南苗族侗族自治州，集体林权制度改革的确权发证工作已结束，因此，对于林权配套改革的推进是现在正在进行的，其中包括林权流转或变更的登记工作；推进森林保险；大力发展林下经济，开发林产品；推进林权抵押贷款；集体林的木材生产等一系列工作的开展。

（三）调研点林地资源管理简介

由于登岑侗寨是地处较为偏僻的少数民族村落，在中央政策下达之后真正到村中内部实行需要一定的时间，因此在登岑实际的林地资源管理中时间和管理方式存在一些偏差，一部分原因是政策执行的延时性，另一部分原因是登岑社区内部的传统知识文化对其林地资源管理的影响，具体介绍如下：

1. 调研点的集体林权制度改革实施情况简介

前文提到了目前集体林权制度改革的进程有不同的划分标准，但是对于登岑侗寨，实际的改革阶段和时间如表 3 - 7 所示。

表 3 - 7　　　　　　　　登岑实际集体林权制度改革实施阶段

登岑侗寨实际实施情况	1950—1953 年　土改时期
	1953—1956 年　合作社时期
	1956—1980 年　农村集体化时期
	1981—2007 年　"林业三定"改革时期
	2008 年至今　新集体林权制度改革政策实行

资料来源：2011—2015 年调研收集资料。

但是本章所要研究的集体林权制度改革阶段主要是 1981—2007 年的"林业三定"改革时期与 2008 年至今的新集体林权制度改革阶段，原因是：①这两个阶段该村寨社区对于林地资源的管理从时间来说比较相近，资料容易获取；②这两个阶段是改革开放以来，该村集体林权制度改革的重要阶段，也是变化较大的两个阶段，有着本身的代表性与特殊性。

2. 调研点林地资源管理

登岑的新集体林权制度改革主体阶段工作①在 2010 年时就已经基本结束，但是相关的林权制度改革的配套工作还未取得较大的进展，而通过调研发现，这与当地社区群众对于集体林权制度改革的了解是有一定关系的：登岑村民对于新集体林权制度改革与配套改革政策的认知并不多，这与其当地群众的传统林地资源管理方式是有关系的，因为林地的变化不大，因此群众了解不多，作为一个传统的侗族村寨，登岑的林地资源管理除了根据一些大政策的管理模式，还会根据相关的村规民约对林地进行管理，如登岑林地分类管理如表 3 - 8 所示。

表 3 - 8   登岑林地分类

登岑林地分类	集体林地	集体林场（登林场）
		村小组集体林地（退耕还林林地）
		后龙山（风景林）
		其他集体林地
	分到户的林地	分到户林
		自留山、责任山
		田埂旁林地
	其他林地（坟山、炭窑）	

资料来源：2011—2015 年调研收集资料。

登岑主要的分布类型其实是集体林地与分到户的林地，集体林地中分为属于集体林场的登孟林场、村小组集体林地的退耕还林林地、后龙山的风景林地，以及其他集体林地中的如古树名木所占的林地、林产品所占的林地等。分到户的林地则分为"林业三定"时期分林到户的林地、自留山与责任山以及田埂旁的分散林地。而其他林地主要是指那些权属较复杂，既属于集体林地也属于分到户的林地，且具有

———————————

① 确权发证阶段。

当地社区传统文化色彩的一种林地分类情况。

目前，登岑林地的管理有以下三个特征：第一，集体林地的管理方式以国家的政策为主，但是也会融入当地的一些特色文化，如登岑集体林地之一的后龙山（或可称作该村的风景林地）则是少数民族对神山神树的信仰而保护起来的林地。第二，分到户的林地比集体林地多，原因则是社区内部居民认为这样的做法可以更加方便管理，避免社区居民随意砍伐树木，且自 1983 年划分责任山和自留山后，社区中每户均有 0.1—0.2 公顷自留山，但远近各不相同。第三，对于其他相关的林地管理，登岑的管理模式是比较贴近当地社会、经济和文化的。而在接下来的后文中将会主要针对以下三种类型的林地进行描述与分析。

（1）集体林地的管理情况。根据表 3 - 8 中登岑对林地的分类，而由于集体林场、后龙山以及村民小组集体林地为比较重要的内容，将在后文中详细介绍，对于登岑集体林地中的其他集体林地简单归纳如表 3 - 9 所示。

表 3 - 9　　　　　　　　部分集体林地管理情况

	占地面积	成因	是否荒废	管理情况
五倍子①基地	13 公顷	政府扶贫资助项目	是	由于五倍子的收益较高，政府为发展村中经济，于 1989 年选择了村中的一片林地作为集体林地栽种五倍子，而由于五倍子树不易存活，因此六年后所有五倍子都没存活下来。在栽种时，村民并不同意栽种五倍子，认为村中的林地不适宜种植该类植物，因此村民以"三行五倍子树一行杉树"的栽种形式在该林地上进行栽种，目前该林地之上只剩下杉树及一些杂木，而为了使杉树能够更好地生长，目前村民并没有再去管理这片林地

---

① 五倍子为漆树科植物，是一种中药材。

	占地面积	成因	是否荒废	管理情况
三八林	7公顷	村中妇女集体组织造林工作	否	在侗族地区，由于受到经济条件制约的原因，许多村中的男子都选择外出务工，而村中的留守妇女便成了村中劳力的中流砥柱。在登岑同样是这种情况，有许多当地的妇女会被邀请至其他的村寨帮忙造林，因此1989年时，当时妇女主任组织了全村妇女开展了此次"三八林"造林活动。到目前为止，该村妇女对这片集体林地并未砍伐过，因此在登岑的这片"三八林"林地对于妇女集体来说极其重要，虽然该林地是集体的，对于林地之上林木的处理则都由妇女集体进行处理
茶园	6公顷	政府扶贫资助项目	是	政府为发展登岑经济选择了一片集体林地种植茶叶，并将茶园的种植管护责任分配给了一些农户，但是由于群众缺乏种植经验，且该茶园与村民住地相隔甚远，致使茶园没有得到很好的照料，因此，到目前为止该茶园没有继续种植茶叶了，在调研过程中看到该片茶园杂草丛生，处于荒废状态

资料来源：2014—2015年调研收集资料。

　　但是集体林地中也会存在一些纠纷，如在"林业三定"实施阶段的1993年，登岑与邻近的坝寨乡寨门村的林地的归属有过争执，有村民说当时是寨门村的一个木材加工厂砍树的时候过了界线，砍了属于登岑的林地上的树木，大约有100株，由于双方各执一词，无法协商好权属问题，最终登岑村民将寨门村的木材加工厂告上了法庭，由于登岑有村寨四至相关的权属证件，且在靠近两村边界处有关于林地四至的石板桥，最终成功将树要回，政府也对该木材加工厂进行了处罚并撤销了这个加工厂。

　　除此之外，古树名木所在的林地权属同样归村集体所有，因为国家对于古树名木采取挂牌管理的方式，一方面，由于古树对于登岑来说是"神树"的象征，因此类似这种分到户的林地被占用为集体林地后他们也不会有争议，但同时由于这些大树一般都在村寨的周边，因此疏于管理。在 2013 年底，登岑发生了一起古树名木盗窃案，村中有一棵生长了 2000 年的金丝楠树被偷盗，由于楠木所处的林地较为偏僻，与一位村民的耕地相邻，但年底正值冬季，村民并不是每天都会去耕地察看，因此 4 天后村民们才发现了被盗的事情，但是得知这个事情后，村民们都很重视，因为根据登岑的传统文化，这种古树名木不仅仅是国家的保护物种，更加是他们所信奉的能保护村寨的"守护神"，但是由于楠木的价值很高，1 立方米可以卖 2 万元，在与村民们的访谈中得知，在分林到户之前的集体时期，偷树的现象很普遍，但是根据村规民约对偷树者都会有相应的处罚，再加上"林业三定"后分林到户，因此偷树事件慢慢减少了，此次的偷树事件登岑村民普遍认为是有人故意所为，可能是由于经济发展太快，大部分社区群众会选择外出务工，致使保护意识弱化的局面；另外，登岑村民对于古树名木的监督意识仍有所欠缺。

对于集体林地的管理，登岑的村民以国家政策为主体，其中还会运用到当地的传统管理方式，他们对于集体林地之上林木的保护意识很强，但不可避免地会存在监督意识较为薄弱的情况。

（2）分到户林地管理情况。分到户的林地对于登岑的社区居民来说更易管理，且在新集体林权制度改革之后，确权工作的完成，使得村民之间的交易也更加方便了，如村中有的村民家中需要盖新房，则会选择先砍伐一部分自己所分到的林地或自留山中的林木，不够的话可以向其他的村民买林木，而卖林木的村民只要凭林权证办理砍伐证就可以卖给其他村民了。

明晰的权属对于林木甚至是之后林地的流转都起着积极的作用，而登岑村民内部的沟通与协调也是必不可少的一个因素。

（3）其他林地资源的管理情况。作为一类权属相对较复杂的林地，这类的林地需要依靠当地社区的相关传统知识进行管理，如集体林地或分到户的林地中都会有一些野生的林产品，会有很多村民需要用到的草药或是其他植物，村民可以自行采摘，但对于这种植物是不

能随意砍伐的。关于林产品林地管理及村民对其利用方式简介如表
3 - 10所示。

表 3 - 10　　　　　　　　林产品所在林地权属情况

林地分布类型	林地权属类型
"Bamam" 树叶所在林地	集体林地/分到户林地
毛竹所在林地	集体林地
野果所在林地	集体林地/分到户林地
野生菌类所在林地	集体林地/分到户林地
蕨菜所在林地	集体林地/分到户林地
野生药材所在林地	集体林地/分到户林地

资料来源：2011—2015 年调研收集资料。

由此可见，不同的林产品所在林地的权属都是不同的，而山中的
林下产品种类繁多，但是除了蕨菜和一些菌类有时会有小贩开车到村
里来收购之外，村民自己几乎是不会拿出去卖的，因为他们觉得村中
过于偏僻，要拿到市场上去卖不太划算，但只要自己有需要的话就会
去采摘，因为像这种野生的林下产品，是属于集体的，虽然所处的林
地有些是集体林地范围内，有些是在村民分到户的林地中，但只要有
需要都可以自行采摘，村中的人也不会介意，也没有专门的规定来约
束他们的采摘数量。对于其他林地分类中的坟山和炭窑将在后面详细
进行介绍。

本节简单介绍了登岑相关的林地资源管理概论，接下来将以不同
林地资源管理中发生的案例更加详细介绍登岑的林地资源管理及其
变迁。

第四节　登岑林地资源管理及变迁

在上文中介绍了有关登岑的相关林地资源管理现状以及相关政策
实行、林地分类等情况，而关于集体林权制度改革下不同林地分类的

相关管理及变迁，具体案例研究如下：

一　集体林地的管理

在调研点登岑，到目前为止被称作是集体林地的分别为登孟林场、五倍子基地、三八林、茶园以及后龙山，对于集体林地，当地的社区居民也有自己的管理方式，如不砍伐集体林地中的树，如果要砍伐集体林地中的树木一般都是村中有集体事件时，如果村民私自砍伐，则会有罚该村民酒、肉、米分别 100 斤给村集体。①

由于登孟林场的案例在登岑的集体林地管理中具有较大的参考价值，且为登岑唯一的林场，因此首先叙述登孟林场的案例。

（一）登孟林场的林地管理

登孟林场为登岑最大的集体林地，占地 27 公顷，该林地之上的林木由杉树、松树、枞树（松树）、枫树等一些杂木构成。

在 1968 年农村集体化时期，登孟林场所处的林地为天然林林地，由于当时每个生产大队都有一个林场，而登岑与罗大村同属一个生产大队，因此登孟林场的这片天然林地就归这个生产大队所有，登孟林场才正式成立。但当时由于生产大队的经济水平很低，因此村民们将天然林中的大树砍伐了。当时这些被砍伐的大树（此处说的大树为杉树，因为村民认为松树等杂树没有杉树的品质好，卖不到好价钱）以 1 立方米杉树 24 元的价格卖给了广东的老板，以此带动村集体的经济发展，生产大队每年砍伐 500 棵杉树，每年有近 10000 元的收入，而这些收入归生产大队所有，再按照劳动的多少（劳力②），分到农户的手里；另外，由于道路的闭塞，当地的侗族群众在传统上采用水运的方式，通过河道，将砍伐的杉木"放排"③，经半江、孟彦河、乌下江、清水江，至湖南等地，节省了运输费用。

在 20 世纪 80 年代初期，家庭联产承包责任制推行后，之前的生产大队便分成了 5 个村民小组，但仍属于同一个集体，由于大量的砍

---

①　来自村民口传的村规民约。

②　村民用于称呼可以干活的人，一般为 16—50 岁，而不能干活的只能被称为"人口"。

③　是借助水流运送木材的一种方式。一般应用于通航的河流。

伐使登孟林场的林木日渐减少，这 5 个村民小组对登孟林场进行植树造林，每个村民小组安排 5 位村民至登孟林场造林，且没有劳动报酬，村民都认为这是任务，同时也是自己的义务，没必要获得劳动报酬。

1984 年"林业三定"时期，登孟林场被正式定为集体林场，且当时的 5 个村民小组分别成为登岑与罗大村两个自然寨，其中登岑有 3 个村民小组，罗大村有 2 个村民小组。恰好当时分林到户，因此登孟林场就没再管。

1989 年，由于需要修葺乡村公路，导致登岑与罗大村皆欠有工程款，因此两个村商量将登孟林场中的林木变卖（"卖青山"）①，但是却在林木的权属上产生了争议。由于当时造林是集体时期 5 个村民小组共同造的，并没有划分相关的界线，因此并不能很好地界定林木属于哪个村，也没有任何相关的凭证来证明林木的权属问题，因此，两个村为此起了争执，后来是由登岑的村领导请来了乡政府及林业站等有关部门出面将林木划分，相关部门对于林木的划分标准是：将林木统一砍伐后变卖，将变卖的钱平均分给登岑与罗大村的 5 个村民小组，再根据需要将钱分到小组或是农户个人，而登岑则把所分到的 3 个村民小组的钱用于村庄的集体事业。

1994—1995 年，登岑重新在登孟林场造林，种植杉树，每家每户平均种植 3—4 亩，人口较少或老人较多的户只需要种植 1—2 亩，村民们集体参与，完成这项任务，与以前一样并没有补助，每天吃完早饭就把午饭打包到山上吃，村民们也没有怨言，认为这是他们为维护村庄所应该做的。

2000 年，登岑与罗大村因为登孟林场的林地权属问题再一次产生了纠纷（在山上打群架），因为在 1989 年的那次林木纠纷中，虽然林木是登岑与罗大村的 5 个村民小组平均分配了，但林地是归登岑所有的，罗大村的村民则表示由于当时登孟林场是两个村共同造林的，因此登孟林场中一半的林地应该归罗大村所有，并在靠近村落的山上种

---

① 卖青山指卖活立木。

植了防火带，告诉登岑村民及林业站的相关工作人员：由于山是登岑的，所以登岑需要给罗大村的参与造林的村民付工钱，由于登岑与罗大村在 1953 年的土改证等相关凭证都已丢失，无法证明该林场林地究竟归哪个村寨所有，为确保双方的公平权利，根据乡政府、林业站与土纠办的调解，最终决定将该林地按照集体时期的 5 个村民小组平均分配。至此，登岑在该林场所有林地仅为 13.3 公顷，这次的林地纠纷使得登岑村民颇有怨言，其中在与村民 4 交谈中他表明："这片山林地本来就是归我们村的。"

为了更好地解决本次纠纷，自 2000 年至今，政府将林场中的一些松树（松树树木不值钱，松油、松脂值钱）承包给部分村民，让这些村民以割松香收集松脂的方式来维持生计，据当时的村领导介绍，每年的年收入为 6600 元。而在 2008 年新集体林权制度改革时，登孟林场还是维持之前的状况，并没有新的变化。

在 2015 年 1 月，我们正在登岑调研时，村民 3 反映说发现罗大村在登孟林场偷了登岑的树，已经偷了几十方的树，发现了砍树用的电锯，并发现偷树的人用三轮车拉走，目前还在偷，但是已经有登岑村民开始调查这件事，据村民 5 说："现在已经带了几个村民一起调查这件事情，并在树上都用镰刀做了'×'的记号，而且已经发现了线索，确定是罗大村的村民所为，一旦抓到了这个'偷树贼'一定要把他们家的猪宰来让全寨吃，而且还要按被砍树木的 4—5 倍的价钱赔偿。"但是在调研结束时，这件事还未有结果。就地理环境来说，罗大村距登孟林场的距离比登岑距登孟林场的距离近（由登孟林场步行至罗大村寨子需要约 1 小时，而从登孟林场步行至登岑村寨子需要约 2 小时）；另外，由于之前的多次纠纷也成为导致村民偷树的原因之一。

该案例说明：第一，由于村庄的一些政策落实得不够完善，导致了权属不够明晰的现象，这也是导致登岑与罗大村林木、林地纠纷的根本原因；第二，村落内部对于林地的管理有着自己的方式，如当砍伐掉一部分大树之后，会自发组织植树造林的集体行动，来维持森林的可持续发展，同时村社区内部针对一些纠纷或冲突也有一些自己的惩罚措施。

（二）后龙山的林地管理

村寨中都会有一片后龙山，而后龙山便是民间所谓的风景林、风水林，村庄中的后龙山不仅能够提供生态保护价值，更能够体现一个村庄的传统文化，后龙山不但是作为集体所属的林地，更是村庄的一种信仰，许多侗族或其他的少数民族村寨都十分信奉"树神说"，认为这些树能够庇护整个村寨平安、祥和，对于树具有崇敬、敬畏之心，不到万不得已，或是为了整个村庄的构建，都不会轻易去砍伐这片林中的树木，而登岑在管理后龙山时有自身传统的管理模式。

自"林业三定"时期以来，后龙山中的林木便被划分为封山育林的林木，只有在村中集体需要兴建公益性质建筑时才能砍伐。自1981年至今，后龙山中的林木被砍伐过两次，第一次是在1992年时，由于登岑需要兴建村寨小学，因此砍伐了一部分后龙山中的树木；而第二次则是在1999年12月重修鼓楼的时候，当时对于林木的需求量比较大，重修鼓楼时砍了近200株的树，且这200株树全部为大树，而后龙山中的树大小不一，因此在修建鼓楼用到的树中其中一部分是后龙山中的，另一部分则是在村民的分到户的林地中的，而当时村委则将后龙山的一些相对小的树木作为与村民的交换，并在交换的树木上挂上木牌用来作为凭证，村民6说："木牌上会写'换鼓楼柱子'大家就都知道这是当时搭建鼓楼的时候向村民补的树以区分"，以"借土养木"的方式，将村民的树木依然养在后龙山的林地上，但是即使村民不将林地之上的树木砍伐下来继续养在后龙山的集体林地中，其他的村民也不会因此产生纠纷，因为他们认为当时砍树的时候是用于公益事业中，而还给这些村民的树木的权属时属于这些村民的。现在，村民们栽种了树苗，将后龙山封起来"封山育林"，让后龙山好好"休养生息"。后龙山由于是集体管理，2008年新集体林权制度改革期间，后龙山的确权并未受到影响。

由此案例可见，在登岑，后龙山不仅是集体林地，更是整个村寨信仰文化的体现，也正因为少数民族地区对于这种"神山""神树"的信仰，使这片林地保存得比较好，当地社区的群众会自觉地守护，如在登岑的这片后龙山，由于之前的砍伐，除了还给村民一部分树木之外，还将这片山封住以达到"封山育林"的目的，这种自发的保护意识对于当地的林地资源管理以及森林资源的可持续发展有着重要的意义。

（三）村民小组集体林地管理

村中有一些"退耕还林"的林地，这类林地为 2003 年政府对当地的扶贫项目，在 1981 年"林业三定"时期，该林地为村民小组集体所有，并没有分到户，但是自确立了该政府扶贫项目之后，村中有的小组如登岑第二村民小组所有的"退耕还林"的楠竹林地，因为当时完成"退耕还林"的任务国家便会按照种植的面积给村民一定的补贴，且种植的为楠竹，有一定的经济价值，且比杉树繁殖的速度快，因此，第二村民小组的村民集体种了该片竹林。退耕还林的补贴政策维持了 5 年，现在已经没有这个补贴政策了，因为当时是国家的"退耕还林"面积有政策指标需要完成，现在指标完成后就没有补贴了。在 2008 年新集体林权制度改革后的 2010—2013 年期间，第二村民小组的"退耕还林"林地已经由小组分给个人，目前还没分的为第三村民小组靠近罗大村的一部分林木。

这些林地虽然已经从村集体分到小组了，但是小组的管理依然会存在一些问题，比如，小组中的村民不会经常去照顾所属的林地，可能会导致别村村民越界砍伐林木等纠纷，因此，村民对于林地的监督是十分重要的。

在集体林地的管理中，当政府与村民的共同参与登岑的林地资源管理比较有序。另外，由于登岑村民的信仰习惯，对林地资源的保护也是很值得借鉴的，但是村民对部分林地的监督意识还不够。

二　分到户林地的管理

登岑分到户的林地资源管理也是十分重要的一部分，在调研的过程中得知登岑每户村民所占林地和地块并不多，而就这些林地如何管理接下来将通过案例来介绍。

（一）"林业三定"时期抓阄分林地、林木

全国的"林业三定"于 1981 年全面展开，但是在登岑"林业三定"真正开始的时间为 1983 年，因为之前的 2—3 年在进行分田到户的举措。在登岑，"林业三定"中分到户的林地面积为 54 公顷，而这片林地在分到户之前，林地及其上附着的林木都是归集体所有的，而分到户之后其林地上林木归村民个人所有，林地还是归集体所有，但村民个人享有林地的使用权。

在分林到户时期，登岑共有 400 人，当时按人口来平分林木。而在正式分林到户之前，为了确保每家每户分林的公平性，村领导先以山脊和山沟作为划分的界线，将不同片区的山林分给 3 个村民小组，接着，村干组织村里的村民小组组长、小组代表，以及村中的会计共同去统计山上林木的数量并丈量好每株的大小，有些村民若是自愿加入的也可以自己去看具体的计算与丈量，据村民 7 介绍"当时男性劳动力都上山去丈量树的大小，用尺子逐一丈量，并按照一尺九至两尺树的直径为一个等级，两尺至两尺五树的直径为一个等级，两尺五至三尺树的直径为一个等级，三尺至四尺为一个等级等来划分，并将不同直径大小的树分为一、二、三、四等级"，而且这个丈量的方法只是丈量树兜的直径，并按照树兜的直径来划分等级，与树的高矮并没有关系，在确定好树的等级后，每个村民小组分别组织村民，以"抓阄"的方式来分配林木，人口数相同的农户来分配同一片山林中的林木，在一片山林中，林木的等级不同，但是在"抓阄"时，抓到了等级较低的林木也依然按这个结果来分配，在分完之后，不少村民都会自己去山林中察看分到自己的林木，有些村民将这些所分到林地的四至记录了下来如图 3 – 3 所示。

村中也将此次分林留存了底本，这也成了村中最重大的一次分林事件。由于当时村子的经济水平很低，如一些村民反映的，"当时家里有小孩要读书，而且没新房住，要盖新房"，因此大部分的村民都选择将林木变卖，当时林木的变卖去向有以下几种：由于当时没有公路，村民如果要变卖林木的话只能沿河道"放排"；有些村民则卖给本村的其他村民，由这些村民将林木卖到黎平货仓（当时有浙江老板收购这些林木）；另外有些村民还将林木卖到处于邻近罗里乡的伐木场。

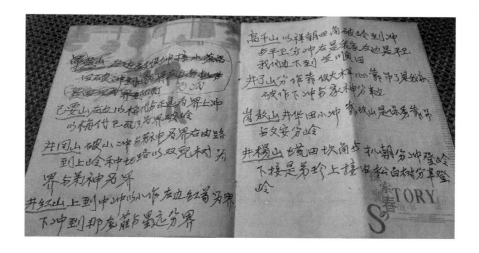

图 3 - 3　村民记录林地四至情况

资料来源：2014 年 6 月调研收集资料（村民 8 所写）。

　　林木分到个人后，虽然有些村民对于自己所分到的林木并不是特别满意，但是不少村民都认为这种方式比较公平，因此，一直以来都没有什么大的纠纷，如果有纠纷的话，村寨会请出本村最德高望重的人，即 "寨老" 来调解纠纷，如有的村民记错了自家山林的界线，砍伐林木的时候砍到别家的林地上了，寨老的调解方式则是：如果林木砍伐下来了，但还未变卖，则将该林木还给林木的所有人；如果已经拿去变卖，则将栽种在自家林地中的林木赔给被砍林木的所有人。

　　"承包到户" 的管理方式能够分摊管理难度，更加便于管理，对于 "林业三定" 时期分林到户的举措，主要靠国家的方针政策指引，据村中的不少村民反映，他们比较赞同这样的举措，村民有了自己的林木与林地，会对这片林地更加用心地管理；而在登岑这一侗族社区中，运用符合当地的 "抓阄分林" 方式，更加能使当地的社区居民满意，达到了事半功倍的效果。

　　在 2008 年的新集体林权制度改革中，分林到户的林地依然维持着之前 "抓阄分林" 的分配方式，只是发放了林权证，进一步保障社区群众的合法利益。至今虽然已经分配了 30 多年，但是村民依然按照这种分配方式管理着自家自户的林地，而且针对之前砍伐的林木，登岑的村民会自发地植树造林，来维护好林地的生态环境。

在"林业三定"时期以来的 30 年中，登岑的分到户林地的权属从未有过变化，这说明登岑的村民认可这种民主且公平的分配方式，而且这样的方式不仅可以减少纠纷，还能够使登岑村民更好地照顾好自家的林地，使林地资源的管理平衡、稳定地发展。

（二）自留山、责任山的林地管理

在"林业三定"时期，除了分林到户之外，划分自留山和责任山也是重要的工作部分，登岑在"林业三定"时期就已经确定了自留山①、责任山②以及柴山，其中自留山林地的权属归村集体所有，但农户对自留山有使用权，可以在自留山上种植林木或林产品。另外，自留山中原有的林木以及林产品归农户自己所有，但自留山所占面积较小，调研中得知平均每家每户的自留山为 2—3 亩；责任山的林地、林木等相关权属皆为村集体所有，但是农户有管护的权利和义务。

在分自留山时，同样是以"抓阄"的方式，以山脊与山沟作为界线，村民 4 说："不用担心分不了界线，山岭刚好可以分。"在"抓阄"时的自留山有靠近村庄的，也有远离村庄的，但是分配完成之后村民们并没有因此产生纠纷，和分到户的林地一样，群众认为用"抓阄"的方式来分配是比较公平的，有些村民认为："没分到好的林子是自己的运气不好。"

在这些自留山中，村集体还会选出一些大树作为棺木，这是侗族居民的一种传统习俗，每人自出生以来都会选好一棵杉树作为棺木，到去世之后会将这棵杉木做成棺材供下葬，在 1980 年前后的"林业三定"时期，村民已经将能当作是棺木的树分配完毕，当时是无论树的大小，可以尽量在山上按照自己的要求挑选，其中，有的村民把棺

---

① 农业集体化后分给社员使用和经营的小块山林。山权仍归集体所有，林木和林产品归社员个人所有。

② 农村集体经济组织在"林业三定"时，按人口劳力平均划分给农户承包经营的荒山和一定数量原来由集体经营的山林。山权、林权仍归集体，农户（承包者）只有经营管护权。

木变卖还钱，因为经济过于拮据；也有的村民被分配到的棺木生长在
其他村民的林地中，但是被占地的村民并没有因此而产生争议，而是
认为这是村寨的一种传统；还有一些村民将一些长得足够大的棺木砍
下，囤放在寨中的禾仓下，但是这些棺木中，没有被偷盗的，那些还
不足够大的杉木依然长在山上的林地中。在 1981 年之后出生的人没
有分到这些棺木，但在他们出生时，就在自己家的林地中选择或种植
将要成为棺木的杉树。

　　从"林业三定"时期到 2008 年的新集体林权制度改革，再到现
在，之前确定权属的那些自留山、责任山包括一些特殊的林木一直没
变，村民也几乎没有发生过纠纷和争议。且国家为了完成确权工作，
在 2009 年底给登岑颁发了林权证，但在调研的过程中发现有的农户
的林地是统一在同一本林权证上如图 3 - 4 所示。

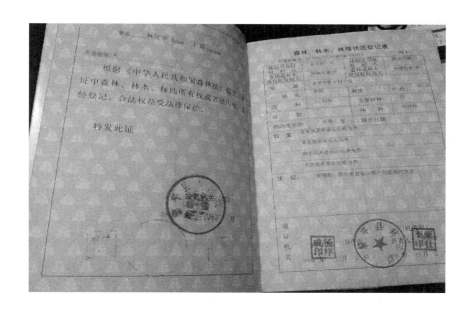

图 3 - 4　林权证

资料来源：2014 年 11 月调研收集资料（村民 4 的林权证）。

　　村民 4 提到关于两户或几户只持有同一张林权证的问题，并没有
因此产生争执或是纠纷，而是双方协商放在某一户；而谈及有关林权

证中所勾画的林地是否与实际林地符合时，他说"还是比较准的，因为都是专门的人来航拍得到的，但是具体的界线每个人自己都知道的"，因此登岑的村民除根据政府颁布的林权证之外，他们自身对林地的管理也是十分有序的。

由此可见，自留山和责任山的分法和分林到户的分法是类似的，这也进一步说明了登岑群众对于该方法的认可，同时在新集体林权制度改革中的确权工作中，政府几乎并没有重新分过，而是延续了之前的分界线，将林权证发到各户的手中，使他们的权益得到保障。

（三）田埂旁林地管理

登岑侗寨由于林地多，而水稻田有不少是位于林地边缘，目前关于田埂旁的林地管理采取"上四下三"的分法，其中"上四下三"具体指的是某一耕地田主所占田地向上四丈到向下三丈的林地之上，不论是杉树还是杂树都归田主所有。而这个分法源于 2005 年地扪村村民的一次纠纷，纠纷是由于地扪村的一个田主砍了田埂旁坡上的林木用来修葺牛圈，林地的主人因此与田主产生了争执，最终村委出面，村中每家每户参与讨论，这个问题才得以解决，并提出了这种"上四下三"的管理办法，当地村民都十分认同这个分法，并将这个分法沿袭到了附近的村寨中。除了发生这种纠纷，还有第一章提到产生纠纷的情况：由于田埂旁的林木很容易遮挡住阳光，导致耕地中的作物缺乏阳光的照射，同时导致了产量的低下，这样也会产生一定的纠纷，因此这种分法是根据当地社区居民传统经验得出的合理的纠纷解决方式。

在管理这类林地的时候，"村规民约"的用途显得异常重要，由于有些地方的勘界不准，很容易引起纠纷，而且有时无法保证纠纷双方的合法权益，包括在 2008 年最近的这次新集体林权制度改革中，在确权时，有些村民因为勘界不明产生了纠纷，每位村民都各执一词，认为那是老祖宗告诉他们的，但并没有凭据，由于这些纠纷导致林权证无法及时发放，最终，乡政府、林业站的相关工作人员拿村庄的图纸给村民自己划出界线并签下协议，这才真正把山林分配好了，林权证也得以成功地发放。

三　其他林地管理

前文中提到过其他林地单独列出是由于其权属较为复杂，其所占的林地的权属有可能属于集体林地，也有可能属于分到户的林地，且带有登岑当地的传统文化习俗风格，因此接下来就两类其他林地，即坟地、炭窑的当地管理方式进行相关案例的介绍。

（一）坟地的管理

由于群众对祖先灵魂安放非常重视，坟地一般都需要占用林地，而村庄对于坟地没有相关的安排，能葬人的地方就可以葬，但是村中特别强调风水，下葬时要由风水先生选择所需要葬的山。1983年的"林业三定"中并没有对坟地进行划分，包括在2008年的新集体林权制度改革中，也没有对坟地进行划分，只是坟地可能属于集体林地，也有可能属于分到户的林地。例如，某户村民家中过世的老人葬在其他村民家的林地里也不需要补偿，只是因为这块所占林地的风水好。在登岑的有一块坟地处于村民所住宅子后面的竹林（围着寨子后面），该林地是集体的，但其中有一些几百年的坟地都是属于个人的，那些是在还没"林业三定"之前就下葬的，且因为占的坟地只有半亩地，没有占地很多，所以村民也不会介意。

作为林地的特殊利用地，按照常理，若其他村民占用了自家的用地，都会产生纠纷，正因为当地的特殊文化习俗，他们能够很好地解决该类权益侵占的行为。

（二）炭窑地的管理

当地群众冬天取暖主要依靠木炭，因此炭窑是村庄群众普遍都会用到的特殊林地，冬天取暖所需要用的木炭基本都是群众自己在炭窑里烧制，烧制木炭时，一般炭窑都会选在原材料麻栎树较多的林地的山坡上，不论是在1983年的"林业三定"，还是之后2008年的新集体林权制度改革中，都没有对炭窑的管理做出规定。不管炭窑所在的是集体林地，还是分到户的林地，村民都能够在离麻栎树较近的地方挖炭窑，因为麻栎树较重，这也代表了村民们之间相处融洽，有些村民甚至在一些土壤肥沃的坡上烧窑，一方面，方便了冬天来烧炭的村民；另一方面，烧完炭所落的那些草木灰可以当作肥料给坡旁的田施肥。采访村民 8 时，他说道：

"烧 2—3 小时就可以封窑了，今年才挖的炭窑，是从自己的田坝砍来的树，要黄泥土，比较紧的土，挖好了能烧 1—2 年，哪里有柴就到哪里烧，烧的是杂木，有些麻栎树兜，杂树没麻栎树烧得好，有的地方土质好，但有人家家里的祖坟就不能挖，封窑后要过 2—3 天才能来取，因为有碱性肥料，人家还希望你来烧，烧的这片山是老村长（现在副支书）的。因为麻栎树很重，所以可以在有麻栎树的周围烧炭窑。炭窑分了两层，下层是火门，上层是柴门，拿柴进去烧，放一天，2—3 个小时才能全部烧燃，看见烟轻轻的，然后就封起来。"

村民对于该特殊林地的利用并不会受到该林地主人的拒绝，反而会比较乐意，这同样也是村中的一种传统文化的体现。

第五节　林地资源管理的优化分析：传统知识与政策制度相互作用的视角

在林地资源的管理中，社区内部的传统知识运用与国家宏观政策的实施都对其有着极大的影响，从前文所述的在集体林权制度改革背景下充分展示了社区中林地资源管理方式的案例中可以看出林地资源的管理是十分复杂的，但在这种管理中存在的问题与借鉴之处则是下文需要重点分析的。

一　登岑林地资源管理的相关讨论

林地资源管理作为本章研究的重点，也是讨论的中心，在前文的案例中了解了在集体林权制度改革这一背景下，登岑这一侗族社区对于林地资源的相关管理情况，在登岑的林地资源管理中存在一些问题，但同时也有许多可以借鉴之处。

在前文的案例中，对于登岑林地资源管理的案例做了相关的介绍，接下来将对登岑的林地资源管理案例中表现出的管理现状及问题进行总结与分析如表 3 - 11 所示。

表 3 - 11　　　　　　　登岑林地资源管理现状总结与问题汇总

	管理现状总结	矛盾与问题
集体林地资源管理	登岑村民对于这类作为公共资源的林地采取全村社区共同管理的模式，除了遵循大的政策之外，还会根据村庄内部的习惯、传统解决一些相关的管理问题，产生纠纷时会由政府出面，共同讨论后得出结果	权属不明晰易产生纠纷；群众对于集体林地的管理监督意识不够强；相关管理的法律法规不够完善
分到户林地资源管理	分到户的林地作为村民们的一种产权资源，在国家确权工作结束之后，虽然政府划出了具体的地界，但存在两户居民共持一张林权证（联户持证）的情况，在这种情况下居民们可以进行很好的协调；而且比较细节的一些地界问题，当地社区居民还是比较容易接受之前的分界方式，并没有发生纠纷	国家划分的地界与社区内部划分的地界不一定完全一样；当地社区群众用传统习惯与方法分林是否与国家法律相悖
其他林地资源管理	其他林地作为一种特殊林地的存在，登岑社区居民一般都是通过相关的传统管理知识的运用，但也正因为这种传统知识的运用，让社区居民更加好接受	没有相关法律法规；传统知识的相关运用是否存在问题

　　登岑的林地资源虽然分为集体林地、分到户的林地以及其他林地，但这些林地的所有权其实都是归村集体的，只是集体林地无论是林地还是地上附着物都是归集体所有；而分到户的林地以及一部分其他林地虽然是已经分给了社区群众，但林地是归集体所有的，社区村民只是享有使用权，且可以享有其林地地上附着物的所有权、使用权、处分权、收益权。因此不难发现，在林地资源管理的过程中，社区居民对于当地的林地资源管理除了按照国家大的方针政策之外，自身同样也有一套较完善的林地资源管理传统知识。

　　根据公共池塘资源理论，林地资源作为社区中的公共资源，在林地资源遇到纠纷问题时，社区居民会自主去解决该问题，如请乡政府、林业站的工作人员来解决纠纷；而在遇到一些社区内部的集体事业时，社区内部的居民也会在集体利益最大化的前提下，协商处理好个人利益。

公共池塘管理中会存在制度供给缺乏、对于制度的认可程度以及社区居民之间的相互监督，而在登岑的林地管理之中同样存在这些问题。①

1. 制度供给缺乏

此处的制度供给缺乏也代表着法律的相关规定缺失，在登岑的林地资源管理中，除了基本的权属划分之外，村民普遍遵守的是护林公约等相类似的村规民约，因为国家的政策对当地的林地资源管理方面并没有十分详细的法律规定，而法律规定是可以使社区居民的生活有序且更加有预期性的一种保证，因此制度对于一个社区以及这个社区中的公共资源管理来说是十分重要的，制度供给的缺乏会给社区带来许多纠纷等问题；除此之外，制度供给的缺乏同样会带来林地荒置的现象，如五倍子基地与茶园，因为制度的不完善，导致该集体林地一直荒置。

目前我国虽然在新集体林权制度改革中完成了确权的工作，但是林业的配套改革，如改革林木采伐管理制度、改革投融资体系、建立新型林业管理体系等，都需要通过制度的完善与供给来实现，因此法律法规是需要不断完善的一个重点；而除了法律法规的完善，传统知识中村规民约或习惯法的运用也是不容忽视的。

2. 制度的认可程度

虽然制度供给的缺乏是一个难题，但制度的认可以及执行程度对于整个社区来说也是极其重要的，而首先需要做的就是让群众存在一种制度是可信的意识，也就是培养他们的一种遵纪守法的意识，纠纷的产生除了相关管理制度的不够完善之外，群众对于管理的认识也是十分重要的，如登岑的林地资源管理中，群众对于村规民约的认识以及一些信仰方面的"神树"崇拜，使他们对于林地资源管理方面的保护认可程度很高，村规民约等传统知识其实也是一种当地特色的管理

---

① 秦涛：《中国林业金融支持体系研究》，经济管理出版社 2009 年版。

制度，且村规民约在当地的认可度是比较高的，因此制度如果要得到社区群众的认可，首先，这个制度应该让社区居民认为对他们来说是有利的，且能保障他们的生活，这样的制度才是有效并能得到认可的；其次，要树立村民们遵纪守法的意识，加大制度的宣传力度；最后，就是加强传统知识的运用，重视传统知识对社区内部的引导作用。

3. 社区居民之间相互监督

相互监督能够让社区当地的林地资源管理不仅可以实时了解管理情况，更加能够实现减少管理成本的目的，在登岑的社区内部其实是十分团结的，且为聚居生活的社区，因此社区居民之间的沟通良好，他们自身也有着对自己的约束与共同的意识，在制度的行使过程中，由于社区居民不仅是自主治理的占用者，同时还需要起到一个监督者的作用，不仅如此，监督也是自主治理的一个重要组成部分。监督从某种程度上说其实也是一种保护社区群众权益的一个方式，比如林地的权属问题，由于前文中说到了"联户持证"的问题，这说明有很多村民的林地权属其实是不太明确的，而是认为大家都知道，但没有具体的凭据，因此这就需要群众的相互监督来达到有效管理的目的。

制度的制定与提供应该是适宜当地社区情况的，因此如果想使得林地资源管理能够在制度的运行下进一步发展，首先就应该充分地调研群众，收集他们真正的诉求，而且在制度下达之前应该做的就是先给群众做好有关遵循制度的宣传，让他们实实在在能够在规矩内行事，并起到监督的职能作用，巩固林地权属的清晰管理。

二　社区传统知识对林地资源管理的影响

社区的传统知识在当地的林地资源管理中起着举足轻重的作用，传统知识不仅代表了社区的文化，更是一种长久以来社区内部传统智慧的积淀，因此社区传统知识给林地资源管理所带来的影响是在当地林地资源管理研究中极其重要的一部分。

（一）信仰与风俗习惯

侗族是一个崇尚"神山""神树"的民族，他们对于森林有一种特殊的情感，因此，每个侗寨中都会有一片"后龙山"或"风景林"

围绕着村寨，对于侗寨的村民们来说，后龙山对于整个村寨起到了保护村庄平安的作用，因此他们对后龙山的保护意识很强；另外，对于在前文中提到的坟山，村中的风水先生会根据不同的人确定坟山的位置，造成了权属的不定，可能属于集体林地中，也可能属于分到户的村民的林地中，但无论坟山在哪里，村民们都不会因此而产生纠纷，正是因为侗族的村民们认为坟山是对祖先的一种敬仰、一种尊重，而后龙山、坟山对于整个侗族社区来说都是一种不可撼动的风水，只有好好保护才能维护村中的风水。① 而这种观念从未改变，同时这也成了一种当地保护林地资源的传统知识的体现，对当地的林地资源的管理起到了积极作用。

而在政策方面，这样的信仰与风俗习惯对其来说起着推动的作用，因为政策的下达本身就需要社区群众接受的一段过程，但是由于社区居民本身的做法就切合保护林业资源的宗旨，因此对于政策的制定传统的风俗习惯也起着积极的作用。

（二）村规民约

侗族的村规民约其实也就是侗族的习惯法，而在前文中提到登岑有专门针对林地资源管理的"护林公约"，这些村规民约是当地社区中的前人的经验与智慧所留下的，比如在侗族的古代社会沿袭"侗款"上的相关规定进行管理，现在随着时代的变迁，"侗款"中的条款也随着侗族社区群众生活方式以及组织形式的变化发生了许多的改变，村规民约就是"侗款"的现代表现形式。而这些款约一直流传到现在，不只是侗族的文化传承，也代表了他们对于管理方面的重视，如村民对于违反村规民约的行为会处以罚款、罚大米、罚猪肉等方式，因为村规民约一般都会比较符合当地社区的真实情况，因此与政策相比，这种村规民约也是在社区居民之中比较好接受的一种约束方式，虽然有时政策与村规民约会存在有些不同的地方，比如在其他林地的管理中，一般来说坟地都应该是分到户的，每户有一块属于自己

---

① 刘珊、闵庆文、徐远涛、张灿强、程传周、石有权、吴老成：《传统知识在民族地区森林资源保护中的作用——以贵州省从江县小黄村为例》，《资源科学》2011 年第 6 期。

的坟地，这样可以确保明晰的权属，但是在登岑的实际管理中，他们认为应当遵从风水习惯，这样对整个村庄都有好处，比固定的权属要更好，因此村规民约虽然充当着重要的约束手段，但同时也是一种与当地文化习惯相融的特殊约定。

传统知识代表的是文化的传承，也是最贴近当地特色的管理方式，合理地利用传统知识，以当地社区群众所熟知的方式去进行林地资源的管理以及政策的制定才能够达到高效且认知度高的管理。

三　集体林权制度改革国家政策的实施对林地资源管理的影响

自"林业三定"以来，我国的集体林权制度改革一直在不断地完善和推进，新集体林权制度改革以来，随着林地确权的完成，林权配套改革的实施也极其重要，而针对集体林权制度改革对林地资源管理的相关影响分析如下：

（一）群众对于林地确权的认识

在新集体林权制度改革的确权勘界时，登岑村群众都比较认可勘界的界线，因为勘界的界线在"林业三定"就已经确定好了，一直都没有改变，林权证于 2009 年底发至每位村民的手中，虽然界线没有改变，且管理的方式和从前一样，但这个林权证对于村民来说是一种财产保证，还能够起到方便继承、申请采伐指标的作用，同时他们也认为林权证对于他们来说是一种利益保证。在调研的过程中，也发现了"联户持证"的现象，但是村民们对此暂时没有产生纠纷，因为他们认为自己家的界线每家每户都是清楚的，所以认为这只是把同属一块林地的几家，因为同一块林地不好分界等原因，需要登记在同一个林权证上而已。虽然社区内部的沟通和协调是有一定作用的，但是现在暂时没有发生矛盾并不代表以后就不会因为权属的问题产生相关的纠纷。① 没有分到一家一户这个情况十分普遍，社区群众对国家大型政策的认识依然是基于社区本身的习惯。

（二）集体林权制度配套改革的推进

新集体林权制度改革的目的就是实现配套改革的推进，如林权流

---

① 袁涓文、徐筑燕、刘金龙：《贵州集体林权制度改革探讨——以黔东南州为例》，《农村经济与科技》2014 年第 11 期。

转、采伐限额制度等，在登岑，对于林权流转，村民们几乎没了解过，这说明配套改革的实行依然存在很多问题。比如，村民们的认知程度，村民不确定这种配套改革的手段能否提升自己的利益，再加上国家的相关法律法规仍然不够完善，政府部门需要多方核实导致的效率低下，使配套改革政策制定的进程并不是那么快。

四　林地资源管理的症结：传统社区管理还是政策主导

在林地资源管理的过程中，无论是社区的传统知识，还是国家层面的政策改革，对于林地资源管理都是必不可少的一个方面，传统的林地资源管理能够更加贴近所在社区林地资源管理的实际情况，并且社区中本身就有一些前人留下来的富有实际经验的林地资源管理方法；而国家政策与林地资源管理和森林可持续经营的改革与完善不仅使得社区的林地资源管理更加有理可循，更加能够提供给社区居民利益的相关保障。除此之外，林业配套改革的推进也需要用到传统知识管理与政策管理，在传统林地资源管理的层面上，林业配套改革的实行需要切合当地社区群众的利益，侗族社区群众对于山林有着特殊的信仰与管理方式，可以借鉴他们的知识，如"抓阄分林"的制度，在提高他们积极性的同时，让他们积极地参与到整个林地资源的管理中来；而政策的管理更多的是给当地社区群众提供基础的保障，且避免了由于社区群众外出务工而导致的林地抛荒现象，大力盘活了林地资源，这对于林地资源的可持续发展都有重大的意义。

第六节　讨论及小结

自"林业三定"以来，我国对于林地资源的管理一直在不断地改善，而集体林权制度改革使得林地资源管理得到了一定的发展，但是国家方针政策与社区传统知识的相互作用与联系在林地资源管理的发展过程中产生了一些新的问题，如林地流转的问题、社区内部权益协调的问题、法律法规不完善的问题等，为了我国的林地资源管理能够更好地可持续发展，通过具体的政策来维护社区居民应有利益的同

时，还需要做到传统知识的有效利用、完善相关法律法规、规范林地
权属来加强对于林地资源的管理。

一　林地资源的管理需要传统知识的配合

在社区林地资源管理中，当地传统知识的运用是十分重要的一个
管理方式，而社区中一些德高望重的老人（寨老）所提供的传统知识
更加值得借鉴，因为在我国的很多少数民族社区中没有纸质的关于管
理的传统知识的介绍，普遍都是通过口头的方式不断传承，因此去了
解当地的传统知识，学习当地社区的智慧，在林地资源的管理中是十
分重要的，社区群众不只是受益者，更应该是参与者、利益创造者，
因为他们是最熟悉整个村庄情况的人，因此传统知识与当地群众积极
参与的管理方式制定，对当地的林地资源一定能提供最切实际的帮助
与保护。

（一）传统知识的有效保护

由于侗族或其他的一些少数民族中，具有丰富的公共资源管理相
关知识，对于这些丰富的传统知识，大部分没有文字的记载，口头的
传承也会随着村寨中的社区居民外出务工而就此流失，保护这些传统
知识显得尤为重要，因此可以通过笔纸记录或电子化文档的方式记录
下这些口头传承的传统知识，以传统的智慧来管理社区中的公共
资源。

（二）社区居民的参与

社区居民在作为受益者的同时也是利益的创造者，对于林地资源
甚至其他公共资源管理的积极参与对于社区居民是十分有利的，公共
资源能够造福该社区的居民，同时社区的居民为了维持公共资源的可
持续性会更加用心去维护，即他们可以运用对该社区的管理智慧去管
理公共资源。

二　完善林地资源管理方面的政策

目前，我国对于林地资源管理方面的法律法规还较少，而且对于
很多细节问题并没有有章可循的相关规定，因此，这类公共政策在制
定时不只是要在宏观规划的角度上把控，更应该鼓励当地的群众参与
共同制定因地制宜的政策制度，这样在实行以及传达的过程中才能更

加有效、适用。而对于林业配套改革政策的制定同样也需要不断根据当地的实际情况来进行完善，目前我国林业方面的投入仍然以财政投入为主，一些相关的社会或是组织的投入较少，林业经营的主体，也就是社区群众很难达到申请金融信贷的要求，而同时，由于政策方面的缺失导致了群众对于政策的不信任，不敢轻易投资，林业资金的不足严重制约了林业可持续发展的进程，这与政策的不完整也是息息相关的。如在案例中所提到的登岑在前几年有来收购林产品的现象，这种情况有时有，有时没有，并没有建立起相关的林产品经济链条，导致林产品产业链没有形成，同时也包括在登盂林场中的收集松脂松油的做法，现在是由政府进行补贴，如果能够找到适合的投资人对松树进行投资，那么这将是一个很好的盘活当地林业金融市场的途径，通过林产品期货交易，找到稳定的投资人，但这个前提是需要相关政策的完善，这样就可以在保障当地群众利益的前提下，大力发展林业配套改革，实现林业的可持续发展。

（一）林地流转等配套工作的完善

林地流转是实现林地可持续经营以及林地经营产业化的重要标志，同时林地的流转也是提升林农利益的表现，因此林地流转等相关的配套改革工作的完善对于利益的带动起着至关重要的作用，而首先就是林地权属的明确，确权作为林地流转的前提一直以来备受关注，但是在很多地方仍然存在权属不够明晰的情况，如调研点登岑依然存在"联户持证"的现象，该现象的发生一方面是国家政策与当地传统知识之间的信息传达不够明确，另一方面就是社区居民自身存在错误认识，如认为如何勘界方便就如何勘界，但这类行为造成的历史遗留问题将大大影响集体林权制度配套改革的进一步推进。因此，国家政策与传统知识之间应该形成强制与配合并举的局面，并严格树立社区居民对于权属明晰的意识才能推动下一步工作的开展。

（二）完善林地可持续经营管理的产业链

林权抵押贷款的形式是对林业资产处置的重要形式，也是林农利益得以最直观体现的方式，而森林保险业务的开展也使得林农的利益更加有保障，政府部门作为主要的推进工作的角色更需要为林农保驾护航，如前文中所提到荒废的"茶园地""五倍子基地"等，这些都是政府鼓励村民对于村中林业发展的一种方式，但是由于对林农的利益没有相应的保障，导致相关的经营项目没有得以继续实行下去，因此森林的保险业务对于林农利益的保障十分有必要的，另外，鼓励商业银行及农村信用社给林农贷款，使其加大产业规模，获取更大的收益，带动社区的发展也是十分重要的一方面。

三　对于林地的权属问题需要多加重视

林地权属的明晰是森林可持续经营的核心，虽然在新集体林权制度改革中确权工作已经基本结束，但是由于工作粗糙等原因，导致了"联户持证"等问题，比如在林地的流转中，目前看来每家每户都有林权证，但是由于"联户持证"现象的普遍存在，给林地流转的实施带来了不小的挑战，因为很容易带来之前所遗留的历史问题，且随着时间的推移，林地界线的不明确，无法将类似林地流转的配套改革政策推行下去，这就需要当地群众的共同参与，如组织大家把林地的界线划好，再确权发证，在后续的工作中做到"一户一证"，保证林地产权的明晰，从而带动林业配套改革政策的发展。

四　小结

第一，国家政策的制定与完善是保障林地资源管理的基础。林地作为整个森林系统的载体，其管理的优劣与整个森林资源能否可持续发展息息相关，而可持续发展涵盖了国家的政策制定、国家的整个发展规划等，由于林地资源管理是个十分复杂的问题，还需要与当地的实际情况联系在一起，因此林地资源管理所制定的政策，更是一种公共政策的制定。①

第二，社区传统知识的运用是保障社区群众利益的必然要素。传统知识作为社区居民一直以来智慧的总结，一直受到社区居民的广泛利用，而且由于传统知识是最贴近社区居民生活实际的，因此对于社区居民来说更是一种保障。在林地资源管理中，林农的利益维护与纠

---

① 刘金龙、张译文、梁茗、韦昕辰：《基于集体林权制度改革的林业政策协调与合作研究》，《中国人口·资源与环境》2014 年第 3 期。

纷的调解都需要利用好传统知识。

第三，国家政策与社区传统知识的结合是林地资源管理可持续发展的必备条件。在我国不少传统社区都有自身的文化、自身的传统知识，但是同样的，国家的规章制度是作为一个基础存在于社区之中，两者需要融合在一起才能更好地发展林地资源。目前，我国现阶段的目标是实现森林经营的可持续发展，从集体林权制度改革的阶段来看，国家的政策制定实施，在当地实施的质量不能安全得到保证，社区群众作为最终的受益者，应该树立起自身积极参与到政策制定与实行的过程中来，而集体林权制度的改革是一个不断完善的改革过程，也是逐步建立政府与群众之间信任、放权基层的一个优化过程，因此，要管理好林地资源，达到森林资源的可持续发展，需要将国家政策的制定与当地群众的传统知识紧密结合在一起。

而对于林地资源管理的可持续发展还需要注重以下两方面的发展：其一，完善林地资源管理金融体制，推进林地资源管理现代化发展。随着集体林权制度改革的不断深入，配套改革的实施成了现在最主要的任务，政府、商业、民间借贷等的金融投资与保险对于林地资源的产业化经营是起推动作用的，而这些形式可以通过社区当地的传统知识传达给社区居民们，使社区居民能够参与到决策中，更好抵御自然风险，同时增加社区林农的收入。其二，加强林地流转的推进。需要通过社区内部居民进一步完善确权工作，发动社区居民的共同力量协商分配方式，并且在严格执行林地用途管制制度的前提下，发挥社区内部居民的监督职能，加强流转方与被流转方的资格审查，规范林地产权出让合同，让林地流转的整个流程有章可循，避免纠纷的产生，时刻维护社区居民的合法利益。

第四章　基于农户视角的农村土地冲突管理

第一节　绪论

一　背景

自然资源的开发利用是人类生存发展的基础，其固有的稀缺性与人类无限的需求之间必然将产生矛盾与冲突，所以"冲突"这一社会学概念逐渐被应用到了资源与环境的管理中。[①] 土地资源作为在一定经济技术条件下可以被人类利用的土地，不仅具有自然资源的一般属性，能够支撑着人类生存和发展，而且也具有经济属性，是现代社会经济发展的基本要素。限制于土地资源自身的稀缺性与可垄断性，随着人口压力与经济发展的诉求，对土地资源开发利用的规模与强度都进一步加深。在这个过程中，各主体开始围绕土地资源的争夺产生了不同程度的冲突，同时也影响着土地资源的合理利用。国内外的学者面对日益突出的土地资源问题，开始了对"土地冲突"或"土地利用冲突"进行探讨。[②]

作为农业大国，我国农村土地在国家的建立与发展过程中都起到了重要的作用。可以说，农村土地制度的变迁在一定程度上反映了国家在各个时期经济体制的不同构建。改革开放后，为了促进农业发

---

① 于伯华、吕昌河：《土地利用冲突分析：概念与方法》，《地理科学进展》2006 年第 3 期。

② 谭术魁：《中国土地冲突的概念、特征与触发因素研究》，《中国土地科学》2008 年第 4 期。

展，提高农民收入，对农村土地的相关政策也进行了不同程度的调整。从农村土地产权制度变化到农业税费体制的改革，不仅放开了农户的自主经营权，赋予农户更为完整的土地产权，满足了农户对土地的需求，而且在制度上化解了农民税费负担过重的问题，这两方面共同激发了农户的生产积极性，农地产生的价值与收入也越发提高。为了进一步发展农业的规模经营，实现农业的现代化，国家通过政策对农户土地的流转在制度上予以确立和完善，鼓励工商资本进入农村地区整合分散经营的土地。同时，加强农村土地确权工作，并进一步优化农村土地产权制度，实现农地的"三权分置"。在党的十九大报告中，又明确提出了乡村振兴战略，深化农村土地制度改革，保障农村承包关系的长久不变，进一步保障了农民的财产权益。①

随着农地政策和制度变化，以及快速的城镇化建设，农村土地已经不仅仅是农业生产的源泉，其价值更多地体现在作为资本要素对促进经济发展所起到的作用，同时也令更多主体开始力求分得农村土地所产生的利益。然而，我国农村土地产权制度自身的模糊性，再加上农村地区由于历史原因普遍存在一些农地四至不清、权属混乱等权属不清等问题，使各方在土地的承包关系和产权利益分配两方面的矛盾变得尤为突出。在资本下乡的冲击下，农户在农村土地的利益博弈中处于弱势地位，其土地权益容易受到损害，也为农村土地纠纷、冲突的产生埋下了隐患。相关政策变化调整也让各主体间在农村土地中的利益发生了变化，多方因素的汇总使得农村地区土地冲突数量形成了一个快速增加的趋势②，产生的影响主要表现在四个方面：③ 第一，各主体对农村土地的竞争越发强烈。第二，在土地流转以及征收中，农民土地权益严重受损。第三，土地冲突不仅对农户利益造成影响，同时也影响了土地资源的合理利用，导致了农地的粗放开发、农转非现象的逐渐增多。第四，由土地权益争夺而引发的农村土地冲突事件

---

① 中华人民共和国中央人民政府网（http：//www. gov. cn/zhuanti/2017 – 10/18/content_5232647. htm）。

② 贺雪峰：《农村土地的政治学》，《学习与探索》2010 年第 2 期。

③ 涂姗：《转型时期的农村土地冲突研究》，博士学位论文，华中科技大学，2009 年。

对农村地区社会的稳定性造成了严重的影响。

　　针对我国农村土地冲突管理问题，现在学术界主要还是围绕农村土地产权改革和城市化进程中农地征收问题等宏观方面作为切入点，而农户对土地冲突认识、应对以及最终的解决方式等微观视角却少有探析。农户作为农村的主要经济和社会活动单元，自身的利益出发点和决策动机是农村土地冲突化解的关键因素，所以通过农户视角对农村土地冲突管理问题进行探讨，将有助于对预防和解决两个层面相关机制的构建。

　　二　国内外研究综述

　　（一）国外研究现状

　　国外对农村土地冲突的研究比较深入。第一，研究地区广，不仅包括经济发达地区，而且还覆盖了亚非拉的大部分区域。第二，研究视角多元，涵盖土地稀缺与分配、土地私有化改革、人口统计学以及社会政治等各个方面。国外学术界较普遍使用"Land Conflict"来描绘土地冲突，但受到各国经济社会文化发展程度的不同，各地区所出现的土地冲突类型各异，解决方式多样化，对于土地冲突的概念并未形成统一，主要从冲突表现[1]、冲突个体、冲突影响[2]等方面来界定。

　　1. 国外关于引发土地冲突因素的研究

　　在西方发达国家，由于土地产权制度较为完善，在利用与规划上也更为科学合理，所以其发生土地冲突的数量规模较少，而且有健全的预防和化解机制，影响范围十分有限。但在资本主义发展的早期，受到资本积累驱使，尤其是对土地资源的大规模占用，也引发了当时尖锐的土地冲突。在英国，以"圈地运动"为代表的资产阶级对农户土地大规模的强行占有，在满足了发展资本主义工业所必需的劳动力与土地要素的同时，也使农户倾家荡产，造成了严重的阶级对立。[3]在同时期的美国，大量移民引入开始了对印第安纳人的土地空间的侵

---

① R. Ramire, "Land Conflict Management: a Conceptual Map", *Land Reform*, Vol. 2, 2002.

② Bishnu R. Upreti. "Land Conflict in Nepal" *Community Work Family*, Vol. 11, 2004.

③ Wallerstein, Immanuel, "The Rise and Future Demise of the World Capitalist System: Concepts for Comparative Analysis", *Comparative Studies in Society and History*, Vol. 16, No. 4, 1974.

占，引发了与当地土著居民的土地争夺。在西进运动中对土地资源的高强度开发①，也造成了严重的资源破坏。经过几百年的工业化和城市化，发达国家在土地产权制度、土地利用规划制度、土地权益保障机制等方面都逐渐完善，引发土地冲突的因素也发生了改变。②

在许多发展中国家，在历史发展时期普遍受到过殖民侵犯，农业基础薄弱，引发土地冲突因素也更为复杂，主要表现为以下几个方面：第一，由于恶劣自然条件以及人口数量的无序增长，发展中国家的土地将日益稀缺，这种状况可能长期持续下去。③ 同时随着土地价值的攀升还会造成各代人之间和民族之间冲突的爆发，这种情况在环境脆弱和严重依赖土地为生的地区表现得更为严重。④ 第二，发展中国家普遍存在土地产权制度的缺失或不完善，以及土地分配制不公平的情况⑤，土地利用规划和管理的实施方式以及策略的选择将会产生不同的冲突类型。⑥ 但 Babette Wehrmann（2006）通过对人们制度无知（ignorance of rules）这一现象进行研究，对案例中冲突各方的利益动机和心理活动进行分析，认为除了对物质利益上的需求和情感上的满足会使主体倾向于去利用制度上的漏洞或者忽视既定的制度，并不是制度本身缺失造成的土地冲突。⑦ 第三，发展中国家不健全的政治

---

① Rodefeid, R. D., "Land Conflict Resolution: A Case Study of Khayelitsha Settlement in Cape Town", 1983.

② Thomas, L., *The Struggle for Land: A Political Economy of the Pioneer Frontier in Brazil, 1930 to Present*, Cambridge: Cambridge University Press, 1991: pp. 3 – 325.

③ Diskin, A, *Comparative Study of Land Tenure, Property Boundaries, and Dispute Resolution: Examples from Bolivia and Norway*, Land Tenure Center, University of Wisconsin, Working Paper No. 34, 1996, pp. 1 – 76.

④ Unruh, Jon *Land Dispute Resolution in Mozambique: Institutions and Evidence of Agroforestry Technology Adoption*, CAPRi Working Paper, No. 12, 2001, pp. 24 – 47.

⑤ Simmons, C. S., "The Political Economy of Land Conflict in the Eastern Brazilian Amazon", *Annals of the Association of American Geographers*, Vol. 94, No. 1, 2004.

⑥ Henderson, S R., "Managing land – use conflict around urban centres: Australian poultry farmer attitudes towards relocation", *Applied Geography*, Vol. 25, No. 2, 2005.

⑦ Wehrmann, B., "Cadaster in Itself Won't Solve the Problem: The Role of Institutional Change and Psychological in Land Conflicts – cases from Africa", *Erdkunde*, Vol. 62, No. 1, 2006.

制度和治理机制阻碍了土地产权制度的构建①，在土地的所有权归属和使用权分配上，政府的强制性起到了决定作用，容易诱发土地腐败②，这种系统性因素的失衡导致了在农户与官僚之间的利益冲突。还有学者认为各国领导人对土地市场制度的构建和利用认知的差异会激化土地冲突。③ 从研究的结论中可以看到，发展中国家的土地冲突，既有自然条件的影响，同时也伴随着社会制度与治理体制的缺陷，使土地冲突从规模到影响都更为严重，进而也是引发发展中国家社会动荡的重要原因。④

　　2. 土地冲突类型划分的研究

　　由于各国国情相差较大，对于冲突种类划分的研究，国外学者选取的切入点较为广泛。Desloges 和 Gauthier（1997）依据冲突发生的区域、参与冲突的个体以及冲突的层次等级来进行划分，将冲突主体分为四大类，即社区、政府、非政府组织以及企业，依据这四类主体之间相互关系来进行土地冲突种类的划分。⑤ Khadiagala（1998）将发生在乌干达的土地冲突分为 Intra micro – macro（微观与宏观内部冲突），Inter micro – macro（微—宏观冲突），Micro – macro（微观与宏观冲突）三大类型。⑥ Gauthier（2005）认为，可以从产权体制的缺失、冲突发展的过程以及引起的后果等不同维度对冲突进行分类。⑦

---

①　Binswanger, H. P., "Land Conflict Management in Mozambique: A Case Study of Zambezia Province", *Land Reform*, No. 2, 2002.

②　USAID Timor – Leste Land Law Program, *Report on Research Findings and Policy Recommendations for a Legal Framework for Land Dispute Mediation*, U. S. Agency for International Development, 2004, pp. 44 – 50.

③　Amman, H., Duraiappah A. "Land Tenure and Conflict Resolution: A Game Theoretic Approach in the Narok District in Kenya", *Environment & Development Economics*, Vol. 9, No. 3, 2001.

④　Fitzpatrick D., *Property Rights and Land Conflicts in Nicaragua: A Synthesis*, Berkeley: University of California at Berkeley, 2006, p. 28.

⑤　Desloges and Gauthier. "Integrating Conflict Management Considerations into National Policy Frameworks", *Land Reform*, No. 1, 1997.

⑥　L. Khadiagala, "The Failure of Popular Justice in Uganda: Local Councils and Women's Property Rights", *Development and Change*, Vol. 32, No. 1, 1998.

⑦　Gauthier, G.. "Land Conflict: Concepts and Classification International Journal of Conflict Management", *Journal of Environmental Management*, Vol. 75, No. 1, 2005.

Babette Wehrmann（2006）认为，冲突发生的社会层面（social level）和社会维度（social dimension）的差异是适合土地冲突划分类型的方法。① 2006 年，印度尼西亚在 2006 年的国民报告中，依据土地权属以及争议对象的不同，将土地冲突分为七大类，即庄园土地冲突、土地边界划分冲突、教会引发的土地冲突、社区与林业公司之间的林地冲突、占地社区土地的补偿冲突、以土地作为支付乡村雇员薪酬时引发的冲突以及在无主荒地或空地产生的冲突等。

3. 土地冲突化解与评价的研究

在土地冲突化解与评价方面，由于国外研究冲突的时间较早，化解与评价方式较国内丰富且成体系。Grimble（1995）认为，利益相关者（Stakeholder）是冲突管理中必要因素。② K. Deininger（2004）认为，土地管理相当于冲突管理，并强调了土地测量员和土地清册的重要性③。由于各地区域的差异，必须尊重当地的习惯法，同时兼顾法律的权威。④ Melanie Lombard（2016）指出，应用 GIS 技术能够直观明了地反映冲突地区位置、范围和数量，从而帮助土地冲突问题的解决、管理、监控和分析。⑤ Catherine Boone（2012）认为，管理土地冲突问题必须与群众日常的所总结出来的经验相结合，同时政府和非政府组织的支持也是土地冲突管理的重要因素。

（二）国内研究现状

由于我国农村土地产权制度的模糊性、农户土地权益保障制度缺失、相关土地政策执行不到位等问题在现阶段较为突出。加上城镇化

---

① Wehrmann, B. , "Cadaster in Itself Won't Solve the Problem: The Role of Institutional Change and Psychological in Land Conflicts – cases from Africa", *Erdkunde*, Vol. 62, No. 1, 2006.

② Grimble, R. , "The Case of the Tenganan Pagringsingan Village", *Southwestern Journal of International Law*. No, 20, 1995.

③ Deininger, K. , "Castagnini R. Incidence and Impact of Land Conflict in Uganda", *Journal of Economic Behavior and Organization*, Vol. 60, No. 3, 2004.

④ Goodale, M. , and Sky, P. *A Comparative Study of Land Tenure*, *Property Boundaries*, *and Dispute Resolution: Examples from Bolivia and Norway*, Land Tenure Center, University of Wisconsin, Working Paper No34, 2000, pp. 1 – 76.

⑤ Lombard, M. , "Land Conflict in Peri – urban Areas: Exploring the Effects of Land Reform on Informal Settlement in Mexico", *Urban Studies*, Vol. 53, No. 13, 2016.

水平的提高和资本下乡规模的扩大，农村土地价值开始攀升，导致了农村土地冲突问题日益突出。国内的学者主要以农村土地制度、农村土地征收、农地流转等方面为主要切入点，从土地权益分配[①]、土地利用维度[②]、土地价值属性[③]和土地社会风险[④]等方面对农村土地冲突问题进行探讨。

1. 国内关于引发土地冲突因素的研究

从国内研究来看，学者主要是从农村土地纠纷以及农户的土地权益两个方面来对引发农村土地冲突的因素进行研究，而土地利益作为不同主体间进行土地争夺的目标[⑤]，也是研究的重点。

首先，由土地固有的稀缺性而导致的各利益主体对土地争夺是引发土地冲突的原因之一。[⑥] 土地稀缺性和供给有限性无法满足由于人口数量增长导致的需求量的攀升[⑦]，这就形成了潜在的土地冲突。对于农村土地利用来讲，其过程所牵扯的主体较多，也容易导致由于利益目标差别而产生矛盾纠纷。[⑧]

其次，与土地相关的产权、法律等制度的演变和缺失也导致了土地冲突问题的出现。新中国成立后我国土地制度经历土改、社会主义改造以及改革开放三个时期的转变，其特点是以"公有产权"为核心，在坚持公有制的基础上，以产权私有化为方向，在农村土地产权

---

① 孙月蓉、李永清：《转型期农村土地冲突爆发原因探究》，《经济问题》2012 年第 7 期。

② 杨永芳、刘玉振、朱连奇：《土地利用冲突权衡的理论与方法》，《地域研究与开发》2012 年第 5 期。

③ 王丽：《陕西省富平县土地资源节约集约利用问题研究》，《国土资源情报》2015 年第 6 期。

④ 陈明：《土地冲突：公共权力失范与农民的权力建构》，《中国农村观察》2016 年第 3 期。

⑤ 刘同君：《转型农村社会的纠纷解决：类型分析与偏好选择》，《学海》2011 年第 5 期。

⑥ 周德、徐建春、王莉：《近 15 年来中国土地利用冲突研究进展与展望》，《中国土地科学》2015 年第 2 期。

⑦ 于伯华、吕昌河：《土地利用冲突分析：概念与方法》，《地理科学进展》2006 年第 3 期。

⑧ 白呈明：《农村土地纠纷的社会基础及其治理思路》，《中国土地科学》2007 年第 6 期。

的分配上赋予农户更多的权属利益。① 农民对农地产权的认知观念也相应地发生了变化，从私有观念转为集体公有观念，再到改革开放后，逐渐形成了私有产权意识这么一个转变的过程。② 但是由于历史原因导致的四至不清的问题普遍存在，加上农村的土地登记工作不细致以及土地确权进程缓慢也使得农地产权无法实现明晰，农村土地产权主体的模糊性得不到根本的解决，使政府在农地征收方面拥有支配权③，容易导致政府在政绩压力面前忽视集体土地产权。随着对农村土地征收越来越多，同时相应的土地征收救济制度及办法实践效率较低，制定的相关法律不符合实际情况④，这些因素将严重影响了农民的满意度⑤，容易引起土地权益主体非合作倾向或机会主义行为。⑥ 与土地权属相配套的地籍管理制度的缺失影响了我国土地和房地产市场发展过程中地权的稳定，可能会导致农民因城市的日益扩张而丧失他们的土地权利。⑦

再次，公共权力、国家政策和政府行为也是导致农村土地冲突问题的因素。作为土地利益的主体之一，国家和地区政府的政策和行为模式对农村土地冲突问题有着直接影响。在权力机关征地行为与农民维权之间的利益博弈时，国家的权力容易超越法律限制，导致公共权力的失范，在处理土地纠纷中难以保障农民的利益。而失地农民通过利益与身份认同，使自己的损失得到关注，通过各种方式来对公共权

---

① 黄鹏进：《农村土地产权认知的三重维度及其内在冲突——理解当前农村地权冲突的一个中层视角》，《中国农村观察》2014 年第 6 期。

② 朱冬亮：《建国以来农民地权观念的变迁》，《马克思主义与现实》2006 年第 6 期。

③ 吴次芳、谭荣、靳相木：《中国土地产权制度的性质和改革路径分析》，《浙江大学学报》（人文社会科学版）2010 年第 6 期。

④ 康涛：《农村土地调整的冲突研究——基于"农村土地不得调整"的再解读》，《西南民族大学学报》（人文社会科学版）2012 年第 3 期。

⑤ 陈利根、张梦琳、段浩：《集体建设用地使用权制度：考察、评价及重构》，《国土资源》2008 年第 7 期。

⑥ 李红波、谭术魁、彭开丽：《诱发农村土地冲突的土地法规缺陷探析》，《经济体制改革》2007 年第 1 期。

⑦ 何·皮特（Peter Ho）：《谁是中国土地的拥有者——制度变迁、产权和社会冲突》，社会科学文献出版社 2014 年第 2 版。

力进行约束①，当外部因素激化矛盾时，对抗性的冲突也就随之爆发。② 现阶段农地流转程序的规范性有待提高，农村社保体系不完善，而土地作为农户仅可依赖的保障，一旦在土地纠纷中失去对土地的控制，无法建立的农民持续性保障机制，严重损害了农民的利益。所以，只有遏制公共权力的失范、防止权力的滥用，赋予村民更多的自治权利，才能更好地保障农民权益，遏制冲突的发生，减少资源的浪费。③

最后，依托于城镇化建设，以"圈地"为主要特征的资本下乡也对引发农村土地冲突起到了推动作用。由于分税制改革的影响，逐渐形成了一种"财权上移，事权下移"的财税结构④，事权与财权分别向着两个方向进行不合理集中划分，使基层政府财政状况更加窘迫。但凭借着对土地一级市场的垄断地位，转而依靠"经营土地"来满足地方发展所需的投入与建设的支出。⑤ 虽然中央政府严格限制了耕地转为建设用地的指标，但是随着建设用地需求的膨胀，逐渐出现了以"增减挂钩"为代表的弹性政策⑥，这使边远乡镇、农村的建设用地也被卷入到了市场价值的影响中，巨大的利益差使得农村土地成为基层政府吸引资本下乡的主要因素，也使资本下乡的运作模式是一种以围绕农村土地收益来进行的。由于农户在政府、资本方之间的关系中处于弱势地位，资方与政府在利益上更具有互补性，在土地流转中凭借优势地位容易违背农户意愿，制定不合理的补偿标准，在资本下乡

---

① 于建嵘：《利益表达、法定秩序与社会习惯——对当代中国农民维权抗争行为取向的实证研究》，《中国农村观察》2007 年第 6 期。

② 孟宏斌、郑风田：《我国农村土地征用中的制度缺陷与主体利益冲突演化》，《陕西师范大学学报》（哲学社会科学版）2010 年第 4 期。

③ 陈明：《土地冲突：公共权力失范与农民的权力建构》，《中国农村观察》2016 年第 3 期。

④ 周黎安、陈祎：《县级财政负担与地方公共服务：农村税费改革的影响》，《经济学》（季刊）2015 年第 2 期。

⑤ 焦长权、周飞舟：《"资本下乡"与村庄的再造》，《中国社会科学》2016 年第 1 期。

⑥ 谭明智：《严控与激励并存：土地增减挂钩的政策脉络及地方实施》，《中国社会科学》2014 年第 7 期。

引发大规模土地流转的影响下，侵犯农民的利益，使农民在土地流转中利益难以保障，在土地利益的分配上势必会导致农户与其他主体的冲突与纠纷。

2. 国内关于土地冲突类型划分的研究

国内学者对土地冲突类型的划分依据各异、各有特点，都站在自己的研究角度进行了合理性论证。有些学者是按照土地的产权主体或产权规则进行划分，谭术魁按照产权主体层次不同（土地使用权主体、土地使用权主体、土地承包经营权主体之间或主体内部）将冲突分为六大类。① 梅东海依据冲突方式、程度目标、利益目标和博弈过程的差异，以农户为主体将冲突类型划分为五类，即农户与农户、村民小组、基层组织、上级政府或土地管理部门和企业。② 有些学者按照土地产权的流转变更来进行划分，黄鹏进将当前农村土地产权划分为三种，即公有产权（所有土地）、私有产权（"四荒地"、宅基地）、家业产权（坟山、堰塘、祠堂等），人们对三种产权认知维度（政治维度、经济维度、社会文化维度）的变化可能会导致土地冲突的爆发。③

另一些学者从土地产权的转移或土地利用方式转化来划分。孙磊、周杰文、刘耀彬以土地的利用目标（经济、生态、公共利益）和冲突的利益相关者（政府、村委会、农民）对农村土地冲突类型进行划分。④ 涂姗依据土地用途是否改变（农用地用途不变、农用地转为城市建设用地、农村建设用地转为城市建设用地）来划分农村土地冲突。⑤

---

① 谭术魁：《中国土地冲突的概念、特征与触发因素研究》，《中国土地科学》2008 年第 4 期。

② 梅东海：《社会转型期的中国农村土地冲突分析——现状、类型与趋势》，《东南学术》2008 年第 6 期。

③ 黄鹏进：《农村土地产权认知的三重维度及其内在冲突——理解当前农村地权冲突的一个中层视角》，《中国农村观察》2014 年第 6 期。

④ 孙磊、周杰文、刘耀彬：《城市化加速推进中的农村土地冲突类型划分——以江西省为例》，《中国国土资源经济》2009 年第 7 期。

⑤ 涂姗：《转型时期的农村土地冲突研究》，博士学位论文，华中科技大学，2009 年。

3. 土地冲突化解与评价的研究

目前，针对土地冲突评价与化解，国内还处于探究阶段。在评价方面主要还是以定性分析与定量评价相结合。定性评价主要应用参与式农村评估法（PRA），适应评价和管理的前期工作。定量评价主要以 PSR 概念模型（Pressure – State – Response Framework）及其相关的扩展模型 PSIR、DSR、PASIR、DPSIR 为主①，并通过结合层次分析法、模糊评价法对土地利用冲突强度进行定量评价。除此之外，还有应用多目标规划方法、博弈论。

在冲突化解方面，学者主要还是从制度、法律和社会经济方面进行探索。孟宏斌、郑风田认为，通过制度调整，从消除冲突诱因、转变主体利益间博弈形式以及削弱土地冲突动力等方面可以化解农村征地冲突。② 杨永芳等认为仅仅通过简单地消灭或者暴力的对抗是无法实现冲突问题的解决。③ 冲突作为一种社会发展中的正常现象，要在权衡多方效益后，通过积极的化解方式来解决。李红娟认为，国家在实现对农村土地的集约利用的同时也要保护农村土地的发展权，这样有利于保护农户的土地权益，也是解决土地权利相关问题的新途径。④ 邵彦敏、武靖茗通过对农村土地冲突嬗变的分析，认为构建多元化的预防机制和解决机制势在必行。⑤

（三）研究述评

1. 国外研究现状评述

国外学者基于不同的学科，从不同的视角探讨了土地冲突的概念、出现原因、类别和管理，并且关注具体问题。研究区域广泛，对

---

① 周德、徐建春、王莉：《近 15 年来中国土地利用冲突研究进展与展望》，《中国土地科学》2015 年第 2 期。

② 孟宏斌、郑风田：《我国农村土地征用中的制度缺陷与主体利益冲突演化》，《陕西师范大学学报》（哲学社会科学版）2010 年第 4 期。

③ 杨永芳、刘玉振、朱连奇：《土地利用冲突权衡的理论与方法》，《地域研究与开发》2012 年第 5 期。

④ 李红娟：《论我国农村土地权利冲突及对策——以农村土地发展权为视角》，《西北农林科技大学学报》（社会科学版）2014 年第 2 期。

⑤ 邵彦敏、武靖茗：《改革开放以来中国农村土地冲突嬗变的逻辑审视》，《学习与探索》2015 年第 5 期。

发展水平、社会制度、民族文化各异的国家都有所涉猎，对发达国家和发展中国家进行了比较研究，研究成果非常具有代表性和可行性。在研究方法上，定性与定量相结合，并大量运用博弈理论剖析案例。

2. 国内研究现状评述

随着21世纪初我国城镇化发展战略的推进，大量农业用地转变为建设用地，对农村土地的竞争越来越激烈，土地冲突事件也随之出现，所以国内的学者主要以农村土地作为冲突研究的重点，对农地的征收、农地利用、承包地经营与流转中存在的冲突做了较为深入的研究，对相关农地制度的完善、农民土地权益的保障也提出相应的意见和对策。但由于我国对农村土地冲突研究是随着市场经济的发展逐步展开的，尚处于起步阶段，研究体系有待完善，研究的角度主要还是从宏观的制度去诠释，很少以农户的微观视角去探讨土地冲突管理问题，忽视了农户作为土地经营主体在农村土地冲突中的影响作用，这对相关农村土地政策的制定与执行都造成了影响。

三　研究意义

（一）理论意义

农村土地冲突的主体包括国家、地方政府和农民，是宏观层面和微观层面动态演化过程中相互作用和影响的结果，所以研究的切入点不仅要包括宏观的制度层面，更应该涉及微观的个体层面。基于农户视角去探究农村土地冲突管理问题，将农户作为理性的微观客体，在特定经济制度环境下遵循收入最大化原则，通过对农户行为进行分析，可以发现其背后的制度、社会与经济的影响因素，补充了从宏观数据统计与单纯的理论分析中存在的不足，具有重要理论参考价值。

（二）实践意义

在农业供给侧改革的背景下，对农村集体产权制度的改革进一步加深，农村土地在这个巨大的变革中必然会出现各方间的利益争夺，引发新的土地冲突。以农户的视角去研究农村土地冲突管理问题，首先可以深入了解农户在农地冲突中的利益取向，其次可以了解农户集体行动对土地冲突的影响，最后基于农户视角的研究成果，也为制定相应的政策措施提供了启示。

四　研究内容与方法

（一）研究内容

探究在社会经济转型期，侗族村寨土地冲突的现状、农户的利益诉求、农民土地权利意识的变迁，以及基于共同利益的农户集体行动土地冲突中是如何维护自身权利的。具体包括以下几个方面：

（1）相关概念与基础理论阐述。包括对冲突理论、集体行动理论、产权理论等进行梳理，并对农村土地冲突概念、类型以及特征进行概括。

（2）通过实地走访获取调研区域的基本情况，了解案例点侗寨自然资源特征、社会经济发展、组织结构框架以及传统人文环境。

（3）对调研区域不同时期存在的土地冲突，从发生时间、冲突类型、冲突规模、涉及的主体、解决方式进行概述。在农户视角下，结合当时国家农村土地的相关政策、地区经济发展情况、农户的利益诉求挖掘土地冲突发生背后的原因与问题。

（4）对农村土地冲突管理提出相应的对策建议。

（二）研究方法

本研究主要是案例研究，结合了定量研究和定性研究开展调研，主要研究方法如下：

（1）文献综述法。收集、阅读、选取、整理分析国内外与土地冲突相关的研究文献，并结合我国农村土地相关制度的演变为研究工作提供理论基础与研究框架。

（2）实证研究法。以贵州省黔东南州某侗族村寨作为案例点进行实证分析。当地历史悠久，自然资源丰富，传统文化得到很好的保护，而且有一整套管理社区的传统方式，对社区内部发生的土地冲突的化解可以起到十分重要的作用，如当地的寨老会和订立的村规民约。同时，当地正在进行旅游开发，对当地农地利用有较大影响，由此引发的土地冲突在性质与影响上也发生了巨大变化。

（3）半结构式访谈法。实地走访当地社区，通过村干及农户了解当地土地冲突的规模、类型以及影响。设计访谈提纲，对农地冲突事件中相关农户、调解人与其他对事件有详细了解的人员如表4－1所示进行深入访谈，挖掘事件背后的逻辑发展与利益关系。

表 4 – 1   相关访谈者介绍

村民编号	姓名	性别	年龄	简介
村民 1	吴 A	男	43	地扪村现任村主任
村民 2	吴 B	男	56	登岑村前任村支书
村民 3	吴 C	男	35	登岑村现任二组组长
村民 4	石 D	男	51	茅贡乡林业站工作人员，对本乡林地划分较为熟悉
村民 5	吴 E	男	61	登岑村寨老之一，调解过一些农户间的纠纷与冲突
村民 6	吴 F	男	70	登岑村传统建筑技艺传承人，对本地区的一些林地冲突事件较为了解
村民 7	吴 G	男	44	地扪村村民，一处水田被征收用于博物馆建设，是当时地扪村四组组长
村民 8	吴 H	男	48	地扪村村民，一处水田被征收用于博物馆建设
村民 9	吴 I	男	53	地扪村村民，一处水田被征收用于博物馆建设
村民 10	吴 J	男	45	地扪村村民，一处水田被征收用于搭建村里的戏台
村民 11	吴 K	男	38	地扪村某客栈老板，经历了地扪村的旅游开发
村民 12	吴 L	男	42	登岑村村民，曾因林地的砍伐与其他农户发生纠纷
村民 13	吴 M	男	28	登岑村村民，正在筹备自己的客栈，对旅游发展很有信心
村民 14	吴 N	女	54	登岑村前任妇女主任，对一些农户间的冲突较为了解
村民 15	吴 O	男	30	地扪村村民，在修建自己房屋时受到博物馆管理者的阻碍

资料来源：根据 2016 年、2017 年调研资料整理。

（4）问卷调查法：针对调研区域土地冲突基本情况设计调查问卷，主要包括三个村寨的农户及家庭基本情况、承包地的基本情况、确权与征收情况以及土地冲突情况。通过问卷调查形式基本可以了解本地区土地冲突的类型、影响以及解决冲突的方式与结果。笔者在2016—2017 年两次调研期间共发放调查问卷 85 份，经过筛选有效问卷为 75 份。根据性别比例、年龄结构、文化程度、家庭人口数量将调查对象的基本情况归纳如表 4 – 2 所示。

表 4 – 2   问卷调查对象的基本情况

类别	类别	数量（N = 75）	比例（%）
性别	男	48	64
	女	27	36

续表

类别	类别	数量（N＝75）	比例（%）
年龄	28 岁以下	11	14.7
	29—44 岁	16	21.3
	45—59 岁	30	40
	60 岁及以上	18	24
文化水平	小学文化以下（未毕业）	21	28
	小学文化（毕业）	31	41.3
	初中文化	16	21.3
	高中文化	5	6.7
	大学文化及以上	2	2.7
家庭人口数量	3 口人	3	4
	4 口人	15	20
	5 口人	23	30.7
	6 口人及以上	34	45.3

资料来源：根据 2016—2017 年调研资料整理。

　　调研对象以男性（64%）和中老年居多（64%），调研农户受教育程度较低，90.6 农户为初中以下文化水平，家庭规模为 5 人以上（76%）。

五　技术路线

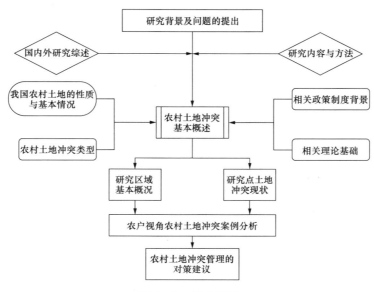

图 4-1　技术路线

第二节　农村土地冲突概述

作为农业大国，针对农村土地相关制度的改革一直都是国家发展农村社会经济的重要切入点，同时也关系着数亿农民的切身利益。伴随着改革的推进，农业、农村相关政策以及经济环境也开始进行相应的调整与变化，例如农业税费制度的改革、资本下乡规模的加大，越来越多的主体开始围绕农村土地的利益进行博弈，农村土地冲突在这一过程中逐渐开始触发、形成、积累并最终被激化。同时特殊的社会政治体制，我国农村土地冲突在概念、特征、类型等方面都有着不同的特点。

一　我国农村土地的性质及基本情况

由于我国现行的土地所有制度是基于社会主义公有制而建立的，根据《土地管理法》有关条例的规定，农村土地属于集体所有，其形式就是农村集体所有制，也是农村土地产权制度的基础。[①] 按照用途的划分主要包括两大类：第一类是用于农业生产的耕地、林地、草地以及其他包括"四荒地"、养殖水面等依法用于农业生产的土地。第二类主要涵盖了宅基地、用于农村公益事业和公共设施用地。现阶段，农村集体土地的总面积约为 66.9 亿亩[②]，农村耕地面积约为 18.27 亿亩[③]，集体林地面积约为 27.37 亿亩。农村集体土地与国有土地在所有权方面具有共同的属性，都是以公有制为基础，禁止任何形式的所有权买卖转让，只能将使用权赋予其他主体。二者主要的差异在于土地使用权方面的限制程度。国有土地的使用权可以依法通过有偿方式在主体之间进行转让、租赁、抵押、作价入股等。对于农村

---

① 房建恩：《农村土地"三权分置"政策目标实现的经济法路径》，《中国土地科学》2017 年第 1 期。

② 中华人民共和国国土资源部（http://www.mlr.gov.cn/zwgk/zytz/201312/t20131230_1298865.htm）。

③ 中华人民共和国国家统计局（www.stats.gov.cn/tjsj/tjgb/nypcgb/）。

地区来讲，第一，由于我国人均耕地面积较少，仅为 1.2 亩，是世界平均水平的 1/4，排在第 67 位。所以对于耕地保护，我国实施了非常严格的政策，严禁通过市场对耕地进行抵押、流转，保证耕地在数量和质量两方面的稳定，以维持国家的粮食安全。第二，由于在政策和发展规模上与城市的差距较大，农民生活的相关保障措施还不完善，所以农村土地一方面可以解决农户日常的生计问题，同时还具有类似社保的功能，可以应对不同的风险，维护农村社会的稳定性。所以包括自留地、自留山以及宅基地，除"四荒"地以及法律规定的特殊情况外，都无法通过转让、抵押等方式进行流转。

二　农村土地冲突引发的相关政策制度背景

农村土地冲突的产生受到了多方面因素的影响，从冲突的表面上看只是主体间对土地利益的争夺，然而其内部诱发因素却错综复杂，且必然包括农村相关制度政策的改变所带来的对农村社会和经济的影响，并在农村土地上得以体现。根据相关学者研究，农村土地产权制度改革、农村税费制度改革和资本下乡三个宏观因素对农村土地的权属、利用方式以及价值体现影响较大，进而诱发各主体与农户之间对农村土地权属、利用与价值争夺，导致土地冲突。

在农村土地产权制度改革方面，从改革开放前的集体所有、集体经营的模式逐渐转变为集体所有、农户自主经营的模式上，农户的土地产权在 20 世纪 80 年代以后得到了强化[①]，赋予了农户除土地所有权之外的更多土地"私权"，并多次延长承包地的期限，稳定农民的土地产权。在十八届三中及五中全会中多次强调农地的"三权分置"，以期让农户在农地的流转中增加收入。但是由于历史原因导致的四至不清的问题普遍存在，以及土地确权进程缓慢，使得农户产权难以明晰，再加上我国农村土地制度主体本身具有的模糊性，导致公权对农地流转、征收的过度干预，容易违背农户意愿，侵犯农户的土地权利，导致在土地流转以及利益分配时引发纠纷冲突。

[①]　刘守英：《中国土地制度改革：上半程及下半程》，《国际经济评论》2017 年第 5 期。

在农业税费改革方面，由于 2006 年农业税的全面取消，一方面减轻了农民的税收负担，保障了农户经营成果；另一方面，开始倒逼基层政府改变财政管理结构①，改变 1994 年分税制改革后越发严重的"三乱"方面的不合理收入。② 为了乡镇财政的正常运转，上级财政通过增加基层单位的税收分享比例以及财政转移两方面来实现基层财政的正常运转，保障基层公共服务的供给，满足当地群众的基本需要。基层政府在政策的压力下逐步立足本地实际情况，通过开发地方资源、招商引资、兴办企业来拉动经济发展，依托自身建设来走出财政困境。在这一过程中，往往伴随着大量土地资源要素的投入，而投入的土地中绝大多数又是从农户中征收得来，这就使农民的利益在政策实施的过程中又一次陷入了被侵占的尴尬处境，引发了新一轮的政府与农户间的利益冲突。

伴随着农村土地制度的改革，资本下乡对农村发展的影响越发关键，推动着农业的产业化经营。现阶段的资本下乡主要包含了两种形式：第一，以圈地为主要特征③，大规模转入农地，整合农村资源发展现代农业，实现土地的规模化经营。④ 第二，依托于城镇化建设，参与到政府通过"增减挂钩"获取建设用地指标的项目中，将土地用于非农生产，获取剩余收益。这两方面说明这作为权力方的基层政府与资本方形成了利益共同体。⑤ 在提高农业生产效率，实现农业规模化经营的同时，也出现严重的非农化以及"毁约弃耕"的现象。在农地的流转中，农户在政府、资本方之间的关系中处于弱势地位，资方与政府在利益上更具有互补性，凭借优势地位违背农户意愿，制定不合理的补偿标准，侵犯农民的利益，由此产生了土地冲突。

---

① 李芝兰、吴理财：《"倒逼"还是"反倒逼"——农村税费改革前后中央与地方之间的互动》，《社会学研究》2005 年第 4 期。

② 邓大才：《乡级政府该撤了》，《中国国情国力》2001 年第 3 期。

③ 贺雪峰：《工商资本下乡的隐患分析》，《中国乡村发现》2014 年第 3 期。

④ 周飞舟、王绍琛：《农民上楼与资本下乡：城镇化的社会学研究》，《中国社会科学》2015 年第 1 期。

⑤ 张良：《"资本下乡"背景下的乡村治理公共性建构》，《中国农村观察》2016 年第 3 期。

三 农村土地冲突的含义与特征

(一) 农村土地冲突的含义

农村土地在过去相当长的时期内，受到经济体制的影响，其价值主要体现在作为农业生产资料方面。随着市场经济的发展，一方面与国有土地在性质、功能、流转方式等方面存在差异与限制，同时由于税费体制改革、城镇化建设、资本下乡、农村土地制度改革等一系列政策和社会经济的变化，农村土地作为生产要素之外的经济价值逐渐显露，农村土地逐渐被资产化和资本化，带来了巨大的土地级差收益，让政府获得了巨大的"土地财政"。城市土地由于产权关系较为明确，在开发、整治与征收中往往要面对巨大的成本，而农村集体土地由于权属主体模糊，加之与城市土地相比开发成本较低，同时在征收上存在明显的"剪刀差"，使各主体开始对农村集体土地竞相争夺。与政府、企业等其他主体相比，农民在利益分配时的话语权明显不足，加上行政权力的干预，保障制度不足，农民的土地权益极易受到侵蚀，进而引发农民与各主体之间的抗争，产生土地冲突。

根据冲突理论的相关概念并结合我国农村土地的特殊情况，笔者认为，农村土地冲突是各主体之间围绕农村土地的各种权益产生了巨大矛盾，通过采取间接（诋毁、谩骂、威胁）或者直接的方式（示威、暴力对抗）来行使、捍卫、争夺土地利益，由此导致的不同程度影响的过激行为和不和谐状态。在社会的发展中，个体和群体之间的矛盾和冲突既是普遍又是永恒的，冲突的出现本身就是正常的社会现象，有助于协调利益、推动社会变迁。重点在于我们如何在冲突的不同阶段进行调节和化解，将冲突消极影响程度降到最低，寻找主体间共同利益和价值准则。

(二) 农村土地冲突的特征

1. 引发农村土地冲突的原因复杂

总结现有的研究基础，引发农村土地冲突原因复杂，在宏观和微观两方面都有涉及。在宏观方面主要包括政策制度和经济环境变化。例如在农业税改革之前，由于农业税费压力，农民放弃了土地的种植，或流转他人或直接抛荒，忽视了自己对农地的权利。农业税费的取消使得农业生产收益大大增加，再加上城镇化的推进，农户开始重视土地的价值，然而之前的承包地已流转到其他主体手中，冲突也由此开始。在微观方面，主要包括农户观念、权属的划分以及基层行政治理方式的影响。例如，由于土地登记工作的不完善，农户之间、组与组之间、村与村之间的土地划分不细致，权属较为混乱，当牵涉土地收益分配的问题时，就会因为原始依据的缺失而导致无法明晰权益的归属，引发冲突。

2. 农村土地冲突涉及主体众多

从上文中可以看到，政策与经济的变化使得土地的价值逐渐提升，资本逐利的本能使更多的主体加入到了对农村土地价值的争夺上，使之前农户、小组、村干与村委之间较为固定的利益划分主体逐渐扩大到了企业、地方政府、城镇市民等多方利益主体。冲突主体的扩大使得利益在各主体之间叠加，牵扯关系复杂，这也使冲突的解决更加困难，在利益分配方面难以多方平衡。然而在多方主体的争夺中，农户明显处于弱势一方，其利益随着更多主体的加入，更多的利益被蚕食。

3. 农村土地冲突在地区间差异明显，影响范围不同①

我国东西部经济发展水平差距较大，这种差距不仅反映在城市建设上，而且在农村地区同样存在发展上的距离，表现形式之一就是农户对土地的依赖程度上，使农村土地冲突的类型有所不同。在经济发展较快的地区，农民对农地收入的依赖度相对较小，土地更多的是作为一种不断增值资产，而不是进行农业生产的要素。所以土地冲突更多的是围绕征地补偿进行博弈，容易出现对补偿数额的不满而引发冲突。在经济欠发达以及处于偏远的民族村落，农地更多的价值是体现在作为农户生活基本的保障上，对土地的依赖程度较大，所以更多冲突是由于农地权益归属上的矛盾而引起的。在影响范围上，经济条件较好的农村，由于土地价值相对较高，农户在冲突中更为积极主动，采取的解决方式更为丰富，使冲突引发的影响可能超出村一级的范

---

① 贺雪峰：《农村土地的政治学》，《学习与探索》2010 年第 2 期。

围，社会影响更广泛。负面影响在短时间内难以得到充分处理，容易产生连锁反应，牵扯更多的相关方，使冲突问题更为复杂。相比于经济条件较好的农村，在经济欠发达以及处于偏远的民族村落，解决过程相对简单，通过私下协商、熟人调解或村委协调就能够完全解决，影响范围较窄，产生的负面影响也能够及时化解。

四　农村土地冲突的类型

在我国，《农村土地承包法》以及《土地管理法》赋予了农户依法承包本集体土地和在本集体土地上建造房屋的权利，承包地和宅基地成为农户进行农业生产和生活的重要基础，与农户的利益直接相关，所以由承包地和宅基地引发的冲突是农村土地冲突主要的类型。

（一）承包地冲突

由于农村承包地面积广，权属分配相对复杂，且与农户的生计直接相关，所以在承包地上引发的冲突影响范围较广，涉及的利益面较多，也是本章研究的重点。根据承包经营权相关权利的分类，可以划分为承包经营权流转冲突、承包地征收冲突、承包经营权权属冲突。

1. 承包经营权流转冲突

早在 1995 年国家就出台相关规定容许承包地通过转包、转让等方式进行流转。由于农业生产本身的波动性，加之对政策以及市场环境的敏感，以及"增人不增地"政策的影响，大量农民外出务工，将自己的承包地流转至其他农户，或入股到合作社。流转中的冲突主要包括两个方面，首先，村委对农户土地强行流转，违背农户意愿调整土地承包关系等，引发农户与村委集体的冲突。其次，农户之间只通过口头约定来流转土地，一旦发生索回的问题，在没有原始依据可查的情况下产生农户之间的冲突。

2. 承包地征收冲突

在城镇化的进程中，土地的供给是重要的基础。由于城市的国有土地已难以支撑巨大的建设需求，农村土地成为支撑城镇化建设的关键部分。但我国法律规定，农村土地严禁直接出让，必须通过政府征收转为国有土地后才可进行出让。面对征收带来的巨大土地级差收益，使地方政府、企业和村组织在征收工作中容易违背农户意愿，对承包地强行征收，同时压低补偿标准，缩减补偿范围，在补偿分配比例上侵占农户份额，使农户与政府、企业和村集体之间产生冲突。

3. 承包经营权权属冲突

农村承包地权属冲突主要是由于历史遗留问题所造成的。我国农村集体土地的登记工作从1984年开始一直持续到了20世纪90年代末，其间划分地界的权力并不统一，乡镇以上的行政区间的地界由国土资源部负责，而村一级或以下的行政单位的集体土地，由当地人民政府和土地行政主管单位负责核查和划分权属。而且此次登记工作开展到自然村一级，未能对农户的土地权属关系进行明晰。由于当时技术缺乏，农村进行土地发包时对面积和边界的界定难以明确，"四至不清"的问题普遍存在，这些遗留问题也是导致现阶段土地确权工作进展缓慢的原因之一。随着土地价值的攀升，权属问题日益凸显，农户之间、农户与集体之间、村与村之间对土地权属的争夺会更加激烈。

（二）宅基地冲突

宅基地是农户用于建造生活居所和附属设施的土地，是生活的必要保障。农户可以在本集体中申请获得宅基地，而且无偿使用且没有期限，但无法像承包地一样进行流转。由于与日常生活息息相关，且无偿使用，在翻修过程中经常出现私自扩建的现象，容易引发农户与农户之间在界限、采光等方面的纠纷，但引发冲突的情况较少，也不具备普遍性。现阶段，由于城市房价上涨，有些靠近城市边缘的农村就出现了在宅基地上违规进行地产开发，建造"小产权房"，获取收益。虽然法律明令禁止，但受到巨大利益的诱惑，仍然屡见不鲜。在此过程中，由于法律上否认，购买人的利益无法保障，国家一旦依照法律予以拆除，那么将引起农户、村委、政府以及购买人之间的冲突。

五　相关理论

（一）冲突的概念

根据牛津高阶第八版的解释①，冲突的释义指"个人，团体，国家间存在的抑或是思想、意见、感知或意愿等方面的严重的对立与分

---

① http：//www.oxfordlearnersdictionaries.com/definition/english/conflict_ 1？q = conflict.

歧"。《韦伯斯特词典》[①]首先将冲突解释为"武装打斗、作战、战争",或者不同观念、利益、需求和心理状态等的对抗状态。Dean G. Pruitt 与 Sung Hee Kim 以《韦伯斯特词典》对冲突的第二层解释为基础,认为冲突是感知到的利益分歧(perceived divergence of inter-est),是一种当前各方主体在期望中存在的矛盾。在斯蒂芬·P. 罗宾斯(Stephen P. Robbins)与蒂莫西·贾奇(Timothy A. Judge)所著的《组织行为学》中,认为冲突在界定中应包括两个方面,首先,各方必须要感知到冲突的存在;[②]其次,各方的意见是存在差异的或者是对立的。基于这两点,在广义上将冲突定义为一种过程,当双方感知到对方对自己所关心的事将要或者已经产生不利影响时,冲突的过程就开始了。

(二) 冲突理论

作为社会学中的重要概念,回顾人类的发展历程,冲突问题伴随着国家、种族、宗教与社会成员之间对空间与资源的争夺上,作为一种社会现象,社会学首先进行了逻辑上的探讨与研究。在 19 世纪的德国,资本主义蓬勃发展,资产阶级所创造的物质生产水平、带动的科技创新速率是之前整个人类社会所无法匹敌的。但同时社会阶级矛盾持续爆发,工人阶级意识逐渐觉醒。基于对阶级斗争历史的回顾与关注,马克思在《德意志意识形态》与《法兰西阶级斗争》中提到,经济因素是导致矛盾冲突的根本原因,生产力与生产关系间的矛盾推动着社会的发展与进步[③],无产阶级只有通过革命的方式才能推翻旧的统治,化解社会冲突,在根本上实现社会制度的变迁。戴维·波普诺认为马克思的阶级冲突理论是现代社会冲突理论的根源[④],无论社会上存在多种形式不一的冲突类别(政治、经济、阶级、文化冲突等),

---

① https：//www. merriam – webster. com/dictionary/conflict.
② 斯蒂芬·P. 罗宾斯、蒂莫西·贾奇：《组织行为学》,中国人民大学出版社 2012 年版。
③ 《马克思恩格斯选集》第四卷,人民出版社 1995 年版。
④ 张卫：《当代西方社会冲突理论的形成及发展》,《世界经济与政治论坛》2007 年第5 期。

但在本质上都是由生产力与生产关系间的不协调所引起的，阶级冲突推动着社会的发展进步，调整上层建筑，实现社会的协调发展。

冲突理论在第二次世界大战结束后社会经济与政治格局巨大变革中逐渐兴起。其理论的代表人物包括德国的达仁道夫（Ralf Dahren-dorf）、格奥尔格·齐美尔（Georg Simmel）与马克斯·韦伯（Max Weber），美国社会学家查尔斯·赖特·米尔斯（Charles Wright Mills）与刘易斯·A. 科塞（Lewis A. Coser）。社会冲突理论是对结构性功能主义的反思和对立物，反对其通过维持社会运行的稳定与平衡的方式来达到社会制度的巩固与延续的目的，它更多主张通过社会变革的方式来实现，秉持激进的社会观点。

达仁道夫（Ralf Dahrendorf）更多的是通过权力分配的视角来诠释导致社会冲突的原因。其主要思想理论沿袭了马克斯·韦伯的学说，并与马克思的理论基础针锋相对，反对其阶级斗争的观点，认为阶级斗争只是一种相对极端的形式，并且在利益群体众多的环境下，斗争规模较小，而且社会冲突中更多的是依靠个人的能力去实现自身的目标，大规模群体性的组织是很难建立起来的，所以无法产生类似于资产阶级与工人阶级间有组织的大规模极端的冲突。同时，提出经济因素并不是诱发冲突的主因，并主张从社会均衡与社会压制两方面来辩证地研究社会中所存在的稳定与变迁、整合与冲突、功能与阻碍、价值与利益的互融与对抗的二重层面。遵循其社会分成理论，指出社会权威性结构导致了一部分利益团体对其他利益组织在获取利益时形成了有效的统治与支配的地位①，通过围绕权利与供给、政治与经济、公民权利与经济增长这四组间的关系对抗来进一步描述现代的社会冲突。在冲突化解方面，以坚决维护私有制、法律平等的自由主义政治主张的基础上，通过达成共识、建立有效的化解机构、约定处理各方矛盾关系规则。②

---

① 廖梦园、程样国：《西方社会冲突根源理论及其启示》，《南昌大学学报》（人文社会科学版）2014 年第 6 期。

② 朱玲琳：《从阶级冲突到社会冲突——马克思与达伦多夫的冲突理论比较》，《兰州学刊》2013 年第 8 期。

格奥尔格·齐美尔（Georg Simmel）着眼于人在社会这个特定复杂的结构中通过互动所形成的联系与对立，形成了有机功能理论，他认为在社会过程中，个人被赋予社会化的特质，始终被结合在社会的关系中，具有一种双重关系。社会冲突在表面上看来是利益矛盾所导致的，本质上是对人类敌对本能的反应，受到其他因素的制约。它可以促进社会的交往，协调利益关系并维护着社会的系统性稳定。①

刘易斯·A.科塞（Lewis A. Coser）从社会结构的角度出发，辩证地来看待社会冲突的作用，认为冲突实质上是一种手段，可以被替换为其他的手段方式；社会冲突起到调整社会规范和权利、平衡社会关系、缓和对抗性要求的作用，还成为撕裂社会关系的导火索，这主要是基于社会整体结构的灵活性。这在一个僵化的社会结构中是无法实现的，只会将灾难性的后果无限放大，此时就需要"安全阀"制度来维护社会整体与个人的稳定，然而，这种制度也阻碍了社会关系适应社会环境的能力，作用的持续性较差，是一种暂时的化解方案。基于格奥尔格·齐美尔（Georg Simmel）有机功能理论的基础上，他又同时提出了现实性与非现实性冲突的概念，认为通过现实性冲突是可以实现具体的结果；而非现实性冲突只是双方发泄的通道，源于在社会化过程中逐渐形成剥夺和受挫，并不是为了某些具体目标的产生。

狄恩·普鲁特（Deang Pruitt）基于心理学的角度，从冲突双方的利益感知来定义冲突，认为当双方间的选择已无法满足自身的愿望时，或缺乏整合性方案时，冲突就随之出现。并将激发冲突条件归结为四大类，即情境、冲突各方、冲突各方相互关系以及所在社区的特征，同时将研究焦点集中于群体冲突的根源，并扩展了达仁道夫关于群体动员的三个条件，通过双重关注模型来提出了化解冲突的四种策略，即斗争、问题解决、让步和回避策略。

（三）集体行动理论

集体行动问题是公共选择理论主要研究的方面，也可以称为是对非市场决策问题的探讨，但这却不是传统经济学所热衷关心的问题。

① 胡锐军：《西方政治冲突思想沿革及主要观点》，《行政论坛》2013年第5期。

究其原因，在于传统市场理论认为行动与决策，这些由非市场决定的要素超出了经济学中传统的假设前提。然而，公共选择理论本身就是以"经济人"这个假设为前提的，认为在公共活动中，参与者有使自己利益最大化的倾向。随着社会抗争行为的越发普遍，各方学者开始关注集体行动，并构建相应的理论框架。在理论构建的早期，大多数学者认为个体非理性的行为引发了集体行动，具有非常大的负面效应，阻碍着社会发展进步，这以法国思想家古斯塔夫·勒庞（Gustave Le Bon）为代表。所以，早期的集体行动被冠以暴力、骚乱、颠覆等负面标签。但随着社会运动、革命抗争的蓬勃发展，集体行动的理论在政治学、社会学、人类学等方面获得了重要的学术地位。其主要经历了社会运动理论、革命理论与抗争政治理论三大阶段。① 其中最重要的代表人物当属于美国学者曼瑟尔·奥尔森（Mancur Lloyd Olson），其著作《集体行动的逻辑》（1965）成为公共选择理论的奠基之作，其理论贡献是在分析集团行为中，首次将公共物品理论与之对应，反对以集团共同利益为研究的逻辑起点，不认为集团会采取行动去争取成员共同的利益。同时，针对市场失灵的问题，他认为由于个体行为的理性最终导致群体的非理性结果，要通过选择性激励的方式予以解决，进一步瓦解利益集团，实现市场机制的正常运转。

1. 集体行动的"困境"

在传统的利益集团理论看来，单独个人都会理性地为其自身利益而去努力，基于这一假设，那么集团中的成员有着共同的利益与目标，就可以合乎逻辑地得出，只要他们是理性的，那么就会为实现这一目标而采取行动。而奥尔森对这一观念提出了挑战，他认为除非集团人数较少，或者在集团中存在某种强制或手段促使成员为了共同利益去行动，除去这些特殊的情况，那些理性的、为了自身利益的个人是不会为实现集团共同利益而去行动的。同时伴随着集团规模的增大，每个人可分享的收益就越少，为集体利益而行动的动机就越弱。

---

① 谢岳、曹开雄：《集体行动理论化系谱：从社会运动理论到抗争政治理论》，《上海交通大学学报》（哲学社会科学版）2009 年第 3 期。

如果个人无法被排除在分享由其他主体通过付出某种成本获得收益之外，那么就没有动力去付出行动来实现集体的利益，这些观点的中心思想就形成了经典的"搭便车"理论，无法实现集体利益的最优化。这与当时的社会运动逻辑和革命理论形成了较大的反差。例如，马克思认为，资本主义快速发展促进了工人阶级团体的庞大，工人运动也会随之增加。在社会心理学理论方面，勒庞认为，人与人之间的感染力会依赖人数的上升而越发加强，增加了参与集体行动的可能性。

2. "搭便车"问题的化解

针对"搭便车"问题，奥尔森首先将集体利益分为两种，即相容性（inclusive）与排他性（exclusive）。相容性的集体利益是指集体成员之间是一种整合博弈，以一种相互包容的状态去追求。后者则恰好相反，利益主体之间呈现出一种"零和博弈"状态。在解决利益关系时，提出了一种动力机制——三种选择性激励方式来进行化解①，第一，"小集团"，当组织成员较少时，没有加入或者在其中而没有参与集体行动时，就无法获得组织的奖励，并可能被边缘化。第二，对组织结构分层，将每一层级的人数控制在一定范围内，达到第一种的效果。第三，在组织内部杜绝平均主义，通过"社会性激励"（声望、尊重、荣誉等社会心理目标）来区别对待成员，让其承担实现集团目标的责任。可以看出，这些手段都是基于"小集团"下进行的，如果集团规模的扩大必然导致实施成本的增加，这也被称为"集体行动的困境"。

除了奥尔森对理论的贡献，各学者从心理、文化、政治过程等方面发展了集体行动理论。美国社会学家泰德·格尔（Ted Robert Gurr）在 20 世纪 70 年代出版的《人为什么造反?》一书中提出了相对剥夺感的概念，认为在社会的变革中，如果社会提供某种资源的能力无法满足个人对价值的期望，那么个人产生期望差，从而引发一种相对剥夺感。差距越大相对剥夺感就越强烈，社会的稳定性就越难以维持。

---

① 赵鼎新：《集体行动、搭便车理论与形式社会学方法》，《社会学研究》2006 年第 1 期。

查尔斯·蒂利（Charles Tilly）在其著作《从动员到革命》一书中围绕"政体模型"指出了集体行动与政治两者之间有着某种互动机制，集体行动形成、运转与消失是无法独立于政治因素的。拉塞尔·哈丁（Russell Haedin）在延续奥尔森基本理论的基础上，将对群体的主观认同作为个体契合群体利益而采取行动的动机。在《群体冲突的逻辑》一书中提出，个人的行动受到认同价值的影响，如果个体对群体具有某种认同，那么就可以激励人们为了更大的利益而协作。群体利益是否可以实现直接取决于这种契合程度。

（四）产权理论

基于不同的时代社会环境，产权理论包括马克思产权理论与新制度经济学派的西方现代产权理论两大方向。由于二者的理论支撑与分析方法有所不同，二者的产权理论实质有着根本的差别①，但在微观上也能够进行相互兼容补充。②

1. 马克思的产权理论

作为第一位科学、系统地构建产权理论的社会学家③，马克思基于生产关系的法律表现进一步揭示了产权的本质，比西方现代产权理论的产生早了将近一百年。由于马克思更加注重分析生产资料的所有制与劳动者之间的经济关系，通过分析双方之间的法权关系（契约形式）来反映其经济实质，从所有制的角度进行切入来探讨法权关系上的产权问题，所以其著作中产权概念的表述更贴近于所有制范畴，所有制的法律形态就形成了产权理论的框架。④ 虽然是依托于所有制理论，同时是在相关经济学著作中对所有制与所有权的相关问题进行分析阐述，并未形成集中的研究，但对问题的探讨却贯穿于马克思经济

---

① 胡立法：《产权理论：马克思与科斯的比较中需要厘清的几个问题》，《毛泽东邓小平理论研究》2009 年第 2 期。

② 马广奇：《马克思的产权理论与西方现代产权理论的比较分析》，《云南财贸学院学报》2001 年第 2 期。

③ 吴易风：《马克思的产权理论与国有企业产权改革》，《中国社会科学》1995 年第 1 期。

④ 胡立法：《产权理论：马克思与科斯的比较中需要厘清的几个问题》，《毛泽东邓小平理论研究》2009 年第 2 期。

学研究的过程，并且是主线之一。同时，马克思将所有权通过再生产环节进行总体把握，反对将其作为一种独立的关系进行定义，最终形成了系统、完整的所有制理论体系①，对资本主义所有制在含义上进行了补充丰富。

马克思的产权理论的构建以资本主义所有制为基础，对产权的研究放在了整体的历史变迁当中，解释了社会运动规律，这就决定了其理论具有与西方产权理论不同的特点。首先，不同于西方学者将特定的财产权绝对化，他认为财产权并不是单一的权利，而是多种权利的汇集，即所有权与占有权、支配权、使用权、收益权、继承权等权利的集合。同时这些权利在某些情况下是统一于同一主体，但在不同的生产关系与所有制体系下，财产权又被相互分解，分属于多个不同的主体。例如所有权与使用权分属于所有者和占有者，这时财产权就是一个非完全的权利。其次，马克思认为法律只是为了维持经济关系而得以制定的，也就是说生产过程中形成的所有制关系决定了法律关系的构架。他研究产权问题是在经济学的框架下进一步深入的，强调占统治地位的生产关系的总和对上层建筑制度构建的影响。例如，在《哲学的贫困》一书中指出，随着社会关系的变迁，所有权也以不同的形式来进行发展，最终影响着法权关系的构建——经济基础决定上层建筑。最后，对资本主义制度进行批判的基础上，将所有制与所有权进行了区分，将所有制定义为一种经济存在，而将所有权归属为上层建筑，所有制的基础决定了所有权的变化，进而解释所有权的性质。

2. 西方现代产权理论

作为西方经济学中主要流派之一，新制度经济学派在20世纪30年代中期至50年代初由旧制度学派逐渐过渡而产生。由于在内部围绕政府对市场是否进行干预的问题产生了分歧，又发展为了以加尔布雷思（John Kenneth）和科斯（Coase）两个不同新制度经济学派别。

以科斯为代表的新制度经济学包括交易费用理论、产权理论、制

---

① 马广奇：《马克思的产权理论与西方现代产权理论的比较分析》，《云南财贸学院学报》2001年第2期。

度变迁理论以及企业理论等领域。西方现代产权理论是其理论分支中的一部分，其代表人物除科斯之外还包括阿曼·阿尔钦（A. Alchian）、威廉姆森（Olive Eaton Williamson）、哈罗德·德姆塞茨（Harold Demsetz）、乔治·斯蒂格勒（George Joseph Stigler）以及中国香港的张五常等学者。科斯作为现代产权理论的主要奠基人，他将研究的重点放在了传统学者所忽视的财产权利的结构上，以有限理性为假设前提，以个体为研究出发点，通过围绕个体的性质、信仰和目标等方面来解释经济现象，强调了交易费用、产权与制度的重要性。

随着市场经济的发展，经济主体间权利与义务的关系是否明晰、对称将直接影响市场运行的有效性。针对产权问题，科斯在《企业的性质》一书中提出了交易成本的概念，他认为清晰的产权有利于企业在价格机制下减少交易的成本，进而提高效率。在《社会成本问题》中，科斯又将这一概念延伸到社会层面，认为如果产权界区明确，那么交易成本为零，无论产权如何分配，市场机制都能充分运转，最终实现经济主体间经济效率的最大化。如果无法实现产权的明确划分，将导致产生侵犯对方利益的可能性（外部性），无法通过市场来实现资源配置的最优化。上述思想也被后来的学者概括为"科斯定理"。

现代产权理论的特点在于强调明晰的产权制度在市场经济的重要性，有利于界定交易的范围，实现外部性内在化。产权作为经济所有制在法律上的表现形式，它的作用在于人们在选择经济决策时具有了排他性的权利，同时激励并约束着权利主体行为，进而实现资源的合理配置与社会关系的协调。在之后的研究中，新制度经济学对产权制度对社会稳定方面影响又进行了某种程度的探索，通过研究亚非拉自然资源丰富的国家中出现的资源冲突问题，进一步说明了产权制度的不完善是引发社会动荡、经济疲软等问题的重要因素。

当将理论的分析置于我国农村土地产权制度中，我们可以发现我国农村地区普遍存在土地产权不明晰的问题，并且农民的土地权能也不完整。这一方面是由于我国特殊的土地所有制框架下权属分配的结构；另一方面，土地产权制度不完善也使农民的土地权益无法得到充足的保障。例如。一些农村地区发生的土地冲突问题很多都是因为权属不清，农民利益受损而引发的。

第三节　研究区域的基本概况

本章研究的地点在贵州省黎平县的新地扪村，该村在 2013 年由三个村合并而成，包括原来的地扪村、登岑村和罗大村，登岑村的情况在前面已经进行了详细的介绍，本节主要介绍罗大村和原地扪村以及合并后的新地扪村情况，具体介绍如下。

一　新地扪村基本情况

黎平县根据黔东南州乡镇区划调整试点工作的开展，在 2013 年将原先 422 个村（居、社区）合并成 251 个村（社区）①，本次调研点地扪村就是由之前的地扪村、登岑村以及罗大村三村合并而成的，由于本章中所研究的案例基本发生于并村规划之前，所以本章中的相关描述均按照并村之前各村的习惯进行，现将三村合并前后的基本概况进行说明。

（一）地扪村概况

地扪村位于黔东南黎平县茅贡乡境内，距黎平县城 47 千米，距乡政府驻地 5 千米，平均海拔 740 米，年平均气温 15℃，年均降水量 1308 毫米。村内有一条河流自孟洞穿村而过，途经地扪、登岑、罗大三个村寨，最终注入乌下江。在侗语的解释中，"地扪"二字意为泉水不断涌出的地方，其寓意在于此地人丁兴旺，家族世代繁荣，富贵吉祥。据当地老人介绍，早在秦汉时期，由于战乱频繁，珠江下游岭南的水乡泽国的侗族一直沿江而上，定居于地扪。通过数代人的耕作与建设，逐渐形成侗族聚居区，人口发展到了 1300 余户，所以地扪也被当地人称为"千三侗寨"。但迫于当时的生产力水平、居住条件和自然资源均无法承受人口剧增所带来的压力，只能进行人口分散，

---

① 黔东南新闻网（http://www.qdnrbs.cn/liping/41923.htm）。

后才分到茅贡700户，腊洞150户，罗大、登岑150户，当年留在地扪的只有300户，但当地人一直认可其"千三侗人"的总根。随着经济社会发展，目前已发展到580多户。除肇兴侗寨之外，地扪村是第二大传统侗族聚居村落。由模寨、寅寨、维寨、母寨、芒寨五个自然村寨组成，人口总计2361人，分为11个村民小组。

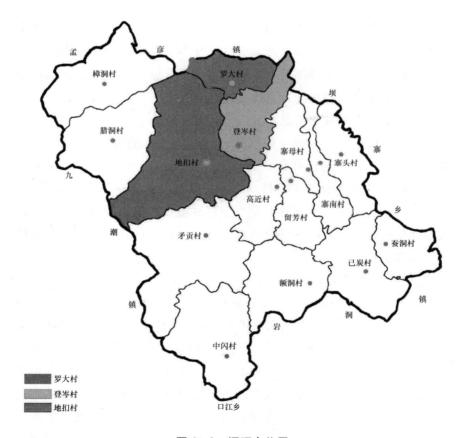

图4-2　调研点位置

作为黎平县民族村寨旅游开发项目最重要的村落之一，地扪寨于2004年被列为国家级风景名胜区，拥有侗族鼓楼3座，风雨桥6座，古民居550栋，省级文物保护单位1处，省级非物质文化遗产10处，国家级非物质文化遗产5处。随着近十年黔东南州对古村落文化保护力度的加强以及旅游推广宣传，相继被评为"贵州省最具魅力侗寨"以及"中国历史文化名村"等称号。在 2008 年，美籍华裔作家谭恩美（Amy Tan）在对地扪村进行走访后，通过近万字的篇幅以及 14 幅精美的照片将地扪村侗族传统的社会生活和习俗方式展示在当年《国家地理》杂志第 5 期上，并配以"时光边缘的村落"① 的标题来讲述她笔下地扪村的故事，向世界呈现出一个原生态侗族社会的方方面面。

（二）登岑村概况

登岑村位于地扪寨以东 1 千米，在侗语的解释中意为"田坝脚"，是指地扪寨对面的田坝脚。由于与地扪距离较近，自然条件几乎相同。登岑村传统的建筑群是当地最具文化价值的历史遗产，在数量和规模上在黎平县都排在前列。传统建筑按功能划分分为公共生活与居民居住两大类，例如鼓楼、风雨桥、唐公祠、萨坛等建筑一般用于本寨村民日常的聚会议事、纳凉摆古以及庆典供奉等公共文化祭祀活动。传统民居共有 125 栋，最早的民居可以追溯至清朝，大部分建于民国初期，保留较为完整。

（三）罗大村概况

罗大村位于地扪寨以东 5 千米，平均海拔 563 米，高度较地扪与登岑低 180 米左右。"罗大"在侗语中解释为"干田荒田"，意为此地路途遥远，田土情况较差。本村规模也是三个村寨中最小的一个，人口约为 585 人，分为两个村民小组，当地的构皮纸制作工艺保留较好，规模也最大。罗大交通最为不方便，经济条件也最差。

（四）实施并村规划后的新地扪村概况

2013 年茅贡乡实施了并村规划，原地扪村、登岑村与罗大村进行了合并，村委会驻地地扪村，三村寨统称为新地扪村（以下简称地扪村）。并村后，全村面积为 39.39 平方千米，整合为 16 村民小组，共818 户，总人数达到了 3914 人。

---

① National Geographic，Village on the Edge of Time，http：//ngm. nationalgeographic. com/2008/05/china/guizhou/amy‐tan‐text 2008. 5.

　　地扪寨整合为 11 个村民小组，587 户，2655 人，区域面积为 23.22 平方千米。耕地面积为 1728 亩，其中水田 1668 亩，旱地 60 亩。林地面积为 1965.36 公顷（生态公益林为 472.89 公顷，商品林 1492.47 公顷），森林覆盖率为 75.56%。登岑寨整合为 3 个村民小组，158 户，667 人，区域面积 9.12 平方千米。耕地面积为 359.5 亩，其中水田 346.5 亩，旱地 12.5 亩。林地面积为 766.64 公顷（生态公益林为 701.56 公顷，商品林 65.08 公顷），森林覆盖率为 74.17%。罗大寨整合为 2 个村民小组，133 户，592 人，区域面积 7.05 平方千米。耕地面积 197.5 亩，水田 184 亩，旱地 13.5 亩。林地面积为 454.36 公顷（生态公益林为 176.44 公顷，商品林 277.92 公顷），森林覆盖率为 75.97% 如表 4-3 所示。

表 4-3　　　　　　　　　　　地扪村基本概况

村名称	组数	户数	人口	区域面积（平方千米）	耕地面积（亩）			林地面积（公顷）			森林覆盖率(%)
					总计	水田	旱地	总计	生态公益林	商品林	
地扪寨	11	587	2655	23.22	1728	1668	60	1965.36	472.89	1492.47	75.56
登岑寨	3	158	667	9.12	359.5	346.5	12.5	766.64	701.56	65.08	74.17
罗大寨	2	133	592	7.05	197.5	184	13.5	454.36	176.44	277.92	75.97
总计	16	878	3914	39.39	2284.5	2198.5	86	3186.36	1350.89	1835.47	

　　资料来源：茅贡乡 2015 农业年报摘录；茅贡乡林业站调研统计。

1. 传统农业生产类型及方式

　　本地区位于亚热带季风区，地处低山丘陵与河谷平坝相间地带，气候与生态特别适宜水稻的种植，也成为当地主要的农业方式。河流在三个村的平坝地区穿流而过，旁边潜缓河坝均被开辟为带状田。受制于当地地形，平缓而且水源充沛且易取田地十分有限。所以，当地侗族居民在长时间的生计中形成了一套独特的农田灌溉和给水系统。充分利用深山谷底的地势坡度，在开辟的梯田中，通过竹子将同一坡向的水田相连，将引自山涧汇集的水源引入田中，顺流直下进行充分的利用，不会造成某一区域水供给的过剩或不足。

在农业生产方式上，当地居民有着独特的生态养殖理念。在每年
2 月底犁田之后，在插秧的同时，将鱼苗放入田内。等鱼苗长到五六
厘米时，再投入鸭苗。稻—鱼—鸭组成以一个闭环生态的共生系统，
农户几乎不用去喂养饲料，同时也有效地控制了稻田病虫害的发生，
保障了土地的肥力，生产成本也保持在较低水平。这种生态养殖方式
对生态圈层进行了合理巧妙的安排，而且根据各生物间不同的生长方
式进行适当的投放，在当地侗族群众中得到了很好的运用，并世代
延续。

2. 农地的划分方式

由于本地区属低中山槽谷亚区，以中低山为主，平缓地带较少，
林地占据了大部分面积，本地区的人均耕地面积仅为 0.65 亩。为了
使地区群众都可以平等拥有耕地来维持正常家庭口粮需求，在 20 世
纪 80 年代分田到户时，当地社区总结一套传统划分方式，主要是依
据土壤的肥力、距离的远近、坡度高低和水源供给等自然条件进行综
合衡量，对农地在农户中进行平均分配。

例如，登岑寨在 20 世纪 80 年代对本寨土地进行了一次划分，当
时寨老、每个村民小组的村民代表和组长以及村委会领导三方进行充
分讨论，将本寨的土地依据土壤的肥力、距离远近、光照条件与水源
充沛度四个标准划分为三个等级。之后，通过抓阄的方式按人头数量
进行分配，各等级的土地必须在农户间进行平均划分，以防止某些农
户都抽到一等田或三等田等极端情况的发生。所以，必须在一等田全
部划分结束之后才继续进行二等田的划分，依次类推，这就可以使每
家农户根据人口数量都划分了三个种类的土地。这么做的优点在于，
一方面通过一等田的平均划分满足了农户的基本口粮需求，另一方面
也鼓励农户去耕作三等田，盈余的粮食可以通过出售来获得额外的
收入。

3. 传统社会组织

寨老会作为当地一种特殊的传统社会组织，在制定执行乡规民
约、村民间纠纷调解、节日活动规划安排、公共设施的管护以及治安
维护等村内日常事务正常运转方面起到了传统权威的作用，是村寨内

部治理的重要机构。寨老一般都由本村中公认的德高望重、博识多通、处事公道的男性当选，各自然村寨和生产小组进行推选，一般由10人左右组成。虽然当选了本村的寨老，但是并无任何报酬，属于自愿担任，也不会有任何优待条件，所以在本村人的心中都具有很高的地位，受人尊敬。村民都会积极配合寨老的工作，促进了村内事务的运转，管理成本较低，治理效果富有成效，村内秩序井然有条，在法制规章不完善的时期起到的作用更加明显。

4. 侗族传统文化资源的保护

当地作为典型的民族文化村落，其传统建筑不仅在数量上较为庞大，而且保护工作较为完善，例如，之前文中提到的鼓楼、风雨桥和禾仓等木质结构建筑作为本地区侗寨历史文化的遗产见证了侗族群众历史发展进程中的智慧结晶，形成了最具当地传统特色的文化景观。除此之外，从戏台、凉亭、"萨坛"以及普通的民居，再小到纺车、竹制器皿等日常生活用品都具有一定的历史文化价值。同时，侗戏、侗歌、侗布工艺、构皮纸制作、饮食制作以及日常的民俗庆典活动等非物质文化资源，其产生和发展都依托于当地特殊的自然资源和经济文化土壤，是侗族群众在历史发展中文化精神的积累，也是其社会结构、生产方式、精神生活、意识观念表达的载体，外界可以通过这些来了解侗族传统文化。尤其是当地侗戏以及侗族大歌，作为当地历史文化的名片，在国内外享誉盛名。

为了进一步改善地区传统文化的保护现状，同时发展旅游业，推动社区的整体发展，当地政府与社会力量共同开展了对侗族文化生态旅游模式的探索，在地扪寨创建"地扪侗族文化生态旅游示范区"。为了推动当地的生态文化，侗语、侗族音乐和传统手工艺等人文资源的记录保护、发展传承与研究等相关工作，当地在2005年建设一座具有当地特色的生态博物馆，一方面有利于保护研究工作的开展，另一方面也成为当地发展旅游业的特色之一，促进了社区经济的发展。在2014年，以地扪寨为中心的基础上，以地扪—登岑侗寨为核心，当地政府在博物馆开发建设的基础上，开始对当地众多的传统村落开展保护利用的工作。打造侗族文化生态保护区，覆盖了罗大、腊洞、寨母、高近等 46 个自然村落，同时包括了茅贡乡辖区内的 10 个中国传统村落，及周边乡镇的 30 多个传统村落。在近三年内，对地区文物本体进行修缮，完成禾仓修缮 410 栋，鼓楼等公共建筑 12 栋，新建房、寨门等公共建筑 8 栋，在各组组建侗戏、侗歌队伍，建立家庭手工产品加工作坊。在保护传统文化的同时，对地区村寨生活环境、基础设施建设和相关产业的发展进行了大力的提升与发展。

二 研究区域土地冲突管理概况

由于当地林地林木资源丰富，林地冲突事件相对较多。针对山林权属纠纷矛盾问题的解决[①]，黔东南州林业部门成立了专门的林木林地权属争议调处办公室，在 2017 年共化解山林纠纷 465 起，其中化解旧存纠纷 140 起、新增纠纷 325 起，旧存纠纷化解率为 30.1%、新增纠纷化解率为 69.9%。按层级划分：村级化解 45 起、乡级化解 261 起、县级化解 159 起。按化解方式分：裁决 114 起、调解 351 起。从化解数据上来看，一方面体现了山林纠纷的化解重心基本实现下移，另一方面充分体现了"调解为主，裁决为辅"的化解原则。

在农村承包地方面，土地确权工作开展以及土地征收影响，各类纠纷也随之增多。针对征地引发的纠纷，贵州省在全国率先建立省级征地信息公开平台[②]，因减少了征地引发的纠纷，因征地信息不对称引发的行政复议、诉讼案件也少了。自 2014 年以来，全省此类复议案件仅发生 8 起、诉讼案件仅发生 3 起，提升了行政效能，有力地维护了被征地群众合法权益。针对土地确权登记颁证过程中出现的问题，充分发挥农民群众的作用，通过成立村民议事会等形式，公正、公平、公开地协调处理矛盾纠纷，注重发挥驻村干部、乡贤、寨老、威望高的农民熟悉情况、调节纷争的积极作用。同时完善县级农村土地承包纠纷调解与仲裁委员会、乡（镇）级农村土地承包纠纷调解仲裁庭和村级土地纠纷调解小组的农村土地承包纠纷三级调处机构作用，建立健全一整套完善的信访、调解和仲裁工作运作机制。

---

① 黔东南州林业局（http://www.qdnly.gov.cn/info/10921/235336.htm）。
② 中国国土资源报（http://www.gtzyb.com/yaowen/20170503_ 104713.shtml）。

第四节 地扪村土地冲突现状

在当地社区，林地与耕地是最主要的两大农业用地类型，支撑着当地农业经营的发展，作为少数民族传统村寨，也一直保持着传统农业生产的习惯，农户粮食与经济收入的主要来源也一直依靠着耕地与林地的生产来得以满足。同时，在长期的农业实践中总结出一整套传统的农地利用与保护方式，并在生产过程中对社区成员的行为和利益分配形成了规范性的共识[1]，实现了耕地与林地资源的可持续利用，对容易引发农户间冲突与纠纷的农地权益的划分进行了规范与限制，最大限度地实现了社区发展的稳定性。在国家耕地制度以及林权制度改革政策的实施下，虽身处偏远西南山区，经济环境的变化也对当地社区产生了影响。在对农户增产增收以及生活水平的提高产生了积极影响的同时，政策制定与实施打破了社区本身的农地管理的平衡，针对耕地与林地冲突逐渐显现，对农民土地权属的争夺使得农村土地冲突的主体与影响呈现出越发复杂的趋势。

一 土地冲突的规模及类型[2]

(一) 土地冲突的规模

通过对三个村寨的问卷调查，在 75 户农户中，有 27 户农户表示自家在过去或现在发生过土地冲突，比例为 36% 如表 4 - 4 所示。

表 4 - 4 土地冲突发生比例

	发生过	没有发生	合计
农户 (户)	27	48	75
比例 (%)	36	64	100

注：数据来源于 2016 年 7 月、2017 年元月实地调研，下同。

---

① 罗康隆：《侗族传统社会习惯法对森林资源的保护》，《原生态民族文化学刊》2010 年第 1 期。

② 资料来源：2016—2017 年调研统计。

在土地冲突发生的次数上，有 19 户农户表示自家只发生过一次土地冲突，有 5 户农户表示发生过两次土地冲突，有 3 户农户表示发生过三次土地冲突，没有农户发生过三次以上的土地冲突如表 4 - 5 所示。

表 4 - 5　　　　　　　　　　土地冲突发生次数

	一次	两次	三次	合计
农户（户）	19	5	3	27
比例（%）	70.4	18.5	11.1	100

（二）土地冲突的类型

当地主要的土地冲突主要分为三种，即林地冲突、耕地冲突与宅基地冲突。通过问卷调查统计，有 14 户农户表示自家发生过林地冲突，比例达到了 51.9%，占全部冲突的一半，说明了当地土地冲突主要以林地冲突为主。有 9 户农户发生了耕地冲突，比例为 33.3%。同时，也有少量发生在宅基地上的冲突，共有 4 户农户，比例为 14.8%。三类土地冲突在引发原因、性质、冲突主体、解决方式上都有着各自不同的特点，但是都对当地农户的正常生计产生了影响如表 4 - 6 所示。

表 4 - 6　　　　　　　　　　造成冲突的土地类型

	耕地冲突	林地冲突	宅基地冲突	合计
农户（户）	9	14	4	27
比例（%）	33.3	51.9	14.8	100

1. 林地冲突

从统计中看到，权属问题是当地林地冲突的主要诱因，主要是由于在相关林权制度的改革中，当地在林地权属划分时相关的确权工作执行不到位，加上管理主体不明确，使其在 20 世纪 80 年代"林业三定"时期产生了许多林地地界不清，权属重叠的问题。但"得益于"当时林木收益有限且农户对林地还未形成权属意识，这些问题并没有直接引发林地上的冲突，但也为之后对林地权属的争夺留下了隐患如表 4 - 7 所示。

表 4 - 7 　　　　　　　　　　　　　林地冲突类型

	征地冲突	权属冲突	收益分配冲突	合计
农户（户）	0	11	3	14
比例（%）	0	78.6	21.4	100

2. 耕地冲突

由于当地人均耕地面积较小，权属辨认较为容易，且在 20 世纪 80 年代就进行了公开合理的划分，使农户之间耕地权属较为清晰，所以很少发生由于农户间耕地权属不清而导致的土地冲突，在调查统计中因耕地权属产生的冲突数量为 0。同时，当地耕地流转的现象较少，发生过土地流转的农户为 21.3%，所以耕地收益分配而引发的冲突数量也相对较少，只有两户表示发生过此类冲突，比例为 22.2%。而且都为私下解决，影响较小。随着当地政府对旅游产业的开发，资本进入到当地社区，开始了相关设施的建设，土地征收也随之而来，主要是由于当地进行旅游开发建设所引起的。在统计数据中可以看到剩下的 7 位农户都是因耕地征收引发的冲突，比例达到了 77.8%，由于当地耕地资源较为稀缺，而且高产田更为匮乏，耕地的征收占用对农户正常的生活产生了非常大的影响。从对 75 户农户的统计上看，仅有 17.3% 的农户表示愿意土地被征收，不愿意的农户为 82.7%，可见，征地农户是被动失地，不是在自愿的情况下同意政府的征收。同时，从被征地农户对征地补偿的满意度以及对村干和政府征地行为的满意度上的统计数据上也可以看出，当地农户不仅普遍反对土地征收，而且在征地过程与补偿中被征地农户的权益也没有得到保障如表 4 - 8 所示。

表 4 - 8		耕地冲突基本情况	
项目	类别	农户（户）	比例（%）
耕地冲突类型	征地冲突	7	77.8
	权属冲突	0	0
	收益分配冲突	2	22.2
	合计	9	100
耕地冲突类型	发生过流转	16	21.3
	没有发生过流转	59	78.7
	合计	75	100
土地征收意愿	愿意	13	17.3
	不愿意	62	82.7
	合计	75	100

3. 宅基地冲突

有 4 户农户表示在宅基地的使用或建设上发生过土地冲突，其中有两户登岑村农户是由于其中一方在加高楼层时发生事故，将对方农户的屋顶损坏，但此类冲突属于农户间的个案，且得到了妥善处理。另外两户农户存在的宅基地冲突是由于当地旅游开发建设导致的限制农户修建砖结构住房，据实地了解，受此影响的农户数量较多，影响范围也较大，将在本章案例分析中予以具体说明。

二　土地冲突的产生原因

在引发土地冲突的原因上，有 17 户农户认为是由于与其他主体在土地经济利益上存在分歧而导致的土地冲突，有 3 户农户认为是由于相关土地政策的实施或者改变而导致的土地冲突，有 1 户农户认为是由于与其他主体存在观念认知上的差异而导致的土地冲突，剩下 6 户农户认为有其他原因导致了土地冲突，主要包含了一些个人关系和主观态度的因素。从统计中说明，土地产生的利益对农户来讲依旧重要，结合当地实际情况来看，由于农业生产是当地农户维持生活的支柱，农户最为重视的就是农地产生的价值，一旦有其他主体与之进行争夺，也就必然导致双方的冲突如表 4 - 9 所示。

表 4 – 9　　　　　　　　　　引发土地冲突的原因

引发土地冲突的原因	农户（户）	比例（%）
相关土地政策的实施或者改变	3	11.1
土地利益上的不一致	17	63
观念认识上的差异	1	3.7
其他	6	22.2
合计	27	100

三　土地冲突解决方式及结果

在这 27 户农户中有 16 户农户主要选择在社区内部通过双方私下协商或者通过寨老等非正式权威的介入进行解决，主要解决农户间的林地冲突和宅基地冲突，而且解决冲突的成功率较高。这说明了社区内部传统的管理方式依然行之有效，对维护当地社区秩序发挥了重要作用。通过村委或政府协调主要是解决农户与政府在耕地征收和宅基地建设限制上的冲突，这说明在解决社区内部人员与外部行政权力之间的冲突中，社区内部传统管理方式作用很难延续到与外部主体的冲突中。此类土地冲突对农户的生计影响较大，再加上相关权力机构容易忽视农户利益，所以冲突难以得到满意的解决如表 4 – 10 所示。

表 4 – 10　　　　　　　　　　冲突解决方式及结果

	私下协商	寨老或有威望的人出面协调		村委或政府协调		
农户（户）	4	12		11		
比例（%）	14.8	44.4		40.7		
	林地冲突	宅基地冲突	耕地冲突	林地冲突	宅基地冲突	耕地冲突
农户（户）	11	2	3	3	2	6
比例（%）	68.8	12.5	18.7	27.3	18.2	54.5
	解决没有解决			解决没有解决		
农户（户）	14	2		4	7	
比例（%）	87.5	12.5		36.4	63.6	

注：由于四舍五入的关系，最后合计可能不等于100%；下同。

四　土地冲突的影响

在土地冲突的影响方面，多数农户认为首先土地冲突使各方间的关系变得恶化，这一比例达到了63%。其次影响了农户的正常生活，比例为51.9%。第三，农户对村干和政府产生了不满的情绪，比例为40.7%。第四，农户对相关土地政策的合理性产生了质疑，比例为33.3%。第五，土地冲突使土地资源遭到了破坏，比例为33.3%。最后只有两户农户认为没有影响，有一户农户认为有其他影响。从数据可以看出，虽然土地冲突在类型上有所区分，规模大小也不一样，但对于这27户发生过农地冲突的农户来讲，土地冲突都给他们带来了不同方面的影响。从农户的视角出发，他们的关注点更多地放在了对其他冲突主体关系与态度转变和对日常生活的影响上如表4-11所示。

表4-11　　　　　　　　　　土地冲突带来的影响

项目	是/比例（%）	否/比例（%）
没有影响	2/7.4	25/92.6
质疑相关土地政策的合理性	9/33.3	18/66.7
土地资源遭到破坏	9/33.3	18/66.7
对村干和政府产生了不满	11/40.7	16/59.3
冲突各方关系恶化	17/63	10/37
影响了正常的生活	14/51.9	13/48.1
其他影响	1/3.7	26/96.3

五　农户土地冲突相关影响因素分析

（一）农户基本情况特征与农户是否发生土地冲突的关系

通过采用独立样本t检验和单因素方差分析的方式对农户基本情况特征与农户是否发生土地冲突之间的关系进行分析。从农户的年龄结构、文化程度、家庭人口数量、家庭年收入四个方面来探讨是否会影响农户土地冲突的发生。

1. 不同年龄结构与农户土地冲突发生的差异性分析

年龄结构为5个独立的样本，年龄段为等级变量，所以通过单因素方差分析来对不同年龄段农户发生土地冲突差异性检验。

表 4 – 12 单因素方差分析结果

指标	年龄段	N	均值	标准差	F	显著性
农户发生土地冲突	28 岁以下	11	1.6364	0.50452	0.271	0.846
	29—44 岁	16	1.6875	0.47871		
	45—59 岁	30	1.6000	0.49827		
	60 岁及以上	18	1.7222	0.46089		
	总数	75	1.6533	0.47911		

注：农户是否发生土地冲突赋值情况：1 = 发生；2 = 未发生。

通过表 4 – 12 可以看出，在显著性水平为 5% 的情况下，不同年龄段农户对农户是否发生土地冲突无显著差异（P = 0.846 > 0.05），说明不同年龄段农户对土地冲突是否发生的差异没有显著意义。

2. 不同文化程度与农户土地冲突发生的差异性分析

表 4 – 13 单因素方差分析结果

指标	文化程度	N	均值	标准差	F	显著性
农户发生土地冲突	小学以下	21	1.6667	0.48305	0.625	0.646
	小学	31	1.6452	0.48637		
	初中	16	1.6875	0.47871		
	高中	5	1.40000	0.54772		
	大学及以上	2	1.0000	0.00000		
	总数	75	1.6533	0.47911		

注：农户是否发生土地冲突赋值情况：1 = 发生；2 = 未发生。

通过表 4 – 13 可以看出，在显著性水平为 5% 的情况下，农户的文化程度对农户是否发生土地冲突没有显著差异（P = 0.646 > 0.05），说明农户文化程度水平的高低对农户是否发生土地冲突没有显著意义。

3. 农户家庭收入与农户土地冲突发生的差异性分析

表 4 - 14　　　　　　　单因素方差分析结果

指标	收入水平	N	均值	标准差	F	P
农户发生土地冲突	5000 元以下	5	1.4000	0.54772	11.694	0.000
	5000—10000 元	13	1.0769	0.27735		
	10000—15000 元	24	1.6667	0.48154		
	15000—20000 元	21	1.9048	0.30079		
	20001 元以上	12	1.9167	0.28868		

注：农户是否发生土地冲突赋值情况：1 = 发生；2 = 未发生。

通过表 4-14 可以看出，在显著性水平为 5% 的情况下，农户的家庭年收入水平对农户是否发生土地冲突有显著差异（P = 0.000 < 0.05），说明农户文化程度水平的高低对农户是否发生土地冲突有显著意义。通过方差齐性检验显著性概率小于 0.05，故采用 Tamhae'sT2 方式对数据进行多重比较。

表 4 - 15　　　　　　　多重比较

农户家庭年收入水平 I	农户家庭年收入水平 J	均值差（I - J）	P
5000 元以下	5000—10000 元	0.32308	0.955
	10001—15000 元	- 0.26667	0.988
	15001—20000 元	- 0.50476	0.682
	20001 元以上	- 0.51667	0.662
5000—10000 元	5000 元以下	- 0.32308	0.955
	10001—15000 元	- 0.58974 *	0.000
	15001—20000 元	- 0.82784 *	0.000
	20001 元以上	- 0.83974 *	0.000
10001—15000 元	5000 元以下	0.26667	0.988
	5000—10000 元	0.58974 *	0.000
	15001—20000 元	- 0.23810	0.407
	20001 元以上	- 0.25000	0.467

续表

农户家庭年收入水平 I	农户家庭年收入水平 J	均值差（I-J）	P
15000—20000 元	5000 元以下	0.50476	0.682
	5000—10000 元	0.82784 *	0.000
	10000—15000 元	0.23810	0.407
	15000 元以上	-0.01190	1.000
20001 元以上	5000 元以下	0.51667	0.662
	5000—10000 元	0.83974 *	0.000
	10000—15000 元	0.25000	0.467
	15000—20000 元	0.01190	1.000

注：* 表示均值差的显著性水平为 0.05。

　　从表 4-15 中可以看出，通过数据间的两两比较，在显著性水平为 5% 的情况下，农户家庭年收入水平在 5000—10000 元的农户与年收入水平在 10000—15000 元的农户、15000—20000 元的农户以及 20001 元以上农户对发生土地冲突具有显著性差异。数据说明，农户家庭收入水平越高，农户发生土地冲突的概率相对越低。

　　4. 农户家庭人口数量与农户土地冲突发生的差异性分析

表 4-16　　　　　　　　　　单因素方差分析结果

指标	家庭人口数量	样本量	均值	标准差	F	P
农户发生土地冲突	三口	3	1.6667	0.57735	0.449	0.718
	四口	15	1.6667	0.48795		
	五口	23	1.7391	0.44898		
	六口及以上	34	1.5882	0.49955		
	总数	75	1.6533	0.47911		

注：农户土地是否发生冲突赋值情况：1 = 发生；2 = 未发生。

　　通过表 4-16 可以看出，在显著性水平为 5% 的情况下，农户家庭人口数量对农户是否发生土地冲突无显著差异（P = 0.718 > 0.05），说明农户家庭人口数量对农户土地冲突发生的差异没有显著意义。

（二）农户土地基本情况与是否发生土地冲突的关系

本节通过分析农户土地基本情况与农户是否发生土地冲突的关系，围绕农户土地权属是否清晰、农户土地是否被征收以及农户土地是否流转三个方面来探讨其是否会影响农户土地冲突的发生。

1. 农户土地权属是否清晰与是否发生土地冲突的差异性分析

表 4 - 17　　　　　　　　　t 检验结果

指标	农户土地权属是否清晰	样本量	均值	F	P
农户发生土地冲突	清晰	62	1.7419	0.177	0.000
	不清晰	13	1.2308		

注：农户土地是否发生冲突赋值情况：1 = 发生；2 = 未发生。

由表 4 - 17 可知，通过 t 检验显示，在显著性水平为 5% 的情况下，农户土地权属是否清晰与农户是否发生土地冲突的差异具有统计学意义，说明农户土地权属是否清晰对农户是否发生土地冲突具有影响，土地权属清晰的农户越不容易发生土地冲突。

2. 农户土地是否被征收与是否发生土地冲突的差异性分析

表 4 - 18　　　　　　　　　t 检验结果

指标	农户土地是否被征收	样本量	均值	F	P
农户发生土地冲突	是	8	1.2500	0.377	0.011
	否	67	1.7015		

注：农户土地是否发生冲突赋值情况：1 = 发生；2 = 未发生。

通过 t 检验显示如表 4 - 18 所示，在显著性水平为 5% 的情况下，农户土地是否被征收与农户是否发生土地冲突的差异具有统计学意义，说明农户土地是否被征收对农户是否发生土地冲突有影响，有土地被征收情况的农户越容易发生土地冲突。

3. 农户土地是否流转与是否发生土地冲突的差异性分析

表 4 – 19   t 检验结果

指标	农户土地是否被征收	样本量	均值	F	P
农户发生土地冲突	是	16	1.3750	1.853	0.008
	否	59	1.7288		

注：农户土地是否发生冲突赋值情况：1 = 发生；2 = 未发生。

通过 t 检验显示（见表 4 – 19），在显著性水平为 5% 的情况下，农户土地是否流转与农户是否发生土地冲突的差异具有统计学意义，说明农户土地是否流转对农户是否发生土地冲突有影响，有土地流转情况的农户越容易发生土地冲突。

（三）解决农村土地冲突的相关因素分析

本节通过土地冲突类型、冲突解决方式、冲突影响三个方面来探讨是否会影响土地冲突的解决。

1. 土地冲突类型与农户土地冲突解决的差异性分析

表 4 – 20   单因素方差分析结果

指标	家庭人口数量	样本量	均值	标准差	F	P
土地冲突是否解决	征地冲突	7	1.7143	0.48795	3.192	0.043
	权属冲突	13	1.2308	0.43853		
	收益分配冲突	5	1.0000	0.00000		
	其他	2	1.5000	0.70711		
	总数	27	1.3333	0.48038		

注：农户土地冲突是否解决赋值情况：1 = 解决；2 = 未解决。

通过表 4 – 20 可以看出，在显著性水平为 5% 的情况下，农村土地冲突的不同类型对土地冲突是否解决具有显著差异（P = 0.043 < 0.05），说明土地冲突类型对土地冲突的解决具有显著意义。通过方差齐性检验显著性概率为 0.006，小于 0.05，故采用 Tamhae'sT2 方

式对数据进行多重比较。

表 4 - 21　　　　　　　　　　　多重比较

土地冲突类型 I	土地冲突类型 J	均值差（I - J）	P
征地冲突	权属冲突	0.48352*	0.025
	收益分配冲突	0.71429*	0.009
	其他冲突	0.21429	0.540
权属冲突	征地冲突	- 0.48352*	0.025
	收益分配冲突	0.23077	0.317
	其他冲突	- 0.26923	0.417
收益分配冲突	征地冲突	- 0.71429	0.009
	权属冲突	- 0.23077	0.317
	其他冲突	- 0.50000	0.177
其他冲突	征地冲突	- .21429	0.540
	权属冲突	0.26923	0.417
	收益分配冲突	0.50000	0.177

注：＊表示均值差的显著性水平为 0.01。

　　从表 4 - 21 中可以看出，通过数据间的两两比较，在显著性水平为 5% 的情况下，在土地冲突中，征地冲突与权属冲突、收益分配冲突对土地冲突是否解决具有显著性差异。数据说明，征地冲突相比于权属冲突、收益分配冲突更加难以被解决。

　　2. 土地冲突对农户产生的影响与土地冲突是否解决的差异性分析

　　对农户的影响包括没有影响、质疑相关土地政策的合理性、土地资源遭到破坏、对村干和政府产生了不满、冲突各方关系恶化、影响了正常的生活以及其他影响 7 类，这 7 类影响分别与土地冲突是否解决进行差异性分析如表 4 - 22 所示。

表 4 - 22　　　　　　　　　　　t 检验结果

指标	土地冲突对农户产生的影响	N	N = 27	均值	F	P
土地冲突 是否解决	没有影响	是	2	1.2500	44.444	0.277
		否	25	1.7015		
	质疑相关土地 政策的合理性	是	9	1.6667	1.237	0.024
		否	18	1.2222		
	土地资源遭到破坏	是	9	1.4444	0.775	0.590
		否	18	1.3333		
	对村干和政府 产生了不满	是	11	1.7273	3.595	0.001
		否	16	1.1250		
	冲突各方关系恶化	是	17	1.3529	0.197	0.816
		否	10	1.4000		
	影响了正常的生活	是	14	1.4286	1.428	0.534
		否	13	1.3077		
	其他影响	是	8	1.0000	0.896	0.803
		否	19	1.3846		

注：农户土地冲突是否解决赋值情况：1 = 解决；2 = 未解决。

通过 t 检验显示，在显著性水平为 5% 的情况下，没有影响、土地资源遭到破坏、冲突各方关系恶化、影响了正常的生活以及其他影响 5 项与农户土地冲突是否解决并无显著差异，说明这 5 项影响对农户土地冲突是否解决的差异没有显著意义。而由于土地冲突使农户开始质疑相关土地政策的合理性以及对村干和政府产生了不满的两项影响与农户土地冲突的是否解决具有统计学意义。统计数据说明，如果土地冲突的发生使得农户开始质疑相关土地政策的合理性以及对村干和政府产生了主观不满的态度，那土地冲突将更倾向于无法解决。

3. 解决冲突的方式与土地冲突是否解决的差异性分析

通过表 4 - 23 可以看出，在显著性水平为 5% 的情况下，农村土地冲突的不同解决方式对土地冲突是否解决具有显著差异（P = 0.014 < 0.05），说明农村土地冲突的不同解决方式对土地冲突是否解决具有显著性差异。通过方差齐性检验显著性概率为 0.005，小于 0.05，故采用 Tamhae's T2 方式对数据进行多重比较。

表4-23　　　　　　　　　单因素方差分析结果

指标	解决土地冲突的方式	样本量	均值	标准差	F	P
土地冲突是否解决	私下协商	4	1.2500	0.50000	5.094	0.014
	寨老或有威望的人出面协调	12	1.0833	0.28868		
	村委或政府调解	11	1.6364	0.50452		
	总数	27	1.3333	0.48038		

表4-24　　　　　　　　　多重比较

冲突解决方式 I	冲突解决方式 J	均值差（I-J）	P
私下解决	寨老或有威望的人出面协调	0.16667	0.497
	村委或政府调解	-0.38636	0.127
寨老或有威望的人出面协调	私下解决	-0.16667	0.497
	村委或政府调解	-0.55303 *	0.004
村委或政府调解	私下解决	0.38636	0.127
	寨老或有威望的人出面协调	0.55303 *	0.004

注：* 表示均值差的显著性水平为0.01。

从表4-24中可以看出，通过数据间的两两比较，在显著性水平为5%的情况下，通过村委或政府调解的方式与通过寨老或有威望的人出面协调的方式与土地冲突是否解决具有显著性差异。数据说明，通过寨老或有威望的人出面协调的方式更有利于土地冲突的解决。

第五节　地扪村土地冲突的案例分析

本节主要通过对案例的分析来探讨农户视角的土地冲突管理。

一　土地冲突案例

（一）林地冲突

当地林地权属冲突事件按照林地性质、参与主体以及影响程度可以划分为两类，首先是罗大村与登岑村在登盂林场发生的关于林木资源归属问题的冲突。其次是农户之间林地界限不清以及耕地周边林地归属问题而导致的冲突。

1. 登孟林场的冲突

前一章提到登孟林场是当地规模较大的一块集体林地，其前身是20世纪60年代归当时生产大队所管辖的天然林地。在1962年，中央在《农村人民公社工作条例（草案）》（俗称六十条）的基础上，根据实际情况，否定了分配和消费上的平均主义，正式将包括山林在内的土地（还包括水面、草原）、牲畜、农具、劳动力等生产资料的所有权都划归到当时的生产队（也就是现在的村小组）并实行独立核算、自负盈亏的核算体制，生产队将少量的树木交由村民经营。登孟林场也开始进行所有权的划分，然而受限于当时技术手段的落后，以及片面追求工作进度，当地生产队之间对林地的划分基本上都是靠随便找个较为明显参照物作为界限的标的，例如石头、沟壑等。最重要的是，当地社区为单姓侗寨，均为吴姓，农户之间只是房族不同，血缘关系密切。所以，鉴于独特的社群结构，当时生产队之间没有订立任何书面形式的字据，都是以口头的方式进行约定。受到政策的影响，原先由生产大队（登岑村与罗大村在当时同属于一个村集体）管理的登孟林场，按照《条例》中就近原则将林场的所有权划分到了登岑村与罗大村的各生产队，由两村共同管理。按照当时对生产经营以及收益的分配管理方式，农户只负责生产经营，生产队对经营的收益进行统一分配，农户个体之间很难有利益上的分配不均。

随着改革开放后家庭联产承包责任制的推行，考虑到当时森林资源在经历"大跃进"以及人民公社化阶段受到的破坏程度，以及管理经营上的不合理，国家在1981年出台了《关于保护森林发展林业若干问题的决定》，开始对山林的权属、自留山的分配、林业生产责任的划分三方面进行了统一调整，也就是"林业三定"。当时登岑村与罗大村所属的生产大队随着承包责任制在本村的建立，被正式分为两个自然村，按照人数规模的不同，登岑村组建了三个村民小组，罗大村组建了两个村民小组。对于林场的管理责任还是由两个村的五个小组共同承担，由于林场资源受到了很大程度的破坏，五个小组的村民根据两村的统一安排开始对其进行恢复工作。恢复工作开展期间，受"林业三定"政策的影响，每家农户都分到了一定的自留山和责任山。农户也出于对国家政策的感谢，在登孟林场植树造林工作结束后没有要求报酬，林场资源在保护与造林中得以迅速恢复。

在登孟林场划分与恢复阶段，两个村寨并未就林场界线与林木资源的分配进行任何形式的确定，在茅贡乡林业站工作的石 D 和我讲道："当时搞'林业三定'，由于人手不够，加上我林业站才 5 个工作人员，所以当时乡里下达的主要任务是搞清楚茅贡乡与周边乡之间林地的界线。本乡内各村之间林地界确定和划分自留山的工作只能由各个村的村委自行负责之后汇报到乡里。"同时他还讲道："当时我们这边交通也不是很好，运木头一般只能通过河道来运出去，费时费力。当时来我们这里买木头的人少，也不值钱，一般都是砍了自己盖房子用。"从石 D 的描述中可以了解到两方面：第一，当时的全乡林地权属划分工作在开展范围和细致程度上都十分有限。第二，林木的价格不高，给农户带来的可见价值十分有限，在某种程度上也使得农户很难去重视林场的权属问题。这就使两村的林场权属问题被当时林场的产权结构和低迷的市场行情所掩盖，但也为之后冲突的产生埋下了隐患。

20 世纪 80 年代末，乡里要对两村之间的道路进行修整，工程款由乡里出 40%，剩下的部分由两村共同承担。当时两村资金能力十分有限，很多村民都自发去修建道路，以节省一部分工程费用。鉴于当时林木价格有所上涨，而且当初为了恢复林场而种植的杉树，有部分已基本成材，登岑村就提议通过变卖一些林场的树木来解决工程款不足的问题，罗大村也表示同意，在工程款的分配上达成了一致。但是由于林场的权属只是很模糊地由两村村委共同管辖，在林木权属问题上根本没有任何正式的文件或合同予以确认，两村委在林木的权属划分上无法形成统一的意见。考虑到林场的权属只是归村委来控制，与农户个人利益并无直接关系，而且两村农户之间虽然房族不同，但亲戚联系较为紧密，加上之前都同属于一个生产大队，并没有发生农户间冲突，大家也只是在等村委之间的调解。由于工程款无法及时付清，乡政府和林业站只能介入来解决权属的问题。最后在多方协调下，达成了将林木权属按五个村民小组来平均划分，同时为了方便管理，考虑到登岑村的规模和经济实力相对于罗大村都强一些，所以就将林地的所有权划归到登岑村，由其来进行管理。最终两村委按照未结的工程款数额，根据当时林木的市场价来计算需要砍伐的杉木，并将剩下的林木平均分配到各村小组，问题得以暂时解决。道路修通之后，运送木材也变得较为便利，但是林场的林木归各小组共同管理，农户只能将分林到户或者自留山林木进行销售。

从乡政府和林业站提出的解决方式来看，确实在较短的时间内解决了两村委之间的纠纷。但这次调解是把处理的重点放在了如何解决修路的工程款上，将林木权属平均到各村小组，看似一劳永逸，然而并没有在实质上明晰两村在林木上的界限，依然处于模糊状态。然而，正是这次平均划分林木的决定，使得农户拥有了对林木的使用权，产生了权属的意识，意识到自己对林场的林木拥有了某种支配的权力。

鉴于林场的部分杉木被砍伐，登岑村就在 1993 年开始了第二次造林，由于林地的所有权归属于自己，所以只能由登岑村的村民进行种植，受到当时黎平县相关政策的影响，农户的造林积极性很高。在访谈中石 D 也讲道："90 年代初那会黎平县为了解决荒山问题，提出了一个'七年消灭荒山，十年基本绿化黎平'的政策。树苗都是县政府无偿提供，而且如果能连片造林 100 亩以上，不管是农户个人还是村组，每亩还能有 20 块钱的补贴。"到了 1995 年，林场林木资源基本又恢复到之前的水平，这次的造林行动让登岑村的农户不仅获得了树苗补贴，根据当时的政策安排，这些林木的相关权利也归本村农户所有，村民开始有意识地对其进行看管和维护。

到了 2000 年，部分罗大村村民表示：80 年代林场进行植树恢复，罗大村也参与其中，但是现在林场归登岑村管理，卖树的收入都到了登岑村的账上，而且罗大村当时还拥有一部分林木的所有权，可现在没有任何分成。有些罗大村的村民则开始私自偷砍一些林木，然而这些树大部分都是登岑村村民所种，这使登岑村部分村民到罗大村进行理论，最终酿成双方的肢体对抗。由于发生了暴力事件，乡政府就出面进行调解，为了彻底划清双方的林场界线，结合林业站和处纠办的意见，将林地重新按照五个小组人数来平均划分，根据实地测量，明确了界线范围，并订立了相关字据。同时还规定双方任何村民不得随意砍伐林木，如特殊情况需要砍伐，必须通过村委进行决定。这一处理结果显然不利于登岑村，使登岑村村民颇为不满，因为林场的林木多为登岑村村民种植，且林地进行重新划分后，原先在上面种植树木的林地却由罗大村进行管理，同时罗大村距离林场较近，登岑村村民也担心林木被再次盗伐。在事件的处理过程中，两村部分村民由此产生了积怨，在林场之外的小冲突时有发生。在 2008 年集体林权制度改革中，登孟林场权属还是遵循这次的划分，没有进行改变。

登岑村村民之前的担心并不是没有道理。在事件处理之后，林场盗伐的现象时有发生，且遭受损失的基本都为登岑村农户，由于林场范围较大，且盗伐一般为夜晚，很难直接证明是罗大村村民所为。特别是雨季，盗伐现场已被冲毁。

从登孟林场冲突案例中可以看出，林场历史遗留问题较多，时间跨度也较大。除此之外，当地在"林业三定"时期林地权属划分工作没有达到标准，关键权属划分工作也略显草率，冲突化解方式也不尽合理。多方因素集合在一起，造成了后期集体林场权属混乱，导致各主体围绕登孟林场中林地权属以及收益划归方面产生了冲突。

首先，从当地政府不同时期林业政策的变化来看，与之对应的山林的管理经营模式逐渐由集体对权力"统包"过渡到了集体统一管理、农户自主经营，使林地上产生的经济价值开始对农户的切身利益产生影响，农户越发重视林木的经营权和收益权，对林木资源稀缺性的认知也随之增长。随着当地乡村道路的整修，一方面方便了农户进行林木销售，另一方面也使农户获取林木资源的愿望变得更为强烈，这也成为激发农户间冲突的重要条件。

其次，从登孟林场权属变化以及管理维护上看，登岑村村民觉得罗大村在对林场的造林绿化所做的工作比自己的付出要少得多，然而调解的结果却是罗大村获得了很多好处，不仅分得了林场的管理权，而且自己之前享有的林木权益也受到了侵犯，正如 G. Pruitt（2013）认为："如果一方觉得另一方并不比自己的功劳大，却得到了更多的财富和特权，那么冲突也会由此酿成。"这种不公平的比较使登岑村村民之前在林场植树时产生的某种期望在各方的干预下受到了损害。正是这种登岑村村民认为的合理期望没有得到满足，让农户感觉到自己的利益受到了"剥削"。这就产生了两个后果：第一，让农户意识到了利益矛盾的存在。第二，这种剥夺感使得农户产生了沮丧和愤怒，"没有任何其他的感受能够像剥脱感更能促使人来采取行动"（D'Estree，2003），进而促使倾向于采取争斗行动。受到这两方面的影响，在盗伐这个事件的作用下，最终酿成了群体间的冲突。

2. 农户间自留山、责任山及田边地角林地的冲突

（1）农户间自留山、责任山冲突。当地侗族社区自古就有利用山林资源的传统，通过长期的实践，在信仰、风俗习惯以及村规民约中逐渐形成了一套独特的林地利用与保护体系。在土改、合作化以及人民公社化运动期间，虽然在管理体制上发生了巨大的变化，但对林地资源传统的保护知识却保留了下来。在"林业三定"时期，县里统一将部分荒山按照每户五到十亩不等的面积标准划给农户一定数量的自留山用于造林，且种植的林木归农户个人所有。同时，将一部分经济林、薪炭林以及村寨附近疏林地和集体不便于管护的山林承包给农户，双方签订承包合同，农户按照比例获得管护报酬。由于农户有管护的责任，所以这部分承包山林被称为责任山。

鉴于当时生产队基本都过渡到了村民小组，而且成立了新的村委组织。乡里在"林业三定"之前对各村的林地（集体林场除外）进行了一次统一的划分。同时也为了各村方便管理，采取了"林随田走"的方式，即按照各村农户承包地分配的具体位置，林地也同时划分到承包地周边的位置。当时登岑村农户较多，村委分得林地也就相对较多。由于村委还有管理登盂林场的任务，管理任务较重。为了更好地管理集体林地，在"林业三定"期间，除了将自留山与责任山划分给了农户，同时也将一部分集体林地（主要是杉树和楠竹）的使用权划分给了农户，农户对林木具有使用权。因为这次划分的林地相比

于自留山和责任山，林木基本成片，而且质量相对较好，同时个人可以砍伐使用，农户的积极性都比较高。为了划分公平，村委也借鉴了承包地划分的方式。首先根据山脊和山岭的位置，将林地平均划分为三块。之后，分别对各块林地的林木大小进行丈量，林木的直径的不同分为四等。最后，各小组农户根据抓阄的方式进行分配。与承包地划分的区别在于，抓阄没有按等级依次进行，所以可能出现极端的情况。但是由于当时林木价格较低，杉树和楠竹的生长期也较短，农户对抓阄的方式和结果并没有意见。之后，在对自留山和责任山的划分中也基本采取了抓阄的方式来进行，由于林木质量普遍较差，所以只按照远近进行分配。

表 4－25　　　　　　　　　　　登岑寨林地分级因素

等级	直径（尺）
一等	<2
二等	2—2.5
三等	2.5—3
四等	>3

但这次林地的划分依然没有对界线进行明确，相关的林权证明也极不规范，例如在自留山与责任山的划分中协议记载与实地不符，相关证书填写不规范，有些证书只有盖章，没有任何关于"四至"的标注，村委只是进行了登记。考虑到技术和资金条件的限制，这种问题的存在也较为合理。当时普遍的做法是，林地相邻的两个农户之间自行商讨明确界线，大部分农户将四至的基本情况进行了记录，这种方式可以满足对基本范围的确定。但是在界线问题上，随着时间的推移，一些在当时看来较为明显的标识可能早已发生变化。同时，林木的生长可能由于多方面原因，在生长范围上越过界线（如林木直径的扩大）。再加上林木无法像耕地一样需要天天管护，且生长周期长，农户容易忘记确切的边界。多方面原因的汇集，使本村内时常发生一些误砍其他农户树木的事情，或者在界线上产生分歧，由此产生一些口角上的冲突。笔者在调研中，就找到了一些在界线问题上曾经发生

过争执的农户。农户吴 L 和我讲道："我的仔（当地方言中将儿子称为仔）当时要结婚，家里就准备盖一建新房给他结婚用。村里之前给我们分的杉木（分林到户那一部分）差不多也长了十多年喽，能用来盖房子了。我们就到坡上去砍了一些。当时，我也是看了写在本上的界线才去砍的。我也怕万一把别家的树砍了。房子盖了快三个礼拜了，吴源（化名）就来找我，说我砍了他们家的树。他当时好像刚喝完酒，说话特别难听，我俩没说两句就吵起来了。第二天，我拿着本子去坡上和他核对，他也拿了一张纸让我看，和我说他家有四棵树被我砍了。核对了半天也没核对出个结果，之前记得干界（界标物）也找不到了，最后他家兄弟几个来了，我见他人多我就直接回家了。"吴 L 说的这些情况，和我在其他有过类似情况的农户中了解的情况都大体相致，一般都是砍了之后双方发生争执。林业站的石 D 也说过："我们这农户的树林多，也经常有一些纠纷。树没砍之前大家都没事，哪家一旦把界线上的树砍了，纠纷就来了，也不知道他们之间干吗不商量好！"

　　但是在调研了解的情况中，并未发现这些界线上的冲突造成很严重的后果，而且都得到了很好的解决，双方关系基本都能恢复正常，这得益于寨老在调解中发挥的作用。① 在吴 L 家发生的这次冲突，由于双方都没有明确的证据进行证明，在村委的协调下，由当时的寨老出面解决。根据吴 L 的介绍，当时是在村子的鼓楼里对双方进行调节。寨老首先对他们双方都进行了批评，认为他们之间的这点事情是在破坏登岑寨的安定，传出去给寨子丢人。对于被砍掉的那四棵杉树，寨老根据村里的习俗，让吴大哥用一些腊肉和稻谷补偿给吴源。同时，让吴源不要再纠缠此事，让吴 L 能够及时把婚房盖好。对解决方案双方也无异议，在村委的安排下，签订了解决协议，并且粘贴在鼓楼内进行公示。吴源也对之前的出言不逊进行了道歉，冲突也就此化解。吴 L 讲道："我仔结婚那天，他们家也送过来一些腌鱼和一筐糍粑，我也请他到家里喝酒，说到之前发生的事我俩都觉得后悔喽。"

---

　　① 在前文对当地寨老会进行了介绍，此处不再赘述。

在 2008 年的集体林权制度改革中，由于本村在 80 年代已将集体的大部分林地承包给了农户，工作的重点就发在了林地的确权上，使之前一直存在的权属模糊问题得以彻底解决。据当时的村支书吴 B 介绍，当时县林业局的工作人员在 2008 年年底就来乡里进行勘界，由于有些农户之前对界线的记录要么丢失无法查证，要么记录的范围与其他农户所有覆盖，其间村委花费了一段时间进行协商调解，在 2009 年的下半年确权工作全部完成。由于这次的确权工作比较细致，在年底就给农户发了林权证，使其像吴 L 大哥类似的由于误砍发生的林地冲突几乎再也没有发生。

（2）田边地角的林地冲突。受地形的影响，当地很多水田都是以梯田的形式修筑在坡度不一的山坳之间，围绕田边地角的林木较多，使水田的采光受到影响，农户只能通过砍伐一些树木来避免阳光的遮挡。但如果周边的林地是归其他农户所有，一旦砍伐必定会产生纠纷。在 2005 年地扣村就发生了一次类似的纠纷。根据地扣村农户的讲述，之前村里普遍还要依靠水牛来进行农业生产，有位农户就将自己水田一侧遮挡阳光的几棵杉树进行了砍伐，用来修建牛圈。由于没有征得林主的同意就擅自砍伐，林主就到村委去告状。由于这种情况在当时还很普遍，为了避免之后再发生类似的冲突，村里就约同各组长和各户代表研究处理办法，最终提出了"上四下三"的解决办法，即在水田上方的四丈（一丈约为三米）区域和下方的三丈区域内所有的林木都划归给水田的承包人。这种解决方法由于能够很好地处理水田的采光要求，之后就推向了登岑村和罗大村，使此类冲突再也没有发生。

从林地冲突案例中可以看到，农户间的林地权属冲突主要是指双方林地权属证明不清或缺失，在林地界线上产生的冲突。较为普遍的冲突是由于农户间发生越界砍伐或对林木的归属各执一词而导致双方对相关权属争执。农户间林地权属冲突以及耕地周边林地归属冲突由于冲突标的价值较低，在农户间能够产生的损失也多为暂时性的，涉及的主体单一，冲突规模较小。同时当地社区内部有着一套成熟的用于协调管理社区成员行为规范以及经济关系的"地方性制度"（如村规民约），使农户的纠纷与冲突可以及时并妥善化解，所以农户间林地权属冲突所能造成的影响十分有限，从另一方面讲，农户间林地权属冲突的出现也间接促进了农户间林地权属的明确，避免了冲突的再次发生。

（二）农地征收冲突

由于黎平县作为黔东南州重点规划的旅游地区之一，在州的旅游发展规划中，地扪村、登岑村与腊洞村由于侗族传统文化和建筑都保存完整，成为规划中重点打造的区域。地扪村作为规模最大的一个寨子，就将其设定为景区建设的核心区域，之后地扪村的各项基础设施建设逐渐展开。在 2003 年、2004 年，恰逢全国农村税费改革，贵州省在 2004 年就开始全面减免农村地区的税负，到 2005 年就全面取消了农业税的征收①，这在一定程度上影响了当地的财政收入，需要依靠一部分社会资本的投入来继续推动旅游开发的建设。地扪博物馆就是黎平县政府通过招商引资，同时配套省政府的相应土地使用优惠政策②，在社会资本的协助下完成建设的。对于当时地扪村来讲，这可以算是本村的第一笔"资本下乡"。地扪村现任村主任吴 A 讲道："我们寨从 2004 年开始搞旅游开发，有个老板（博物馆的管理者）过来要建一个博物馆，刚开始村里面的老百姓都很高兴，对搞旅游开发这件事非常欢迎，村里需要做什么事村民都非常配合。"博物馆建设离不开土地，但是村集体的土地面积较小而且位置较偏僻，只能通过征收农户的承包地来进行建设，可是在这样一个人均耕地只有 0.65 亩的村寨进行农地的征收，对农户日常生活将产生非常大的影响。

地扪生态博物馆的建设筹备工作开始于 2005 年，在建设期间征占了地扪寨四组和五组共 12 户农户的水田，总面积约为 10 亩，每户被征收的水田约为 0.8 亩。这些水田按照当地的划分标准均为一类好田，离地扪村寨子的距离仅为 100 米左右。在调研中了解到，乡政府

---

① 贵州省明年全部免除农业税，人民网：www. people. com. cn/GB/shizheng/14562/3082838. html。

② 《中共贵州省委贵州省人民政府关于加快旅游业发展的意见》2003 年。

的相关人员和当时的村干部召集这些相关农户到村委讨论相关征地的事宜，博物馆的负责人并没有参与讨论，但是征收工作在一开始并不顺利。吴 G 是当时四组的组长，也是被征地的农户之一，他讲道："当时政府工作人员喊我们去村委会谈征地的事情，我是组长，当时我的态度就是坚决不卖，我就说要卖田的就留在这，不想卖的就和我回家，当时我们组的人都回去了。政府的理由就说土地是国家的，国家需要搞开发，你就得配合。我知道土地是国家的，但是国家把田承包给我们农户来用，我们就有责任管理。"对四组的征收工作由于组长的坚决反对而无法开展。剩下有些五组的农户由于户主外出打工，只剩下家里的老人或者妇女到村委进行协商。吴 G 认为，当时政府就是觉得老人和女人不明白实际情况，而且男户主当时不在现场，就和那些农户说只要签字就可以马上领补偿款。可能出于确实不了解实际情况或者正好急需用钱当时就有 3 家农户在协议上签了字。然而不幸的是，就在第二年吴 J 出去打工的时候，他们家的 9 分田也是以同样的方式被政府征收了。对其他农户的征收有些类似于吴 J 这种情况，有些则是乡政府和村委对农户施压，以没收承包地或者减少补偿款来强制农户在协议上签字。吴 H 讲道："村干部就说我的这块地要搞旅游开发，是国家的政策。还说你愿意卖你就卖，不愿意卖你连一点钱都没有。我和他们一点商量的余地都没有，我们不卖他就逼着我们卖，这就是在欺骗百姓，他们就是在压我们农户。"由此可见，农户在当时处于非常被动的情境。当笔者提出想看一些农户所签的协议时，吴 G 讲道："村干来我家找我媳妇签字，她也不认识几个字，签完字村干就把补偿款交给她，拿着协议就走了。我到现在也没看见协议。"

根据对两位被征收农户的访谈，以及与其他了解当时情况的地扪村农户的交谈中了解到，农户不仅对政府征地的要求坚决反对，而且对乡政府和村干工作方式也极为不满。其主要原因有以下方面：

第一，征收耕地的面积相对较大，且都为一等好田。每家农户平均征收面积为 0.8 亩左右，相比于其他地区农地征收的范围，地扪村的这次征收规模并不大。然而，考虑到人均耕地面积仅为 0.65 亩的地扪村，相当于一个人的耕地面积被征收。同时，这些水田按照当地的分类标准均为水源充足、产量较高的一类田，而且还能在周围种菜和养鱼，离家近也方便管理。这次征收对农户日常的口粮问题产生了非常大的影响，农户只能依靠较远的田地来维持家庭的基本需求，远处的田一般都要走 10 里以上，而且多位于坡度较大的地区，况且当时拖拉机还没有普遍使用，收割稻谷只能靠人力来托运，无形中增加了时间与劳力成本。

第二，补偿金额过低，也不给相关协议。当时平均每户的补偿款约为 6000 元左右，一平方米仅为 12 元。吴 G 介绍到这个价钱当时在黎平县打工三个月就能赚回来，村民作为理性的个体，非常清楚土地征收给他们带来损失。

第三，在征收工作中采取威胁、欺骗的方式，不考虑农户的意见。农户的意见在征收工作中无法起到实质性效果，政府和村委方面只是一味地要尽快解决征收工作，让博物馆尽早开工，采取非正常方式迫使农户同意。

第四，当地社区在传统上对耕田有很强的情感。当地侗族社区一直都有对祭拜土地神的传统，表示对土地恩赐的感谢，所以一直有着保护耕地的传统。在当地几乎没有看到土地被摞荒的现象，只要家中有劳力都会去进行耕作。吴 H 大哥也讲道："现在的粮价不高，我们靠种田卖米来生活一天只能有十几块钱。我们出去打工随便一天都能有 100 元的收入，而这 100 元的收入能买 70 斤左右的粮食，所以说我们出去打工可能生活还要好一些，种地就是亏本的。但是，我们农民如果都按这么来算的话，就没人种地了，村里的地也要荒完了，所以说不管粮价是高是低，我们这里每年再亏也要种地，要珍惜它，不能让地荒了。"可见当地农户对土地依然保留着传统的情感，征地在某种程度上也是对农户情感的撕裂。

（三）宅基地冲突

宅基地冲突引发的原因主要是当地政府以及企业在旅游开发中为了使当地传统木质建筑风格的民居在旅游的景观上保持整体一致，限制旅游景观周边的农户在宅基地上修建砖房。由于传统木质结构房屋容易引发火灾，加上当地在夏季雨量较大，洪水频发，对河边农户生命及财产安全影响较大，出于安全考虑有些农户就开始将原来的木质房屋翻修为更为安全的砖结构住房，然而政府以及旅游开发的出资方却对农户房屋的修建进行限制，由此产生了双方在宅基地建设上的冲突。在调研中了解到地扪村很多农户在建房时受到了影响，有些农户的房屋修建拖了四五年之久。

在访谈中了解到，由于吴O家的房屋距离博物馆的距离较近，从2014年开始修建房屋时，受到博物馆管理者的多次阻挠，笔者在2017年1月对当地进行调研时才勉强完工。吴O讲道："我高中毕业之后和村里几个人去台州那边打工，攒了点钱就想回来把家里的旧房子重新搞一下，等结婚的时候也能用。"然而事与愿违，在修建期间由于多次受到博物馆以及村委的干涉，房屋修建无法按时完工，也无形中增加了吴O家中的负担，前期购买的用于改建房屋的工料只能闲置，人工的投入也打了水漂。"它们（指博物馆）一来就把村里搞乱了，给村里没带来一点好处。他们有关系给撑腰，和他理论，他就说这是政策规定，我们也没什么办法。"对于博物馆的建设，吴O给出了完全负面的评价，无法理解当地进行旅游开发为何不考虑当地农户的实际情况，直接限制农户修建房屋的权利。

二　土地冲突中相关利益主体分析

社会冲突总是围绕利益而展开的，利益既是各冲突主体间进行对抗的目标，也是社会冲突的根源。而土地作为一种稀缺资源，社会在对其分配时会产生不平等的现象，由此产生了在占有者和丧失者之间的利益冲突。在农村土地冲突中，农户之间、农户与政府、村集体以及其他相关主体围绕农地进行的利益争夺，对社区秩序的稳定产生了巨大影响。

（一）地方政府

从上述的案例中可以看出，在当地的土地冲突中，地方政府既是冲突的主体之一，也是化解各主体间冲突的协调人。随着角色的转变，利益目标也在发生着变化。

当地方政府处于冲突之中时，政府在土地冲突中相比于其他主体有着更多的强制力与主导性，往往也是引发冲突的关键因素，其自身的利益目标与行为规范决定着土地冲突发展方向与最终的影响结果。在博物馆建设所引发的冲突中，政府的目标是要对当地旅游开发创造良好的环境，以实现投资方顺利地将资本投入到旅游开发当中，促进本地的发展。在这一过程中，政府并未真正保障农户的基本利益，反而借助某些农户文化素质低以及相关法律知识薄弱的漏洞，以较低的成本将农户本就稀缺的土地进行征收，以支持博物馆的建设。在征地程序上，可以说当地政府没有考虑到当地农户本就较为稀缺的耕地资源，只以发展旅游业为唯一价值目标，凭借自身的强制力，对农户的土地利益进行剥夺。没有按照正常的征收程序，仅仅是召集被征地农户进行协商。在限制博物馆周边的农户修建砖房的冲突上，政府只是为了实现整体的建筑景观的统一，没有考虑当地农户的实际居住情况，不顾当地的洪水可能对农户木质房屋的威胁。从这个冲突事件中可以看到政府的价值取向与农户根本利益之间的对立，由于当时整个政策环境是以实现旅游产业的发展为导向，在压力型管理体制下，也不难理解地方政府通过这种强制行为来达到实施相关政策的目的。

在登孟林场的冲突中，从表面上看是两个村寨之间对于林木资源的激烈争夺所引发的，当地政府并未参与到两村的利益分配中，只是在两村的冲突中作为协调人来试图将林场的利益进行平均分配，尽快消除冲突带来的负面影响。但是，从案例的发展中可以看到，由于林场在性质上属于集体林场，政府在林场中并没有直接的利益关系，这也间接导致了政府把更多的精力放在了乡与乡之间的林地界线的划分上，加上当时相关人员能力与确权技术水平有限，对登孟林场权属界线只是笼统地交由两村进行统一管理，也没有形成明确的书面协定。林场权属划分工作上的缺失也带来两村间接踵而至的冲突不断。在第一次的冲突调解中，政府的目标是以尽快解决拖欠的工程款，第二次虽然彻底地划清了双方的界线，但是在处理方式上并没有合理考虑之前登岑村对林场的管理和村民的投入，只是在权属上进行简单的"一刀切"，同时限制林木的砍伐，试图将引发冲突所有因素进行消除，以实现林场冲突问题的一次性解决。对于两次的冲突处理，政府的着眼点始终处于尽快解决矛盾纠纷，恢复正常的生产生活秩序，其目标本身并不存在不合理之处。但是，在实现目标过程中并不是以解决林场权属这个根本问题为切入点，使冲突的化解只是暂时性的，一旦有其他引发冲突的条件出现，新的冲突也就随之发生。

在征地冲突与林场冲突中，当地政府的角色进行了不同转换，作为冲突主体之一，由于解决冲突的方法不得当往往会凭借自身的相对较高的地位与权力，以满足自身利益的最大化对农户进行压制。作为冲突的调解人，在对冲突的处理中并未解决冲突的根本问题，也是通过行政强制力量来试图消除冲突的影响。由此可见，地方政府从冲突的主体之一到冲突主体外的调解人，政府的价值取向与行为都对土地冲突产生起到了关键的影响。

（二）村委

作为当地的村委，在当地发生的所有类型的土地冲突中往往夹在农户与其他主体之间，受到多方面的压力。在冲突案例中可看到，村委的角色更加多变复杂。在征地冲突与宅基地冲突中，村委的角色就是政府开展土地征收工作的协助者，在利益取向上与政府保持一致。在登孟林场冲突中，村委就成为两村农户之间的利益代表。在农户之间的土地冲突中，村委又要随时对冲突双方进行调解。从代表农户争取林场利益，到协调农户间林地权属纷争，再到执行政府的征地决策，侵犯农户土地权益，村委的角色显得十分矛盾。随着冲突主体的转换，在土地冲突中似乎始终是在代表着其他主体间的利益，但是在实际案例中，村委的目标就是促进当地经济的发展，维护社区的安定团结，保障农户的利益。所以与其说是村委在冲突中与其他主体保持利益的一致，不如说是各主体间利益取向与村委目标正好契合。

在登孟林场冲突中，村委的目标就是维护本集体的林场权益，这与农户对林地的诉求形成了一致，所以村委的角色就成了两村农户之间的利益代表。在农户之间的土地冲突中，农户之间的纷争对社区正常稳定的社会环境产生了影响，所以村委就成为第三方的调解人。到征地冲突与宅基地冲突中，村委为了促进当地旅游产业的开发，以带动经济的发展，所以同政府一道开始了对相关农户土地权益的侵犯。

所以，由于村委的利益目标本身存在多元性，在实现这些目标时就容易产生不同程度的矛盾。例如在发展当地经济与保障农户利益两个目标上，村委依据实际情况以及冲突主体各方的压力来选择实现的目标，这也就解释了为何村委在土地冲突中做出完全相反的行为。

村委作为基层组织，其利益取向是多方面的，在不同类型的土地冲突中转换着自己的角色定位，同时在土地冲突中根据实际情况做出符合其利益目标的行动安排，这对土地冲突的发展以及带来的问题都产生了显著的影响。

（三）农户

在当地的土地冲突案例中，农户作为利益主体之一，其利益诉求最为简单，只是通过土地的生产来保障家庭正常的生计。在对当地实际情况的描述中可以看到，由于耕地资源在数量和质量上都处于较低水平，加上经济发展的相对落后，对于农户来讲，土地就是他们最为宝贵的资产，是日常生活的基础，土地权益的侵犯或者丧失也就意味着破坏了农户赖以生存的根本。对农户土地利益的侵犯必然会引发农户对其他主体的不满和对抗。

在征地冲突中，农户的权益相比于其他类型的土地冲突造成的影响显然更为严重和直接，使农户完全丧失了对承包地应有的权利。虽然农户明确表示了对土地征收的强烈反对和重新收回承包地的意愿，但是在冲突中相比于其他主体，农户显然处于弱势，而且由于征地涉及的农户相对较少，同时缺乏相应维权知识，对其他主体难以形成群体性的压力。虽然对政府和村委产生非常不满的情绪，但也只能是在征地之后采取一种回避的方式来避免直接的对抗，通过外出打工或者去较远的农田进行耕作等其他方式来弥补土地征收带来的影响。在宅基地冲突中，虽然没有受到征地冲突中土地权属完全丧失的情况，但各主体间也同样对农户施加压力，使相关农户重新修建砖结构的房屋受到了较大的限制，侵犯了农户在自家宅基地上的权利，导致农户无法实现更加安全的居住环境。在林地冲突中，除了两村之间对林场的冲突从产生原因到影响范围较为复杂、广泛之外，林地冲突的主体和性质主要就是农户与农户之间的相对简单的林木权属之争。在冲突规模和影响程度上都相对较小，基本都是由于农户对权属较为模糊，而无侵犯到相邻农户的权益。在解决方式上，可以通过双方平等方式，或私下沟通，或通过当地社区最为传统的管理方式进行协调，农户间的基本利益都得到了很好的维护，而且农户间林地冲突也起到了积极的作用，反过来促进了权属的明晰。

农户作为农村土地冲突最直接主体，除了农户间的土地冲突对双方的利益产生的影响较小外，在其他类型的土地冲突中，农户的地位明显较低，容易受到不公平的对待，土地的根本利益难以得到行使。在缺乏完善的权利保障机制下，农户的利益诉求容易被其他权利主体所忽视和掩盖。

（四）其他主体

在土地冲突的案例中，除了政府、村委和农户之外，其他主体的利益目标与行为也影响着当地土地冲突的产生和发展。在案例中，最主要的其他主体就是当地政府为打造当地旅游产业的发展，通过引入社会资本而建设的生态博物馆的实际经营管理方。作为博物馆的经营管理者，其利益目标就是在当地政策的支持下，通过博物馆的建设，组织相应的研究活动来推动地区旅游业的发展，获取投资回报。在这一过程中，由于建设和整体旅游区规划的需要，就产生了对农户土地征收和限制农户建设砖房的冲突。在冲突的过程中，管理方并没有采取与农户直接进行协商方式，而是借助当地政府或村委对农户施加压力。由于与相关权利方在利益目标上的一致性，博物馆管理方就可以凭借其强制力来顺利实现其规划与发展目标。所以说，也正是由于管理方在当地建设博物馆，才最终导致了征地冲突和宅基地冲突。

三　农户与各主体间处理土地冲突的策略选择

在各类土地冲突中，在与不同主体进行土地权益争夺时，根据双方关系以及实力地位的差异，农户会选择不同策略方式来尽可能地维护自身的权益，实现自己的利益目标。

（一）与地方政府及村委在土地冲突的策略选择

地方政府及村委在权利地位上是农户所无法匹配的，在土地冲突中农户也只能被迫接受这一现实，而且在村寨中日常事务中也要不同程度地依靠村委工作安排，在双方的基本关系上是无法摆脱的。在征地冲突中，如果直接采取公开的对抗，与之针锋相对或者实施暴力，首先农户无法承担这一策略的成本，其次土地被征收这个既定事实下，这样做的结果也只能让自己处境更为被动，不利于之后在村寨中的发展。所以在对相关农户的访谈中，在征地之处，农户基本上采取让步和暂时的回避来避免与政府和村委的直接对抗，将征地的影响降到最低。从表面上看，这似乎是农户主动放弃了对承包地相应的权利，接受了失地这一事实，但对于农户来讲，这一选择在当时避免了更大程度的损失，保证了农户未来的发展。在宅基地冲突中，农户的这种策略选择更为突出。由于受到建房的限制，农户将正在实施的工程进行了停工，同样暂时放弃了房屋的修建。但相关的限制与监管是无法保证长时间约束力，有些位置相对隐蔽的农户，就趁着短暂的监管放松，继续进行房屋的修建。在位置较为明显的农户，还采取了一种折中的办法，将地基和一楼的部分用水泥和砖块进行搭建，在二楼和屋顶则采用木结构进行搭建，在外观上基本保持了与传统木结构房屋统一，同时也避免了传统房屋在防水以及防火上的缺陷。如果农户起初直接忽视政府的压力，冲突的升级难以避免，农户最终的损失也将超过暂时停工所带来的成本。

在与政府和村委的冲突中，由于存在权利地位的差异以及对其的某种"依赖"，农户需要避免与之正面激烈的对抗，通过采取让步或暂时的回避可以让农户尽可能减少更多的损失，缩短了影响的时间范围，保证了未来的发展。所以农户在冲突策略的选择符合冲突当时自身的实际情况。

（二）与其他农户间在土地冲突中的策略选择

在社区内部，农户与农户之间在权利与地位方面均处于均衡状态，在土地冲突中，不存在某一方强制争夺的情况，使农户间的冲突在性质上较为温和。除了冲突本身因素，当地侗族社区的制度、文化与管理方面的因素也对冲突化解起到至关重要的作用。

当地社区结构是以一种横向联系的方式而构成的，血缘关系较近，人员之间的纽带十分紧密，在信仰和价值观上都较为统一，容易对群体产生认同感，使社区关系相对稳定。与此同时，当地社区在社区管理上有着完善的社会约束机制和组织，例如传统的寨老会在当地权威作用和制定的村规民约对约束社区成员的行为，调解村民纠纷等方面都十分有效，而且这种规范性的共识既明确又得到了很好的实施。所以当农户之间发生土地冲突时，农户间的策略选择是以一种正和思维方式进行的，容易找到对方利益不是以双方对立方式进行协商。从调查数据可以发现，农户之间的冲突多以双方私下解决或者通过第三方协调的方式进行，得到了及时的解决和处理。所以，在农户间的土地冲突中，由于社区规范影响，调解方式的权威，再加上引发双方间冲突的标的价值有限，农户间的解决处理方式不仅实现自身的利益诉求，而且也符合社区整体的关系利益。

（三）与其他主体冲突的策略选择

博物馆的实际经营管理方，作为实际占用农户耕地的主体，在与农户的冲突中得到了更多的政府与村委等方面的外部支持，使其在地位与话语权上都高于普通的农户，农户难以与之在进行平等的协商来维护自身土地权益。由于有着相关权利的支撑，农户在起初也只能选择回避让步来防止冲突的升级。

但是，博物馆的实际经营管理方毕竟不可能与政府和村委一样对村民有相应的管理权力，在日常的经营活动中也不可能完全脱离当地的群众，比如有研究团体或者普通游客到当地进行文化研究和旅游参观，博物馆方面通常都会准备一些具有当地特色的欢迎招待仪式。这些活动一般都需要当地村民的帮助才能顺利完成，例如需要村民表演一些民俗节目、介绍当地民族文化或者烹饪特色美食，如果没有当地村民的支持，博物馆方面自身是无法独立完成的。在博物馆经营的前期，对村里的相关基础设施进行了整修，而且在当地比较重大的节日活动中也会给予相应的资助，所以当博物馆需要农户帮助时，农户也都会积极配合。但是，博物馆对农户修建房屋进行限制，打破了本来相对和谐的关系。相比于被征地农户，被限制修建房屋的农户数量较多，在地扪村主干道和博物馆周围的农户几乎都受到了影响。由于博物馆并不对农户有直接管理的权力，所以当博物馆再举办活动时，农户就采取一种消极不配合的态度来与之对抗。加上之前被征地农户，由于大家利益目标具有一致性，反对的规模越来越大，农户的"集体行动"对博物馆产生了很大影响。而且随着周边发展旅游的村落越来越多，政府支持的减少以及竞争的激烈，对农户的建房博物馆的经营方也无法进行强制要求，只能顺其建造。在登岑村的被征收农户中，由于博物馆还未在原先的耕地上进行开工建设，有些农户就通过复耕方式来对博物馆经营方施加压力，减少自身的损失。

在与博物馆这类其他主体的冲突中，由于农户在日常的社区活动中无须对其依赖，而且在某种程度上是博物馆的发展依赖于农户的支持，一旦外部的支持减少或者消失，双方的地位并无明显差距，农户在冲突中就能够更为直接地反对不合理限制，维护自己的权益。

第六节　农村土地冲突管理的对策建议

一　加强对农户土地权属的明晰

明晰的土地权属，是农村土地资源进行合理配置以及农村社会稳定的基础，也是提升农业生产效率，实现规模经营的前提。当地耕地在划分时较为明确，地界和权属均相对准确，所以很少发生农户间耕地上的冲突。在调研点的林地冲突中，从问卷统计以及相应的访谈中可以看到都是由于双方的地界不清、范围重叠或利益分配等权属问题所造成的，在集体林场的冲突中更为显著。而且农户间进行的土地流转，多以口头约定的形式来进行，这归因于当地社区的农户间特殊的紧密关系，但也说明了农户权属意识的薄弱，容易引发农户间因土地利益分配而导致的冲突。在征地的冲突中，由于农户权属意识的薄弱，同时受制于当时对承包地权属相关制度和法律的缺失，导致农户土地在非自愿的情况下被征收。

加强对农户土地权属的明晰，首先，可以让农户在生产经营时拥有排他性的权利，有效防止其他方对农户土地权益的侵犯，保障自身权利。其次，明晰的权属关系也是对农户权利规范的约束，避免与土地相邻的农户产生类似于案例中越界误砍等冲突事件的发生。最后，在与其他农户进行土地利益分配和土地流转时，各方通过相对正式的方式明确各自的权利义务范围，减少农户因非正式协定造成的权属模糊而带来的冲突。

二　充分发挥当地社区传统管理方式

当地社区的传统社会管理方式，是在长期的生产实践中所总结出来的一种非正式制度，由于立足于当地的社会结构，且相关制度的制定与实施符合当地特殊的经济社会环境，使群众基础广泛，受到当地农户的认可，逐渐成为自觉的行为和认知，对于农户间土地冲突的解决具有较强的优势。第一，在冲突解决的过程中，有利于农户间的沟通，双方的利益主张能够充分合理地表达，避免了意见的压制而导致冲突的升级。第二，冲突的解决无须经过冗繁的程序，效率较高，大大降低了冲突的解决成本，符合当地农户的实际经济条件，使农户无须投入过多的时间和精力以免影响日常生计。第三，在冲突的协调中，以双方农户的利益整合为目标，以更为缓和的方式解决问题，既缓解了冲突中双方的关系，也有利于社区关系的稳定。

基于当地较为完善的社会管理方式，解释了当地土地冲突规模较小的原因，从统计数据中反映出了农户更为愿意通过当地特有的调解方式或规范来解决冲突，而且解决效果显著。虽然在现代制度体系下地方性制度存在的土壤逐渐在消失，但地方观念和习俗的约束仍旧对人们的行为具有微薄但可以感知的影响力，所以在那些具有成熟稳定的社会管理方式的地区，尤其是在少数民族地区，更应当结合当地特殊的制度来解决土地冲突。

三　正确认识土地冲突的积极作用

马克思认为，"冲突是社会生活不可避免的内容"，"冲突促使了社会变迁，同时也推动着社会的进步"，这一方面说明冲突作为一种正常的社会现象是无法避免的，另一方面也体现出冲突除了带来一定负面影响，同样也有着积极的作用。农村土地冲突是随着农村社会发展，各方在对土地权益争夺中所产生的正常现象，在积极化解冲突负面影响的同时，同样也能促进农村土地在制度上的完善与各方利益的协调。首先，土地冲突的发生促进了农户间土地权属的明晰。农户间的林地冲突发生，让农户认识到了权属清晰的重要性，使得在集体林权制度的改革中，农户能够重视对林木权属分配以及林地划分的准确性，避免了再次发生冲突的可能性。其次，土地冲突的发生促进了土地管理方式的优化。例如，在田边地角的林地冲突中，也是归因于农户间对土地利用方式的争执，在村委与农户的集体讨论中才提出了"上四下三"这种更加适合当地地形环境的林地划分方式，既保障了耕地作物的种植，也明确了林木资源的归属。最后，在宅基地冲突中，让部分农户考虑到了景观一致的重要性，通过砖木结合的办法，在加固了房屋稳定安全性的同时也尽量满足了监管一致性的要求。

所以在土地冲突发生的同时，既要积极应对其带来的负面影响，更要认识到土地冲突的积极作用，发现问题的存在，使农地得到合理划分和充分的利用。

四 在发展经济的同时要保障农户土地权益

当地政府依托本地丰富的少数民族文化以及优越的自然条件，通过发展旅游业来带动当地经济的发展，其政策目标本身符合地区实际情况，是当地群众摆脱贫困的有效途径，所以在旅游开发的初期受到当地农户普遍的支持。但是在博物馆建设与开发中，政府和村委忽视了当地耕地稀缺以及洪水频发的实际情况，由于工作以及能力有限通过强制等手段征收了农户土地，并且限制农户修建砖结构住房，对农户基本的土地权益造成了严重的损害，使农户不仅对政府与村委的不合理行为产生了不满，而且也开始质疑相关政策的合理性，反过来也逐渐失去了农户对博物馆发展的支持，制约了当地旅游业的发展。

土地作为农户日常生产的基本要素，对土地相关权益的保障也是农户个人以及家庭发展的必要条件之一。对农户土地权益的侵犯，不仅引发了农户对政府和村委的不满，而且也失去了对政策的信任，造成双方对立，导致土地冲突更难解决，所以在发展经济的同时不能以侵犯农户土地权益为代价。另外，要注意做好宣传和协商工作。

结　语

　　本书主要以贵州省黎平县登岑侗寨和地扪侗寨为例，深入理解和忠实记录了该两个侗寨的土地资源管理，包括土地资源管理的传统知识、土地资源管理的冲突、国家政策与当地社区土地资源管理的互动，以及社会性别视角下土地资源管理的传统知识。通过对侗族村寨土地资源管理面的研究和分析，了解他们生存的智慧及在社会变迁过程中如何更好地进行土地资源管理。本书的研究结果主要包括：当地具有丰富的土地可持续管理的传统知识，男女两性在这个过程中发挥的作用存在差别。传统管理制度中的村规民约发挥着重要的作用，特别是寨老等在解决冲突的过程中发挥的作用，在国家政策实施的过程中传统的管理知识仍然在发挥着它不可轻视的作用，另外，在社会变迁过程中由于资本下乡等带来的冲突往往使群众作为弱势群体一方的维权方面仍然存在困难。传统知识的传承仍然需要引起特别的关注，这些传统知识是我国传统文化重要的组成部分，它在"留得住青山，记得住乡愁"的美丽乡村建设及乡村振兴中发挥着巨大的作用，如果它的传承中负面影响因素太多，同时得不到重视，则我们的传统乡村文化的消失速度将加快。本书主要的结论如下：

一　可持续土地利用的传统知识

　　通过对登岑侗寨的实地调研可以发现，登岑侗家人土地资源的日常管理，如稻—鱼—鸭复合生态农耕系统、农家肥的使用等都是十分集约、精细和生态的，他们对土地的管理遵循客观自然规律，维护了生态的多样性，在很大程度上防止了土壤的退化。村规民约对土地资源的管理、优化利用土地资源、约束村民破坏土地资源的行为、防止丢荒等方面也有重要作用。而他们的传统文化，如侗族大歌、侗戏、传统节日、崇拜信仰等主要从思想层面提高了大家保护土地资源的意识，宣传土地资源的重要性，提醒人们要可持续地利用土地资源。意识对实践具有指导作用，因此，这些蕴含着人地和谐观的传统文化，在很大程度上引导了人们可持续管理、利用土地资源的行为，有效防止了土地资源浪费。笔者认为，传统知识无论是对土地资源的可持续管理还是利用都具有积极的指导意义。它既考虑了可持续发展中的经济发展，又考虑了生态和社会方面。

二　土地资源冲突管理

侗族村寨在土地资源长期利用的过程中，人与人之间、人与土地之间形成了紧密的依存关系，土地资源保护方面的村规民约由此形成，它的作用是可以解决很多外来者无法解决的问题，特别是一些看似小的冲突，如果解决不好则会带来较大的冲突。因此，在解决土地资源管理冲突中，应该注意的是要考虑历史，组内纠纷不出组，村内纠纷不出村，乡镇内纠纷不出镇，尽量把矛盾化解在基层，下一级处理不了就报往上一级处理。

黔东南的侗族村寨中的寨老是在长期的社会生活中产生的自然领袖，是侗族村寨中德高望重的长者，他们人数不定，并不脱离生产劳动，同时也不享有某种特权。如今，对于调解国家法在少数民族地区实施过程中所产生的矛盾与纠纷，寨老仍然起着较重要的作用。寨老的存在并不完全削弱村干部的作用，在一定程度上能很好地配合村干部的工作，利用寨老的权威来调解解决纷繁复杂的纠纷，在实际的实施中起到了经济、便捷的作用。在实际的执行过程中利用民间的权威来保证调解协议的有效实施，更能达到国家司法判决所达不到的某种特殊效果。

在社会变迁过程中，资本下乡带来农村土地冲突增多，让弱势群体的农户在这个变化的过程中利益得到保护，需要考虑他们参与农村土地利用规划、项目规划和发展过程，不是简单的土地流转就行了。让他们参与规划、参与项目管理，当然不只是农村中的精英人士参与其中的规划和管理，而是考虑多数群众如何参与进来，他们的参与一定是有利于农村土地冲突的解决的。

在目前国家正在进行的土地确权中，传统知识发挥的作用不容忽视，这样才能避免在土地确权时带来的土地纠纷和冲突，保持土地权属的稳定，有利于土地资源的可持续发展。

随着经济的快速发展，村规民约的约束力在下降。年纪大的人（包括妇女）比较清楚本村的村规民约，年轻的人知道有，但具体内容却不是很清楚。村规民约的执行力度在下降，村里面的宣传工作也做得不到位，特别是年青的一代人对村规民约的认识不够深刻。尽管如此，我们也不能忽视传统的村规民约在现代农村土地利用和发展中所起的作用。虽然现在村规民约对土地资源的保护没有以前具有约束力，但仍存在许多条款对土地资源进行保护，能够补充法律规定的不足。而且村规民约是当地村民通过民主的方式拟定的规章制度，更能体现村民们的意愿，更有利于农村村寨在土地资源管理等村庄各个方面的管理。

三　国家与社区土地资源管理的互动

林地资源管理作为森林资源可持续发展的核心，一直以来都是学者们研究的重点，随着新集体林权制度改革工作基本的结束，林业配套改革的推进成为目前我国林地资源管理的重点任务，而在这些政策实行的时候，社区内部群众的参与是不可忽略的重要部分。本书通过对侗族村庄内的自然、人文资源、宗教信仰、村规民约的梳理，阐述在社会变迁以及"林业三定"时期、新集体林权制度改革的过程中，这些因素对于林地资源管理所产生的积极影响。在集体林地的管理中，基于国家政策的背景下，传统知识发挥了极大的作用；而在分到户的林地管理中，传统知识的运用对于国家的政策起到了积极作用；在其他林地的管理中，虽然传统知识的运用与国家政策并不完全一样，但是却得到了社区群众的认可。如果需要林地资源形成好的管理模式，使林业配套改革政策实行，并达到最终森林资源的可持续利用，不仅需要国家政策方面的完善，更加需要社区内的真正利益相关群体参与到政策制定中来，利用好他们的传统管理知识，并对相关的政策实施工作做到细心、耐心。

四 土地资源管理中社会性别现象

男性与女性在土地资源管理中拥有不同的利用和管理知识，他们在管理中发挥着不同的作用，他们既有分工，也有合作。侗族地区妇女在土地资源管理中更关注家庭生计，而男性相对来说更关注与外界的联系。因为他们具有不同的知识和管理技术，因此，男性、女性的知识都应当得到考虑和关注。特别是在人与自然的和谐和传统文化的保护发展中，妇女拥有独特的知识和技能，在农村资源管理、美丽乡村建设以及传统优秀文化的建议中，应当发挥她们的作用，加大她们参与土地资源管理的力度。另外，改革开放以来农村劳动力外出打工，越来越多的妇女承担了以前男性从事的土地资源管理活动，同时，随着与外界的接触增多，观念的改变，男性也在从事女性以前承担的部分工作，男女两性对土地资源管理的知识也在不断地发展，这些都是我们在土地资源管理中应该关注的现象。

五 传统知识的传承

培养可持续管理土地资源的后备力量。随着国家的日益富强，教育政策不断向西部偏远地区和少数民族地区倾斜，帮助这些地方增强师资力量，提高教育水平，这些地区近年也培养出了许多大学生。通过笔者 2012 年至 2016 年在登岑侗寨的调研，发现当地年轻人对他们的传统知识和土地资源管理传统技术也是充满了认同感和自豪感的。对此，社区的年轻人也有自己的想法，除了对祖辈们的知识进行学习，他们还会以自己独特的视角去发现更多的问题，并自主学习研究、大胆进行实践。例如，当地大学毕业生（村民 7）就发现水源附近的稻田没有距离水源有段距离的稻田产量高，他认为可能是由于水过凉而影响了作物的生长，于是，他打算在水源附近的田地进行稻田和某喜冷作物的混种，这样一方面提高了单位土地的产量，另一方面还提高了作物的多样性、增长了生物链、提高了作物和土地的抗风险能力。相信像这样有想法、大胆干的年轻人在很多社区都普遍存在，国家应该关注到他们，给予这些年轻人更多的帮助和学习的机会，这样才能不断丰富和完善土地资源可持续管理的传统知识。

对未来侗族丰富的土地资源管理的传统知识传承的研究，要着重关注传承方式与媒介，进一步丰富传统知识传承方式，拓展传承媒介形式，使更多人有机会、有能力传承传统知识。此外，在国家层面应当对传统知识进行调查和整理，建立健全相关传统知识保护制度与法规。传统知识作为民族的智慧结晶，是现代社会发展的源泉，而传承传统知识是人类进步、社会永续发展的根基。

当然，看待传统知识不能一味地追求"原生态"和"传统"，因为有的传统知识已经不适用现代社会发展，因此，我们应该用"扬弃"的观点看待传统知识。在传承传统知识的过程中需要注意知识的继承和创新，因为传统知识的传承不只是单纯的流传，还应该是一个挖掘—记录—传承—发展—创新—再挖掘的循环动态过程。社会在不断发展，我们又该如何"扬弃"传统知识呢？让传统知识接受实践的检验是检验传统知识是否符合当前发展需要的唯一标准，对于符合当前社会发展规律的，我们进行学习；对于那些不符合当前社会发展规律的，我们也不应武断抛弃，因为，也许当前我们认为是错误的传统知识，却能在今后的发展中起到指导作用。

因此，本书认为应该尽快建立土地资源可持续管理传统知识数据库。首先，随着城镇化的进程，农机农具以及资本下乡，有不少土地资源管理传统知识已经随着现代化的步伐逐渐消失；其次，由于许多土地资源管理传统知识缺乏文字记载，大多口头相传，会存在失真的问题。因此，建立土地资源可持续管理传统知识数据库有助于保存传统知识，也有助于后人查阅参考。此外，传统节日也是传承传统知识的有效渠道，例如前文提到的"三月三""四月八""六月六"等侗族传统节日，在庆祝节日的过程中，人们也加深了可持续管理土地资源的意识。

六　传统知识融入国家政策

传统知识虽然更适应当地实际情况、更容易被社区群众所接受，但单纯依赖社区传统知识来进行可持续的土地资源管理也较为不现实，这一活动仍需国家政策的引导，基层土地管理部门和科研学者的大力支持与协助。目前，国家在土地管理的过程中还存在一些问题，例如，许多决策和政策的制定往往采用自上而下的模式，相关人员决定以后再层层传达和落实到社区，这些决策和措施往往较少考虑到具体社区的传统知识、文化历史和社会风俗，使决策、措施与实际情况脱轨，社区群众参与度和积极性普遍不高，往往实施效果甚微。针对上述问题，国家在土地资源的管理过程中应该注意宏观与微观并重。宏观地把握土地资源的大体情况，制定普适性的法规、政策。而地理位置、气候环境的差异、社会风俗、经济技术的不同，都会引起土地资源的差异，这就需要国家微观的管理。针对微观管理应做到以下两点：一方面，基层工作单位应鼓励社区群众最大限度地参与到社区土地资源管理的活动中来，多倾听社区群众的想法和见解，这样可以了解社区群众的需求；另一方面，不应将社区群众视为管理的对象，而是将他们视为平等的伙伴关系，建立社区自主管理机制，提高社区群众的积极性和参与度，使社区群众实现由被动执行到自主管理的角色转变，土地管理基层部门平等地与社区群众互动、分享观点和管理理念。通过政府的外部力量和资源鼓励并帮助社区群众根据自身需求，运用传统知识进行技术和实践的创新，让社区群众可以在实践和创新中不断找到符合社区自然规律的土地资源管理模式，降低土地生态风险和脆弱性，强化社区群众可持续管理土地资源的能力。在这一过程中，基层土地管理部门则需做好互动、评估与监督工作，以便及时发现和解决问题。

参考文献

［1］ 白鸟方郎：《华南土著民族的种族——民族分类及其历史背景》，朝日新闻社 1979 年版。

［2］ 柏贵喜：《乡土知识及其现代利用与保护》，《中南民族大学学报》2006 年第 1 期。

［3］ 鲍晓兰、徐平：《女性主义与倾听女性的声音：意义和方法和思考》，四川人民出版社 2000 年版。

［4］ 毕宝德：《土地经济学》（第五版），中国人民大学出版社 2008 年版。

［5］ 白呈明：《农村土地纠纷的社会基础及其治理思路》，《中国土地科学》2007 年第 6 期。

［6］ 蔡磊：《村规民约在社区森林资源保护中的功能变迁》，贵州大学出版社 2006 年版。

［7］ 蔡磊：《少数民族地区以村规民约为基础的社区森林资源保护——以贵州省都匀市两个少数民族村的案例调查为例》，贵州大学出版社 2006 年版。

［8］ 蔡凌：《侗族聚居区的传统村落与建筑研究》，博士学位论文，华南理工大学，2005 年。

［9］ 陈百明、周小萍、胡业翠、王秀芬：《土地资源学》，北京师范大学出版社 2008 年版。

［10］ 陈浮、彭补拙、濮励杰、周寅康：《区域土地可持续管理评估及实践研究》，《土壤学报》2001 年第 4 期。

［11］ 陈家柳：《侗族传统文化特征初探》，《广西民族研究》1999 年第 9 期。

［12］陈家柳：《侗族传统家庭形态管见》，《广西民族研究》1991 年第 12 期。

［13］陈建林：《土地管理的可持续性发展战略研究》，《建筑科技与管理学术交流会论文集》2016 年 3 月。

［14］陈娟：《林农乡土知识的影响因素定量分析》，中国林业科学研究院 2009 年版。

［15］陈岭、蔡磊：《村规民约在森林资源保护中的功能变迁》，《绿色科技》2011 年第 8 期。

［16］陈明、武小龙、刘祖云：《权属意识、地方性知识与土地确权实践——贵州省丘陵山区农村土地承包经营权确权的实证研究》，《农业经济问题》2014 年第 2 期。

［17］陈幸良：《中国林业产权制度的特点、问题和改革对策》，《世界林业研究》2003 年第 6 期。

［18］程效东、李瑞华：《城市化进程中的可持续土地利用研究》，《江西农业大学学报》（社会科学版）2004 年第 1 期。

［19］程艳：《侗族传统建筑及其文化内涵解析——以贵州、广西为重点》，硕士学位论文，重庆大学，2004 年。

［20］程泽时：《清代锦屏木材"放洪"纠纷与地役权问题——从加池寨和文斗寨的几份林契谈起》，《原生态民族文化学刊》2010 年第 12 期。

［21］崔海洋：《论侗族制度文化对传统生计的维护》，《广西民族大学学报》（哲学社会科学版）2009 年第 5 期。

［22］崔海洋：《人与稻田——贵州黎平黄冈侗族传统生计研究》，云南人民出版社 2009 年版。

［23］崔海洋：《试论侗族文化对森林生态的维护作业——以贵州黎平县黄岗村个案为例》，《西北民族大学学报》（哲学社会科学版）2009 年第 2 期。

［24］陈利根、张梦琳、段浩：《集体建设用地使用权制度：考察、评价及重构》，《国土资源》2008 年第 7 期。

［25］陈明：《土地冲突：公共权力失范与农民的权力建构》，《中国

农村观察》2016 年第 3 期。

[26] 戴楚州：《湘鄂川黔地区卫所制度》，《湖北民族学院学报》（社会科学版）1994 年第 8 期。

[27] 丁成成、李向玉：《黔东南少数民族村寨村规民约研究》，《凯里学院学报》2009 年第 10 期。

[28] 丁发林：《林改后少数民族地区林农林权流转行为研究》，《中国林业经济》2012 年第 2 期。

[29] 《侗族简史》编写组：《侗族简史》，民族出版社 1985 年版。

[30] 戴玉忠：《土地纠纷的实质是土地利益之争》，《人民论坛》2010 年第 27 期。

[31] 邓大才：《乡级政府该撤了》，《中国国情国力》2001 年第 3 期。

[32] Elinor Ostrom：《公共事物的治理之道》，余逊达、陈旭东译，上海三联书店 2000 年版。

[33] 方创琳：《区域发展规划的人地系统动力学基础》，《地学前沿》2000 年第 12 期。

[34] 方创琳：《城市化与生态环境交互耦合机制与规律性分析》，《地理研究》2003 年第 8 期。

[35] 方创琳：《中国人地关系研究的新进展与展望》，《地理学报》2004 年第 12 期。

[36] 方芳：《土地资源管理》，上海财经大学出版社 2006 年版。

[37] 方刚：《社会性别与生态研究》，中央编译出版社 2009 年版。

[38] 方刚、王玲玲：《生态文明建设需重视社会性别影响因素》，《山西师大学报》（社会科学版）2010 年第 4 期。

[39] 方克立：《"天人合一"与中国古代的生态智慧》，《社会科学战线》2003 年第 4 期。

[40] 风笑天：《社会学研究方法》，中国人民大学出版社 2001 年版。

[41] 冯祖贻、潘年应：《侗族文化研究》，贵州人民出版社 1999 年版。

[42] 傅伯杰、陈利顶、马诚：《土地可持续利用评价的指标体系与

方法》,《自然资源学报》1997 年第 2 期。

[43] 房建恩:《农村土地"三权分置"政策目标实现的经济法路径》,《中国土地科学》2017 年第 1 期。

[44] 冈田宏二:《中国华南少数民族社会史研究》(中文版),赵令志、李德龙译,民族出版社 2002 年版。

[45] 高洁:《土地资源可持续管理的有效措施》,《现代经济信息》2012 年第 1 期。

[46] 顾宁:《对中国少数民族女性教育的历史性思考》,《中华女子学院学报》2003 年第 6 期。

[47] 贵州省榕江县县志编纂委员会编:《榕江县县志》,贵州人民出版社 1999 年版。

[48] 郭祥泉、林家杉、郑经池:《国内外森林产权变革与永安市集体林权改革的探讨》,《林业经济问题》2006 年第 10 期。

[49] 韩斌、邹晓明、付永能、陈爱国:《山地社区土地资源可持续管理评估》,《生态学报》2004 年第 12 期。

[50] 何萍:《西方女性主义理论研究及其借鉴意义》,《国外理论动态》2005 年第 10 期。

[51] 何撒娜:《中国侗族的村寨、人与空间概念》,"国立中央研究院"民族学研究所出版社 1989 年版。

[52] 贺东航、朱冬亮:《关于集体林权制度改革若干重大问题的思考》,《经济社会体制比》(双月刊)2009 年第 2 期。

[53] 侯艳鹏:《埃莉诺·奥斯特罗姆公共池塘资源自主治理理论研究》,吉林大学出版社 2013 年版。

[54] 胡卫东、吴大华:《黔东南台江县苗族林权习惯法研究——以阳芳寨为例》,《广西民族大学学报》(哲学社会科学版)2011 年第 1 期。

[55] 胡新艳、王利文:《越南农村土地制度革新:历程、特点及启示》,《南方经济》2008 年第 11 期。

[56] 黄厚琦:《江苏省林地管理存在的问题及改革方向的研究》,南京林业大学出版社 2008 年版。

［57］ 胡锐军：《西方政治冲突思想沿革及主要观点》，《行政论坛》2013 年第 5 期。

［58］ 黄鹏进：《农村土地产权认知的三重维度及其内在冲突——理解当前农村地权冲突的一个中层视角》，《中国农村观察》2014 年第 6 期。

［59］ 胡立法：《产权理论：马克思与科斯的比较中需要厘清的几个问题》，《毛泽东邓小平理论研究》2009 年第 2 期。

［60］ 贺雪峰：《农村土地的政治学》，《学习与探索》2010 年第 2 期。

［61］ 贺雪峰：《工商资本下乡的隐患分析》，《中国乡村发现》2014 年第 3 期。

［62］ 何·皮特：《谁是中国土地的拥有者——制度变迁、产权和社会冲突》，社会科学文献出版社 2014 年第 2 版。

［63］ 金永丽：《绿色革命后印度土地关系的新变化》，《鲁东大学学报》（哲学社会科学版）2007 年第 1 期。

［64］ 靳婷：《浅谈印度土地制度》，《中国人口·资源与环境》2011 年第 21 期。

［65］ 焦长权、周飞舟：《"资本下乡"与村庄的再造》，《中国社会科学》2016 年第 1 期。

［66］ 康小兰、曾解放、朱述斌：《集体林权制度改革中林权确权的监测报告——以江西省为例》，《江西农业大学学报》（社会科学版）2013 年第 3 期。

［67］ 康涛：《农村土地调整的冲突研究——基于"农村土地不得调整"的再解读》，《西南民族大学学报》（人文社会科学版）2012 年第 3 期。

［68］ Keith Syers、John Lingard、Christian Pieri、Exequiel Ezcurrai、Guy Faure、王明亮、宋明军：《半干旱、半湿润热带地区土地的可持续管理》，《AMBIO – 人类环境杂志》1996 年第 8 期。

［69］ 赖力、刘舜青、管毓和、王铁：《林地权属与社区森林资源的持续管理》，《贵州农业科学》2006 年第 6 期。

[70] 赖力:《文化传统在民族社区森林管理中的作用——基于黔东南苗族、侗族社区森林管理的调查研究》,《贵州民族研究》2012年第33期。

[71] 雷敏:《云南集体林地确权存在的历史问题与解决对策》,《楚雄师范学院学报》2011年第8期。

[72] 栗丹:《侗族传统社会款文化的再认识——兼论款约与款词之比较》,《贵州民族研究》2010年第5期。

[73] 李晨婕、温铁军:《宏观经济波动与我国集体林权制度改革——1980年代以来我国集体林区三次林权改革"分合"之路的制度变迁分析》,《科技与经济》2009年第6期。

[74] 李后强、艾南山:《人地协同论——兼论人地系统的若干非线性动力学问题》,《地球科学进展》1996年第8期。

[75] 李技文:《近十年来我国少数民族传统知识研究述评》,《贵州师范大学学报》(社会科学版)2010年第1期。

[76] 李莉、梁明武:《黔东南地区林地文化初探》,《北京林业大学学报》(社会科学版)2006年第3期。

[77] 李林清:《龙陵县非木质林产品的采集利用与管理对策研究》,《林业调查规划》2011年第6期。

[78] 李志英:《黔东南南侗地区侗族村寨聚落形态研究》硕士学位论文,昆明理工大学,2002年。

[79] 联合国开发署驻华代表处:《社会性别与发展·培训手册》2001年。

[80] 连纲、郭旭东、王静、傅伯杰、程烨:《土壤质量与可持续土地利用管理》,《生态学杂志》2005年第2期。

[81] 廖灵芝、支玲:《林地确权后林农林业收支变化及配套政策需求分析——基于云南省林改前2009年、2010年调研数据》,《林业经济问题》2013年第2期。

[82] 廖君湘:《南部侗族传统文化特点研究》,硕士学位论文,兰州大学,2006年。

[83] 林淑荣:《生态、节庆与礼物的交换:谈侗族的时间概念》,

"国立中央研究院"民族学研究所出版社 1987 年版。

[84] 琳达·麦道威尔:《性别、认同与地方:女性主义地理学概说》,徐苔玲、王志弘译,群学出版有限公司 2006 年版。

[85] 刘二明、朱有勇、肖放华、罗敏、叶华智:《水稻品种多样性混栽持续控制稻瘟病研究》,《中国农业科学》2003 年第 2 期。

[86] 刘海艳:《侗族习惯法对森林资源的保障作用——以黄冈侗族村落为例》,吉首大学出版社 2013 年版。

[87] 刘继生:《人地非线性相关作用的探讨》,《地理研究》1997 年第 7 期。

[88] 刘金龙:《发展人类学视角中的传统知识及其对发展实践的启示》,《中国农业大学学报》(社会科学版) 2007 年第 2 期。

[89] 刘金龙、张译文、梁茗、韦昕辰:《基于集体林权制度改革的林业政策协调与合作研究》,《中国人口·资源与环境》2014 年第 3 期。

[90] 刘晶岚:《中国农村女性在社区林地管理中的参与研究》,博士学位论文,北京林业大学,2007 年。

[91] 黔东南苗族侗族自治州地方编纂委员会编:《黔东南苗族侗族自治州志林业志》,中国林业出版社 1990 年版。

[92] 刘珊、闵庆文、徐远涛、张灿强、程传周、石有权、吴老成:《传统知识在民族地区森林资源保护中的作用——以贵州省从江县小黄村为例》,《资源科学》2011 年第 6 期。

[93] 刘珊、闵庆文:《传统知识在民族地区森林资源保护中的作用》,《资源科学》2011 年第 6 期。

[94] 刘卫东、彭俊:《土地资源管理学》,复旦大学出版社 2005 年版。

[95] 刘翔、马林、吕东元等:《33 种药用及食用香料植物的抑菌活性研究》,《安徽农业科学》2009 年第 8 期。

[96] 刘同君:《转型农村社会的纠纷解决:类型分析与偏好选择》,《学海》2011 年第 5 期。

[97] 刘祖云、陈明:《从"土地冲突"到"土地风险"——中国农

村土地问题研究的理论进路》，《中国土地科学》2012 年第
8 期。

［98］ 刘守英：《中国土地制度改革：上半程及下半程》，《国际经济
评论》2017 年第 5 期。

［99］ 龙初凡、孔蓓：《侗族糯禾种植的传统知识研究——以贵州省从
江县高仟侗寨糯禾种植为例》，《原生态民族文化学刊》2012 年
第 4 期。

［100］ 龙应初：《和谐：侗族大歌昭示的文化精髓和内涵》，《黔东南
社会科学》2007 年 3 月。

［101］ 卢之遥：《贵州省黔东南传统知识保护案例研究》，中央民族
大学出版社 2011 年版。

［102］ 鲁礼新：《贵州沙坡农户行为与环境变迁》，黄河水利出版社
2006 年版。

［103］ 路晓霞：《加强土地资源可持续管理的思考》，《资源节约与环
保》2014 年第 11 期。

［104］ 罗康隆、王秀：《论侗族民间生态智慧对维护区域生态安全的
价值》，《广西民族研究》2008 年第 4 期。

［105］ 罗康隆：《论苗族传统生态知识在区域生态维护中的价值——
以贵州麻山为例》，《思想战线》2010 年第 2 期。

［106］ 罗康隆：《论地方性生态知识对区域生态资源维护与利用的价
值》，《中南民族大学学报》2010 年第 3 期。

［107］ 罗康隆、杨曾辉：《生计资源配置与生态环境保护——以贵州
黎平黄冈侗族社区为例》，《民族研究》2011 年第 5 期。

［108］ 罗康隆：《侗族传统人工营林业的社会组织运行分析》，《贵州
民族研究》2001 年第 2 期。

［109］ 罗康隆：《地方性知识与生存安全——以贵州麻山苗族治理石
漠化灾变为例》，《西南民族大学学报》（人文社会科学版）
2011 年第 7 期。

［110］ 罗康智：《侗族传统文化蕴含的生态智慧》，《西南民族大学学
报》（人文社会科学版）2012 年第 1 期。

[111] 罗康智、麻春霞：《论民族文化对人居环境的优化——以贵州省黄冈侗寨为例》，《原生态民族文化学刊》2012 年第 6 期。

[112] 骆耀峰、刘金龙、张大红：《基于异质性的集体林权改革林农获益差别化研究》，《西北农林科技大学学报》（社会科学版）2013 年第 5 期。

[113] 张磊、吕世勇：《基于模糊综合评价法的贵州土地可持续利用评价》，《贵州农业科学》2015 年第 5 期。

[114] 李红波、谭术魁、彭开丽：《诱发农村土地冲突的土地法规缺陷探析》，《经济体制改革》2007 年第 1 期。

[115] 李芝兰、吴理财：《"倒逼"还是"反倒逼"——农村税费改革前后中央与地方之间的互动》，《社会学研究》2005 年第 4 期。

[116] 李红娟：《论我国农村土地权利冲突及对策——以农村土地发展权为视角》，《西北农林科技大学学报》（社会科学版）2014 年第 2 期。

[117] 廖梦园、程样国：《西方社会冲突根源理论及其启示》，《南昌大学学报》（人文社会科学版）2014 年第 5 期。

[118] 罗康隆：《侗族传统社会习惯法对森林资源的保护》，《原生态民族文化学刊》2010 年第 1 期。

[119] 马克思：《马克思恩格斯选集》第一卷，人民出版社 1972 年版。

[120] 马克思：《资本论》第三卷，人民出版社 1972 年版。

[121] 马磊：《完善我国林权法律制度之思考》，湖南师范大学出版社 2013 年版。

[122] 马期茂：《民族地区城镇化进程中的土地利用研究——以恩施自治州为例》，中南民族出版社 2008 年版。

[123] 马强：《内蒙古的食用香料植物》，《内蒙古农业科技》1996 年第 3 期。

[124] 马广奇：《马克思的产权理论与西方现代产权理论的比较分析》，《云南财贸学院学报》2001 年第 2 期。

[125] 毛寿龙：《公共事物的治理之道》，《江苏行政学院学报》2010年第 1 期。

[126] 梅智胜、肖诗鹰、黄璐琦：《印度对传统医药知识保护的立法和实践及其对我国的启示》，《国际中医中药杂志》2007 年第 2 期。

[127] 梅东海：《社会转型期的中国农村土地冲突分析——现状、类型与趋势》，《东南学术》2008 年第 6 期。

[128] 蒙吉军：《土地评价与管理》，科学出版社 2005 年版。

[129] 孟宏斌、郑风田：《我国农村土地征用中的制度缺陷与主体利益冲突演化》，《陕西师范大学学报》（哲学社会科学版）2010年第 4 期。

[130] 那瑛：《离家与回家——中国妇女解放与现代民族国家的构架》，博士学位论文，吉林大学，2008 年。

[131] 倪绍祥、刘彦随：《区域土地资源优化配置及其可持续利用》，《农村生态环境》1999 年第 2 期。

[132] 鸟居龙藏：《鸟居龙藏全集》（第十卷），朝日新闻社 1976年版。

[133] 聂飞：《“社区林业”在黔东南林业产业发展中的定位思考》，《贵州农业科学》2006 年第 3 期。

[134] 甯美妮：《我国林权制度的历史考察及发展趋势探究》，硕士学位论文，重庆大学，2011 年。

[135] 欧阳丽君：《集体林权制度改革中的林权流转法律制度研究——以贵州省黔东南自治州为例》，硕士学位论文，西南财经大学，2009 年。

[136] 欧潮泉、姜大谦：《侗族文化辞典》，华夏文化艺术出版社2002 年版。

[137] 潘法祥：《新形势下林地资源管理现状与对策》，《安徽林业科技》2014 年第 3 期。

[138] 潘玉君：《人地关系地域系统协调共生应用理论初步研究》，《人文地理》1997 年第 9 期。

［139］裴朝锡、袁楚平、杨昌岩：《侗族的传统林地管理与乡村林业》，《湖南科技》1994 年第 1 期。

［140］彭建超：《土地利用的地域性认同研究：理论与方法》，南京农业大学出版社 2011 年版。

［141］蒲建云：《明晰产权与勘界发证》，中国林业出版社 2011 年版。

［142］普列汉诺夫：《论艺术》，生活·读书·新知三联书店 1973 年版。

［143］秦涛：《中国林业金融支持体系研究》，经济管理出版社 2009 年版。

［144］曲福田、谭仲春：《土地可持续利用决策模式及基本原则初探》，《经济地理》2002 年第 2 期。

［145］权小勇：《侗族生态文化探析》，硕士学位论文，广西师范大学，2001 年。

［146］石庭明：《生态人类学视野下的侗族稻作文化研究——以贵州省榕江县宰章村为例》，中央民族大学出版社 2013 年版。

［147］苏祖云、费世民、李裕：《新时期林地资源管理问题的重新认识及其可持续利用对策》，《林业资源管理》2007 年第 3 期。

［148］孙月蓉、李永清：《转型期农村土地冲突爆发原因探究》，《经济问题》2012 年第 7 期。

［149］孙磊、周杰文、刘耀彬：《城市化加速推进中的农村土地冲突类型划分——以江西省为例》，《中国国土资源经济》2009 年第 7 期。

［150］唐浩：《村规民约视角下的农地制度：文本解读》，《中国农业大学学报》（社会科学版）2011 年第 4 期。

［151］唐潇：《于生态足迹理论的长沙县土地资源可持续利用研究》，湖南师范大学出版社 2013 年版。

［152］唐永甜、袁翔珠：《论西南石灰岩地区少数民族保护土地资源习惯法》，《生态经济》（学术版）2010 年第 2 期。

［153］滕飞：《传统知识的知识产权保护战略思考》，《国际技术经济

研究》2005 年第 2 期。

[154] 滕卫双：《国外农村土地确权改革经验比较研究》，《世界农业》2014 年第 5 期。

[155] 谭术魁：《中国土地冲突的概念、特征与触发因素研究》，《中国土地科学》2008 年第 4 期。

[156] 谭明智：《严控与激励并存：土地增减挂钩的政策脉络及地方实施》，《中国社会科学》2014 年第 7 期。

[157] 涂姗：《转型时期的农村土地冲突研究》，博士学位论文，华中科技大学，2009 年。

[158] 王爱民、缪磊磊：《地理学人地关系研究的理论评述》，《地球科学进展》2000 年第 1 期。

[159] 王博：《彝族民事习惯法探析——以楚雄彝族自治州大姚县彝区为例》，昆明理工大学出版社 2013 年版。

[160] 王崇松、石千成、杨秀灼：《黎平县（1985—2005）》，贵州人民出版社 2009 年版。

[161] 王洪波：《中国林地现代管理模式关键问题研究与实践探索》，北京林业大学出版社 2011 年版。

[162] 王黎明：《面向 PRED 问题的人地关系系统构型理论与研究方法》，《地理研究》1997 年第 6 期。

[163] 王立彦：《村规民约在林业社区中的运用》，《林业与社会》2003 年第 4 期。

[164] 王莉、陈浮：《区域土地可持续管理评价与对比差异研究》，《安徽农业科学》2011 年第 11 期。

[165] 王良健、陈浮、包浩生：《区域土地资源可持续管理评估研究——以广西梧州市为例》，《自然资源学报》1999 年第 3 期。

[166] 王文章：《非物质文化遗产概论》，文化艺术出版社 2006 年版。

[167] 王雨华、裴盛基、许建初：《中国药用植物资源可持续管理的实践与建议》，《资源科学》2002 年第 4 期。

[168] 王胜先：《侗族文化与习俗》，广西民族出版社 1989 年版。

[169] 王胜先：《侗族文化史》，黔东南苗族侗族自治州民委民族研究所出版社 1986 年版。

[170] 王小军、谢屹、王立群、温亚利：《集体林权制度改革中的农户森林经营行为与影响因素——以福建省邵武市和尤溪县为例》，《林业科学》2013 年第 6 期。

[171] 王长征、刘毅：《沿海地区人地关系演化及优化》，《中国人口·资源与环境》2003 年第 6 期。

[172] 王佐成：《市水土流失地理信息系统设计与开发》，《水土保持研究》2002 年第 12 期。

[173] 王铮：《可持续发展意义下的区域管理》，《管理世界》1995 年第 3 期。

[174] 吴传钧：《论地理学的研究核心——人地关系地域系统》，《经济地理》1991 年第 3 期。

[175] 吴攀升、贾文毓：《人地耦合论：一种新的人地关系理论》，《海南师范学院学报》（自然科学版）2002 年第 12 期。

[176] 吴次芳、鲍海君：《土地资源安全研究的理论与方法》，气象出版社 2004 年版。

[177] 吴次芳：《土地资源调查与评价》，中国农业出版社 2008 年版。

[178] 吴次芳、谭荣、靳相木：《中国土地产权制度的性质和改革路径分析》，《浙江大学学报》（人文社会科学版）2010 年第 6 期。

[179] 吴秋林：《中国土地信仰的文化人类学研究》，《宗教研究》2013 年第 3 期。

[180] 吴易风：《马克思的产权理论与国有企业产权改革》，《中国社会科学》1995 年第 1 期。

[181] 温佐吾：《村规民约与森林资源保护》，贵州科技出版社 2007 年版。

[182] 王丽：《陕西省富平县土地资源节约集约利用问题研究》，《国土资源情报》2015 年第 6 期。

［183］洗光位：《侗族通览》，广西民族出版社 1995 年版。

［184］夏湘远：《从混沌到觉醒：人地关系的历史考察》，《求索》
1999 年第 12 期。

［185］夏瑞满、吴剑、吴东平、叶学件、吴广林：《浙江庆元县林权
管理现状分析与思考》，《中南林业调查规划》2008 年第 1 期。

［186］谢晨、张坤、王佳男：《奥斯特罗姆的公共池塘治理理论及其
对我国林业改革的启示》，《林业经济》2017 年第 5 期。

［187］谢花林、刘曲、姚冠荣、谈明洪：《基于 PSR 模型的区域土地
利用可持续性水平测度——以鄱阳湖生态经济区为例》，《资
源科学》2015 年第 3 期。

［188］谢屹：《集体林权制度改革中的林地林木流转研究》，中国林
业出版社 2009 年版。

［189］许彦曦、彭补拙、李春华：《土地用途管制与区域土地资源可
持续利用研究》，《土壤》1998 年第 3 期。

［190］薛达元、郭泺：《论传统知识的概念与保护》，《生物多样性》
2009 年第 2 期。

［191］谢岳、曹开雄：《集体行动理论化系谱：从社会运动理论到抗
争政治理论》，《上海交通大学学报》（哲学社会科学版）2009
年第 3 期。

［192］鄢然、雷国平、孙丽娜、徐珊：《基于灰色关联法的哈尔滨市
土地可持续利用评价研究》，《水土保持研究》2012 年第 1 期。

［193］杨君：《土地整理与土地资源可持续利用》，《内蒙古农业科
技》2010 年第 6 期。

［194］杨学义、张有林：《黔东南州森林覆盖率指标的探讨》，《凯里
市：林业调查规划》2007 年第 1 期。

［195］杨振宁：《传统资源保护模式新探》，贵州师范大学出版社
2007 年版。

［196］杨春林：《民族传统中生态意识的培养》，《长春师范学院学
报》2012 年第 11 期。

［197］杨国才：《社会性别视野下少数民族妇女与生态环境保护》，

《云南民族大学学报》（哲学社会科学版）2007 年第 3 期。

[198] 杨晗：《集体林权制度改革中林权流转的相关法律问题研究》，《绿色科技》2014 年第 1 期。

[199] 杨晓：《小黄歌班中嘎老传承行为的考察与研究》，同等学力在职人员研究生学位论文，中国艺术研究院，2002 年。

[200] 杨庭硕：《侗族传统生计与水资源的储养和利用》，《鄱阳湖学刊》2009 年第 9 期。

[201] 叶宏：《地方性知识与民族地区的防灾减灾——人类学语境中的凉山彝族灾害文化和当代实践》，西南民族大学出版社 2012 年版。

[202] 殷雅娟、潘洋、秦莹：《云南人口较少民族土地保护探析》，《资源·环境》2016 年第 17 期。

[203] 尹仑：《云南省德钦县藏族传统知识与气候变化研究》，中央民族大学出版社 2013 年版。

[204] 尹仑：《传统知识的传承、创新和运用——对云南德钦红坡村的应用人类学研究》，《云南民族大学学报》（哲学社会科学版）2011 年第 1 期。

[205] 尤小菊：《民族文化村落的研究：以贵州省黎平县地扪村为例》，知识产权出版社 2013 年版。

[206] 袁涓文：《贵州传统森林管理知识的传承研究——以苗族、侗族和布依族为例》，《农业考古》2012 年第 4 期。

[207] 袁涓文：《贵州锦屏文书中关于林权流转的研究——以锦屏县加池村四合院山林契约为例》，《农业考古》2012 年第 6 期。

[208] 袁涓文、徐筑燕、刘金龙：《贵州集体林权制度改革探讨——以黔东南州为例》，《农村经济与科技》2014 年第 11 期。

[209] 袁磊、雷国平、张小虎：《基于循环经济理念的黑龙江土地可持续利用评价》，《水土保持研究》2010 年第 1 期。

[210] 袁德政、郑宝华、于小刚：《社会林学概述》，云南省社科院农经所出版社 1992 年版。

[211] 袁德政：《从大自然的严厉惩罚中及时醒悟过来——运用经济

手段加强森林管理》，《林业经济》1980 年第 10 期。

[212] 张敦宇：《土布朗族土著知识对地方稻种资源多样性影响研究》，云南农业大学出版社 2009 年版。

[213] 于伯华、吕昌河：《土地利用冲突分析：概念与方法》，《地理科学进展》2006 年第 3 期。

[214] 杨永芳、刘玉振、朱连奇：《土地利用冲突权衡的理论与方法》，《地域研究与开发》2012 年第 5 期。

[215] 于建嵘：《利益表达、法定秩序与社会习惯——对当代中国农民维权抗争行为取向的实证研究》，《中国农村观察》2007 年第 6 期。

[216] 张凤荣、孔祥斌、徐艳：《开展农地利用方式变化规律研究，探讨土地可持续利用模式》，《中国农业科技导报》2002 年第 3 期。

[217] 张广修、张景峰：《村规民约论》，武汉大学出版社 2002 年版。

[218] 张华敏、唐丹丽、高红杰：《印度传统知识保护现状及其启示》，《中国医药导报》2008 年第 32 期。

[219] 张萌：《城市边缘区土地可持续利用问题及解决对策探讨》，《现代商贸工业》2012 年第 2 期。

[220] 张春霞、郑晶：《林权改革 30 年回顾——集体林权改革研究之二》，《林业经济》2009 年第 1 期。

[221] 张占录、张正峰：《土地利用规划学》，中国人民大学出版社 2006 年版。

[222] 张正峰：《土地整治可持续性的标准与评估》，《农业工程学报》2012 年第 7 期。

[223] 张正峰：《土地资源管理学》，中国人民大学出版社 2008 年版。

[224] 张复明：《人地关系的危机和性质及协调思维》，《中国人口·资源与环境》1993 年第 4 期。

[225] 张姣姣、陈永富：《林权流转过程中民间习惯与国家法的碰撞

与融合》，《林业经济》2013 年第 12 期。

［226］张红霄、张敏新、刘金龙：《集体林权制度改革：林业股份合
作制向均山制的制度变迁——周源村案例分析》，《中国农村
经济》2007 年第 12 期。

［227］张世珊、杨昌嗣：《侗族文化概述》，贵州人民出版社 1992
年版。

［228］赵庆玲：《基于乡土知识的土地评价》，山西大学出版社 2012
年版。

［229］赵晓楠：《小黄寨侗族音乐调查报告——兼论小黄寨侗族音乐
的生态环境》，硕士学位论文，中国音乐学院，2000 年。

［230］郑宝华：《谁是社区森林的管理主体——社区森林资源权属与
自主管理研究》，民族出版社 2003 年版。

［231］《中国妇女发展纲要（2001—2010）》。

［232］《中国林业产业》编辑部：《集体林权制度改革大记事》，《中
国林业产业》2009 年第 7 期。

［233］周炳中、杨浩、包浩生、赵其国、周生路：《PSR 模型及在土
地可持续利用评价中的应用》，《自然资源学报》2004 年第
12 期。

［234］周显然：《设立省级林权管理服务机构若干问题探讨》，《林业
调查规划》2012 年第 2 期。

［235］周世中、杨和能：《侗族习惯法在解决林权纠纷中功能及路径
选择——以广西三江侗族自治县林权改革为例》，《民族论坛》
（学术版）2011 年第 8 期。

［236］周艺：《广西侗族传统文化与当代民族发展》，硕士学位论文，
广西师范大学，2001 年。

［237］朱冬亮、肖佳：《集体林权制度改革：制度实施与成效反
思——以福建为例》，《中国农业大学学报》（社会科学版）
2007 年第 9 期。

［238］朱冬亮、贺东航：《新集体林权制度改革与农民利益表达——
福建将乐县调查》，上海人民出版社 2010 年版。

[239] 朱军、吴秋林、吴冬生：《少数民族地区的村规民约与森林资源保护》，《林业与社会》2003 年第 5 期。

[240] 朱雪忠：《传统知识的法律保护初探》，《华中师范大学学报》（人文社会科学版）2004 年第 3 期。

[241] 周德、徐建春、王莉：《近 15 年来中国土地利用冲突研究进展与展望》，《中国土地科学》2015 年第 2 期。

[242] 朱冬亮：《建国以来农民地权观念的变迁》，《马克思主义与现实》2006 年第 6 期。

[243] 朱玲琳：《从阶级冲突到社会冲突——马克思与达伦多夫的冲突理论比较》，《兰州学刊》2013 年第 8 期。

[244] 周黎安、陈祎：《县级财政负担与地方公共服务：农村税费改革的影响》，《经济学》（季刊）2015 年第 2 期。

[245] 邵彦敏、武靖茗：《改革开放以来中国农村土地冲突嬗变的逻辑审视》，《学习与探索》2015 年第 5 期。

[246] 周飞舟、王绍琛：《农民上楼与资本下乡：城镇化的社会学研究》，《中国社会科学》2015 年第 1 期。

[247] 张良：《"资本下乡"背景下的乡村治理公共性建构》，《中国农村观察》2016 年第 3 期。

[248] 张卫：《当代西方社会冲突理论的形成及发展》，《世界经济与政治论坛》2007 年第 5 期。

[249] 赵鼎新：《集体行动、搭便车理论与形式社会学方法》，《社会学研究》2006 年第 1 期。

[250] Annika Nordlund, Kerstin Westin, "Forest Values and Forest Management Attitudes among Private Forest Owners in Sweden", *Forests*, No. 2, 2011.

[251] Anne M. Larson, Ganga Ram Dahal, "Forest Tenure Reform: New Resource Rights for Forest – based Communities, Guatemala", *Conservation & Society*, Vol. 10, No. 2, 2012.

[252] Anne M. Larson, Juan M. Pulhin, "Enhancing Forest Tenure Reforms Through More Responsive Regulations", *Conservation & Soci-*

ety, Vol. 10, No. 2, 2012.

[253] Anne M. Larson, D. Barry, Ganga Ram Dahal, "New Rights for Forest – Based Communities? Understanding Processes of Forest Tenure Reform", *International Forestry Review*, Vol. 12, No. 1, 2010.

[254] Amy E. Duchelle, Marina Cromberg, Maria Fernanda Gebara, Raissa Guerra, Tadeu Melo, Anne Larson and Peter Cronkleton, Jan Borner, Erin Sills, Sven Wunder, Simone Bauch, Peter May, Galla Selaya, William D. Sunderlin, "Linking Forest Tenure Reform, Environmental Compliance, and Incentives: Lessons from REDD + Initiatives in the Brazilian Amazon", *World Development*, No. 55, 2014.

[255] Augustine A. Ayantunde · Mir jam Briejer · Pierre Hiernaux · Henk M. J. Udo · Ramadjita Tabo, "Botanical Knowledge and its Differentiation by Age, Gender and Ethnicity in Southwestern Niger", *Spring*, No. 36, 2008.

[256] Amman H., Duraiappah A., "Land Tenure and Conflict Resolution: A Game Theoretic Approach in the Narok District in Kenya", *Environment & Development Economics*, Vol. 9, No. 3, 2001.

[257] Bell McEwan C., "The admission of women fellows to the royal geographical society, 1982 – 1914: The controversy and the outcome", *The Geographical Journal*, Vol. 162, No. 3, 1996.

[258] Binswanger H. P., "Land Conflict Management in Mozambique: a Case Study of Zambezia Province", *Land Reform*, No. 2, 2002.

[259] Bishnu R. Upreti. "Land Conflict in Nepal", *Community Work Family*, No. 11, 2004.

[260] Boone C., "Land Conflict and Distributive Politics in Kenya", *African Studies Review*, Vol. 55, No. 1, 2012.

[261] CBD. Convention on Biological Diversity (with annexes), 1993.

[262] D. G. Donovan and R. K. Puri, "Learning from Traditional Knowl-

edge of Non – timber Forest Products: Penan Benalui and The Aute-
cology of Aquilaria in Indonesian Borneo", *Ecology and Society*,
Vol. 9, No. 3, 2004.

[263] Diskin, "A Comparative Study of Land Tenure, Property Bounda-
ries, and Dispute Resolution: Examples from Bolivia and Norway",
Land Tenure Center, *University of Wisconsin*, Working Paper
No. 34, 1996.

[264] Deininger K. , Castagnini R. , "Incidence and Impact of Land Con-
flict in Uganda", *Journal of Economic Behavior and Organization*,
Vol. 60, No. 3, 2004.

[265] Desloges and Gauthier "Integrating Conflict Management Considera-
tions into National Policy Frameworks", *Land Reform*,
No. 1, 1997.

[266] Engdawork Assefal, Bork Hans – Rudolfl, "Farmers' perception
of land degradation and traditional knowledge in Southern Ethiopia—
Resilience and stability", *Land Degradation & Development Land
Degrad*, No. 27, 2016.

[267] Fitzpatrick D. , "Property Rights and Land Conflicts in Nicaragua:
A Synthesis" , *Berkeley: University of California at Berkeley*,
2006, pp. 28.

[268] G. Ludemann, D. C. Hewson, R. Green, "North Otago Sustainable
Land Management Group: Assisting the North Otago community to
move towards the goal of sustainable land use", *Proceedings of the
New Zealand Grassland Association*, No. 56, 1996.

[269] Gail Rossi, *The Dong People of China—A Hidden Civilization* , Sin-
gapore: Hagley · Hoyle Pte Ltd. , 1991.

[270] Gerardo Vergara – Asenjo, Catherine Potvin, "Forest Protection and
Tenure Status: The Key Role of Indigenous Peoples and Protected
Areas in Panama", *Global Environmental Change*, No. 28, 2014.

[271] Gauthier G. , "Land conflict: concepts and classification interna-

tional journal of conflict management", *Journal of Environmental Management*, *Vol.*, 75, *No. 1*, *2005*.

[272] Grimble, "The Case of the Tenganan Pagringsingan Village", *Southwestern Journal of International Law*, Vol. 20, 1995.

[273] Goodale, M. and Sky, P., "A Comparative Study of Land Tenure, Property Boundaries, and Dispute Resolution: Examples from Bolivia and Norway", *Land Tenure Center*, *University of Wisconsin*, Working Paper, No. 34, 2000.

[274] Henderson S. R., "Managing land – use conflict around urban centres: Australian poultry farmer attitudes towards relocation", *Applied Geography*, Vol. 25, No. 2, 2005.

[275] John A. P., Liu J., Sim H. C., "Sustainable Forest Management and Poverty Alleviation: Rolesof Traditional Forest – Related Knowledge", *IUFRO Series*, No. 21, 2008.

[276] L. Khadiagala, "The Failure of Popular Justice in Uganda: Local Councils and Women's Property Rights", *Development and Change*, Vol. 32, No. 1, 1998.

[277] Liu Jinlong, Zhang Renhua, Zhang Qiaoyun, "Traditional forest knowledge of the Yi people confronting policy reform and social changes in Yunnan province of China", *Forest Policy and Economics*, No. 22, 2012.

[278] Lombard M., "Land conflict in peri – urban areas: Exploring the effects of land reform on informal settlement in Mexico", *Urban Studies*, Vol. 53, No. 13, 2016.

[279] Iliana Monterroso, Deborah Barry, "Legitimacy of Forest Rights: The Underpinnings of the Forest Tenure Reform in The Protected Areas of Petén, Guatemala", *Conservation & Society*, Vol. 10, No. 2, 2012.

[280] Manuel Ruiz Pérez, Ousseynou Ndoye, Antoine Eyebe and Danielle Lema Ngono Source, *A Gender Analysis of Forest Product Markets in Cameroon (s): Africa Today* Indiana University Press, No. 11,

2014.

[281] Monk J. , "Place matters: Comparative international perspectives on feminist geography", The Professional Geographer, Vol. 46, No. 3, 1994.

[282] Michaels, Brians, Sustaining the Global Farm, West Lafayette, 2001, pp. 160 – 164.

[283] Pablo Pacheco, Deborah Barry, Peter Cronkleton, Anne Larson, "The Recognition of Forest Rights in Latin America: Progress and Shortcomings of Forest Tenure Reforms", Society and Natural Resources, No. 25, 2011.

[284] Ranjan Datta, "A relational theoretical framework and meanings of land, nature, and sustainability for research with Indigenous communities", Local Environment, No. 20, 2015.

[285] Richard Y. M. Kangalawe, Christine Noe, Felician S. K. Tungaraza, Godwin Naimani, Martin Mlele, "Understanding of Traditional Knowledge and Indigenous Institutions on Sustainable Land Management in Kilimanjaro Region, Tanzania", Open Journal of Soil Science, No. 4, 2014.

[286] Robert A. Voeks, "Are women reservoirs of traditional plant knowledge? Gender, ethnobotany and globalization in northeast Brazil", Singapore Journal of Tropical Geography, No. 28, 2007.

[287] Roy, E. , Parkers, P. , Bieker, A. , "Indigenous Environmental Knowledge and its Transformation. Cricital Anthropological Perspectives", Harwood Academic Publishers, 2000.

[288] R. Ramire, "Land Conflict Management: A Conceptual Map", Land reform, No. 2, 2002.

[289] Rodefeid, R. D. "Land Conflict Resolution: A Case Study of Khayelitsha Settlement in Cape Town ", 1983.

[290] Shen Jinyu, Han Xiao, Wen Yali, Xie Yi, "Comparison of the Forest Tenure in Brazil and China", Canadian Social Science, Vol. 9,

No. 6, 2013.

[291] Simmons, C. S., "The Political Economy of Land Conflict in the Eastern Brazilian Amazon", *Annals of the Association of American Geographers*, Vol. 94, No. 1, 2004.

[292] Thomas, L., *The Struggle for Land: A Political Economy of the Pioneer Frontier in Brazil*, 1930 *to Present*, Cambridge: Cambridge University Press, 1991.

[293] USAID Timor – Leste Land Law Program, "Report on Research Findings and Policy Recommendations for a Legal Framework for Land Dispute Mediation", *U. S. Agency for International Development*, 2004.

[294] WIPO, The ninth meeting of Intergovernmental Committee on Intellectual Property and Genetic Resources, Traditional Knowledge and Folklore. 2006.

[295] Wallerstein, Immanuel, "The Rise and Future Demise of the World Capitalist System: Concepts for Comparative Analysis", *Comparative Studies in Society and History*, Vol. 16, No. 4, 1974.

[296] Wehrmann B., "Cadaster in Itself Won't Solve the problem: the role of institutional change and psychological in land conflicts – cases from Africa", *Erdkunde*, Vol. 62, No. 1, 2006.

[297] Unruh, Jun, "Land Dispute Resolution in Mozambique: Institutions and Evidence of Agroforestry Technology Adoption", *CAPRi Working* Paper, No. 12, 2001.

后　　记

　　本书是国家自然科学基金项目"建构侗族传统知识在森林可持续经营中的作用及政策含义"（71163006）资助的部分研究成果，该项目使本书作者长期的田野调研成为可能，在田野中和不同的群众与政府工作人员进行深入的访谈，了解到他们拥有丰富的传统知识，无论是在林业可持续管理还是土地资源管理等自然资源管理方面，总觉得需要学习和了解的知识太多了，深感他们的智慧不是自己几年就能够了解的。在几年的参与式观察中感受到了一部分，这些是我们在书本上学不到的东西。他们拥有的传统土地资源管理知识并没有具体的记载，而普遍是通过口述的形式传承下来，但是由于语言的不通，很多细节方面的知识获取得不是特别详细，在调研的过程中也遇到了这个问题，但是，当地的年轻人在时间充裕的时候会热情地充当翻译的角色，这使得整个调研的资料真实性、实用性得以大大地提升，但仍有不足之处，因为在第二次传递的过程中有可能会把看似平常却关键的信息点忽略掉。另外，这些知识的挖掘和传承远远不够，我们还将继续在这条路上作更多的研究和探索，让我们少数民族传统优秀文化得以发扬，让我们的青山绿水和乡愁得以保住，为乡村振兴和土地资源管理提供政策建议。

　　本书主要撰写人是袁涓文、唐澜兮、李明川、赵碧波、睢博茛、杜建雄，本书导论及结语由袁涓文撰写，第一章由贵州财经大学唐澜兮、袁涓文撰写，第二章由太原市国土局（贵州财经大学研究生毕业）赵碧波、袁涓文撰写，第三章由华南农业大学博士生李明川（贵州财经大学研究生毕业）、袁涓文撰写，第四章由贵州财经大学睢博茛、袁涓文撰写。郝广军协助本书的参考文献编辑工作。在调查及本书写作过程中得到了登岑侗寨群众及茅贡乡林业站的帮助，在此予以感谢。